Hello!

你美术生好

美术生明白要趁早　别到复读时才知道

罗霁———— 编著
Luo Ji

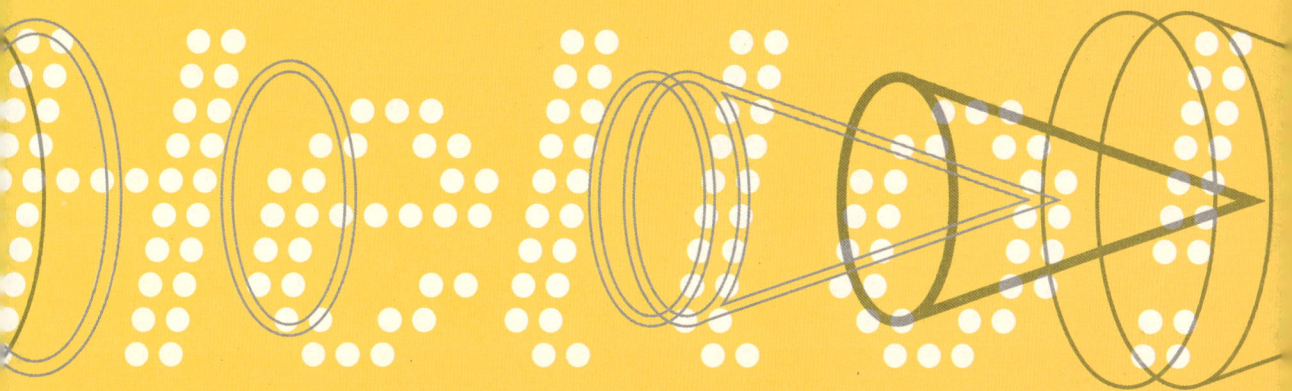

重庆出版集团 重庆出版社

我眼中的中西方"画室制度"

"人在年轻时都应该经历过一次'画室制度'的洗礼，这是接受艺术教育的重要途径之一，如此他的人生才算是有趣的、难忘的和有意义；因为在画室里生活过的学生，大多有着和文科生不一样的精神面貌，不仅能够获得艺术技法的传授，还能促进审美的体验，提高艺术品位！"

——王受之

罗霁老师撰写的《你好！美术生》是一本能够全面反映国内目前美术高考的整体状况，针对美术高考考务系统的具体情况、艺考政策、高校资讯、美院掌故、招考信息、考试模式、应试技法、盲点雷区、趋势分析、试题预测、考学心态、注意事项、志愿填报和行业成果的集子，内容丰富翔实、论证充分严谨，语言活泼质朴，无论是画室校长、专业课老师、地区高中美术老师、学生家长，还是准备参加今年高考的美术生，对于了解美术高考现状、掌握考学方法都是颇有意义的！

很长一段时间以来，工作室、私人画室教育依然在西方被认为是艺术教育的重要途径之一，这种方法叫作"画室制度"（the Atelier Method）。法国画家古斯塔夫·莫罗（Gustave Moreau）用画室培养出很多的现代艺术家，其中一个从他的这个画室出来的学生就是毕加索，莫罗的画室因此也被视为一个成功的典范。美国的艺术教育在早期全部是走"画室制度"的。19世纪下半叶，美国有一个运动，叫作"绘画学习运动"（the Picture Study Movement），也就是西方国家的"学院派"教育方式的推行，这种对画室方式的重视，导致美国美育普及，并且也导致对家庭装饰、家庭美化的兴趣，因而说美国的美术教育导致了美国家庭美化，对社区的美化，应该是比较理想的一个发展结果。美国当时提出"每日生活中的艺术"（Art in Daily Living）这种说法，通过在学校训练学生的美术能力和提高艺术品位，使得学生可以影响他们的家长，这个运动，在20

世纪20年代影响整个美国，成为美国的一次全民化的艺术欣赏、注意设计的活动。对后来美国国家设计水平、艺术水准的提高很有帮助。

美国19世纪到20世纪教育中的美育水平的提高，是受到约翰·杜威（John Dewey）最早提出的"艺术是一种经验"的影响，1932年，杜威作为威廉·詹姆斯学者（William James Lecturer）在哈佛大学讲述自己的美学观点的时候提出这个看法，他提出教育中应该贯彻审美的训练，给予学生审美的经历，提高学生的美学水准，第一次提出"新媒体"（new media）这个概念来。在杜威的一系列著作中，包括1915年的著作《民主和教育》（*Democracy and Education*）、1925年的著作《经验和自然》（*Experience and Nature*），还有1931年的文章《哲学与文明》（*Philosophy and Civilization*）中都提到美育、美学的重要性。

艺术技法的传授、审美的体验，促进了西方的艺术教育两大类型体系：一种是比较松懈的、自由化的、具有波西米亚色彩的，比如纽约的"艺术学生联盟"（the Art Students League of New York）、卡罗莱纳的"黑山大学"（Black Mountain College），著名毕业生有如罗伯特·劳森伯格（Robert Rauschenberg），或者20世纪60年代在纽约格林威治村的"汉斯·霍夫曼艺术学校"（the Hans Hofmann School of Art in Greenwich Village），这些学校中有许多其实就是"画室"而已，比如"艺术学生联盟"；另外一种类型是综合大学中比较正统的体系，比如耶鲁大学的艺术学院，因为综合大学的综合性质，使得这些大学拥有独立艺术和设计学院所无法拥有的浓厚的人文科学、社会科学、自然科学的选修课条件，所以，这些学院的学生的综合素质发展反而超过很多独立艺术院校，比如重要的耶鲁大学艺术学院、设计学院涌现出一系列重量级的设计大师。这个和战前艺术家仅仅出自独立艺术学院的情况大相径庭。

我国的艺术与设计教育是从20世纪70年代末期开始发展起来的，20世纪90年代以后扩展得极为迅速，特别是在2005年扩招之后，全国有艺术、设计专业的大学超过千所，在校学生50万人以上，这么庞大的一个教学体系，在招生中不得不采用传统的素描、速写、色彩三个"门槛"，这种情况，催生了为了通过这三个门槛的"画室"产业。中国的"画室"行业一方面具有西方"画室制度"的基本特征，同时也具有高强度、高焦点性的中国特点。虽然国内对于高等艺术考试体制有不同的意见，但是在目前的情况下。画室成为了不可避免的、必须经历的一个强化训练中心。

因为招生工作，我有幸访问了许多画室，罗霁老师安排我参观、交流、访谈，现在看了他的这本书，使我有机会重温了那些访问场景！现向中国广大美术高考学生隆重推荐本书，读后必定对你的联考考试和单考考试有所助益，至少它可以让你不走错路、少走弯路，并找到自己的考学目标与方向！

是为序。

王受之

中国汕头大学长江艺术与设计学院院长

美国洛杉矶帕萨迪纳艺术中心设计学院终身教授

2014年6月13日

目录

Content

你好！
美术生
Art Students

前言

撰写本书，主要源于三个目的：

1. 为广大美术高考生提供一本类似于工具书式的参考指南，里面所涉及的内容是美术生考前、考中、考后（能够陪伴你高中整个阶段的美术读物）都会遇到的方方面面的疑问，我将这种种疑问统一打包在一个集子里，以期可以成为美术生在备考期间的一种有用读物，里面提供了与美术高考有关的资讯、信息、技巧、诀窍、方法、思路，甚至是心灵励志类的精神食粮，帮助考生在学习扎实的应试技巧之余，能够掌握更多与自身利益有关的考试资料，真正做到有备无患。

2. 中国的美术高考发展得太快，细心观察你会发现，每年都有很多你觉得很可惜的事情总在眼前重复发生重复出现，你想去阻止或者告诉更多同学知道，但却因能力、时间、精力、渠道等原因，再加上传播范围限制，无法做到让所有同学了解对于他们高考有利的信息，每当你看到这种情况时，你总会觉得自己是否应该再做点什么；于是今年我根据以往的讲学经验，将我所知道及搜集积累到的高考信息通过自身梳理之后，为准备参加美术高考的同学们量身定制了一本类似于"美术高考提分宝典"的内容读物，从你们的角度和情况出发，遴选出了近100条你们在考前应该知道的美术信息。

3. 中国的高考制度是一种很奇怪的东西，确实它能够改变一大堆人的命运，给你带来一些东西的同时也让你失去了一些东西，这些东西就是学美术的人最需要的想象力和创造力。撰写这本书的另外一个目的是想让同学们在学习联考以及校考这套应试技巧的同时，不要忘记了还有更重要的事情要做，那就是提高自己的文化内涵和艺术素养，以及在习得一种手头技巧的同时能够保护好自己的想象力不被考试制度所钳制，让干净的思想在上到大学之前尽量保持纯粹、鲜活、自由、无拘无束一些，你以后自会意识到想象力和创造力对你的创作生涯的重要性。

好了，前言文字一般不能书写太多，不然你就没有心思继续往下看里面更重要的内容了，在此打住。这本书无论是想提供一种技术也好，参考坐标也罢，也无论是想启迪你的思路和视野都好，它最终只希望能够帮助你更顺利地考上大学，如果能够做到，它的价值就发挥到了。

是为记！

罗霁

2014年6月1日修改于广州

Hello！＠你美术生好

本书使用说明及介绍

1. 本书适用人群为高三美术高考生以及高一高二美术生。笔者相信：越早接触这本书越能为你的考学之路指明方向，并带来某种向上的力量；其次，若能将本书消化70%以上的内容，你看待问题的眼光将更上一层楼，也将大大提高上好大学的概率。

2. 本书适用第二类人群是非美术类高考方向的高中生（即使是美术转考生也好），当你看完这本书后仍决心踏上美术这条路，那么我只想对你说：恭喜你，你当初的选择是对的，但你是否具备足够的耐力和毅力接受美术高考的"摧残"；然而我也十分希望每个看完这本书的人，能和我当初的决定一样，通过美术这条路改变自己的命运。毕竟在人生的某一阶段对生命负责的态度就是玩命。

3. 在这本书中，我所罗列出的这100条与美术高考相关的备考信息，首先有助于你对美术高考的认识；其次它就像一个坐标，为你设立目标，让你时刻明白你所处的位置及高度，当你了解完这些以后，你才能够为自己制定出一份更加精确的学习计划；第三，它就像一张航海图，能够为你指明前进的方向，并规定出哪个领域是有危险的，哪个领域是安全的。

4. 2500多年前，那位骑着深棕色小毛驴出走关外的老子说过一句话："取法乎上，得乎其中；取法乎中，得乎其下。"意思就是说：你想达到中等水平，那么你的目标就要定在上等水平；因为事实是：假如你的目标定到100%，即使你竭尽全力，用尽全身心力气，到头来你所能达到的高度往往却在它之下，所以你如果想要有好的成绩，你只能通过拔高最初立下的那个目标才能做到。

5. 自2013年起，我应邀到广州各大培训机构做公开讲演，为准备参加高考的美术生开设不同类型的考前专题辅导课程，所讲内容共分三个部分即"筑梦——追梦——完梦"，每讲一部分中间相隔两个月时间，前后共六个月时间，每个部分设立一个具有针对性的备考主题，目的是帮助学生解决该阶段所会出现的主要问题，而本书即是在此基础上延伸出来的副产品。应各地区高中美术老师、培训机构（画室）专业课老师及学生的强烈要求，我把这些经验、知识和信息总结出来分享给更多的人，无论站在学生角度还是市场角度，我没理由不这样做，于是才有了你面前这本书。

6.梵高27岁开始学画，用了10年时间攀上艺术巅峰；马蒂斯30岁开始学画，开创了闻名天下的野兽派；高更25岁开始画家生涯，成为后印象派艺术大师；康定斯基30岁那年放弃了优渥的法律教授职位而转向艺术道路，却成为抽象主义的鼻祖。在人类漫漫艺术长河中，这样的例子数不胜数，我想告诉同学们的是：无论你是刚刚拿起画笔学画，还是自小沉浸在艺术家庭中，若想在社会中闯出一些名堂，除了要有先天的禀赋外，努力和坚持努力是绝对不可少的，更不在乎你学画时间或早或晚。

7. 本书是我从业近十年的经验所得，若没有之前的辛勤付出，想必也写不出这批文字，我坚信一句话：台上一分钟，台下十年功。希望这本书对即将参加美术高考的学生有着实的帮助，也更想让所有考生明白：机会永远只会留给有准备的人！

8. 最后，在这篇不像说明的说明文字中，我想努力做到一点，我将之归结为四个字，即：短、平、淡、浅。

短短的篇章——每条信息尽量缩减在800字以内。
平淡的语言——避免艰深晦涩的用语，但求寓教于乐的效果。
淡淡的情绪——在充分尊重客观信息基础上，发挥人的主观能动性。
浅浅的道理——授人以鱼不如授人以渔，教授给学生有用的方法论。

这是一本以信息内容为重的美术高考工具书。因本人学识有限，书中内容如有错谬，我希望看过本书的老师们，可以不吝指出其中问题，万分感谢！

开篇导言：学美术将来能赚钱吗？

很多学生问过我这个问题：学美术将来能赚钱吗？我的答案是：能！（音拉得很高）

学生听后，两眼直冒星光便接着问第二个问题：能赚多少钱？我的答案是：能赚很多钱！（钱字音拉得很长）学生听了，马上从疲惫状态中惊醒过来，和之前那个人简直判若两人。然后他就追着往下问：难吗？我徐缓地答道：不难！（不字和难字之间，音相隔得很长）这时，可爱的同学们开始按捺不住情绪了，齐声说道"老师你骗我"。我，呵呵，"你怎么知道的？"哈哈，随后他们也开始笑翻了样。

他们很真实，也很纯朴。其实我并没有骗他们，学美术确实能赚钱，还能赚很多的钱，更神奇的是它还不难（信不信由你），远的不说，就拿我身边学美术的朋友举例说明一下：

一朋友A君学纯艺术国画科班出身，正统中国八大美术学院毕业，毕业若干年间，因自身各方面条件优越，所选择的自然是一条"美术老师+艺术家+自由职业者"的道路，如今年收入稳定在20万左右（相当于一线城市中小企业总监级别以上职位的薪酬收入）。

一朋友B君是学纯艺术油画科班出身，和前一位朋友一样在同一所美院毕业，他想做一个纯粹的画家，想以后能靠卖画养活自己，毕业后所选择的道路：进上海一家你常常在艺术类杂志上能够看到的某知名画廊（因此常在广州、上海两地跑），一年30万的优厚待遇让身边的朋友羡慕嫉妒恨，因此我们常常调侃他说"被包养的生活如诗般美妙啊"，他呢总是以"呵呵"来结束我们之间的谈话，示意他的纯洁、高贵和清高。

一朋友C君是学纯艺术版画科班出身，他明白如今国内版画这条道路不太好走，因此他在进入美院后自行转入版画中的细分专业——书籍装帧艺术，毕业后进了一家设计机构从事书籍装帧设计的工作，不到三年他便和大学的狐朋狗友合作开了一间书籍设计工作室，赚的比他们在机构里帮别人做要多得多（记得他在短短三年内就做到了该机构的设计主管位置，年薪在8万~10万之间），虽然累是会累一点，但也值得一闯，他常常对我们说一句话（也是台湾青春电影《练习曲》的经典台词）——"有些事，现在不做，一辈子也不会做了"，这是他的话，一句大实话。

一朋友D君是学纯艺术雕塑科班出身，在经过漫长的五年专业课程学习之后，终于获得了那张学士学位文凭的他成功进了美院一位他老师的工作室，也就是传统所谓的"师傅带徒弟"，他的目的很直接，就是想考上这位老师的研究生，接着出国留个学什么的，然后再回国在大学里谋份教师工作，好实现他一边创作一边教书育人的理想，你说他将来能赚钱吗？能！为什么？别以为搞艺术的就和市场脱了节，尤其是搞雕塑艺术或公共雕塑的人，他们如果在社会摸爬滚打三年五载顺利进阶的话，无论是来自政府还是民办企事业单位的工程项目的哪个大单，所获得的丰厚利润回报，干一票（呵呵，措辞用得不太妥当）少则抵得住普通人一两年的工资总额，多的话足够你胡吃海喝三年五载也讲不定。

学美术将来能赚钱吗？能！

以上所列全是发生在我身边的真人真事，美术学院传统的国油版雕（国画、油画、版画、雕塑）并不像媒体上所吹嘘那样：一毕业就失业，而"一脚踏进艺术殿堂一手捧着乞丐饭碗"的时代即使现实生活中仍然存在，这是现实，却只是另一种个人的不同选择罢了。为了有进一步的说服力，我将继续在设计及文化产业中列举相关人事案例。

下面我们来说说设计师的那些事儿！

一位朋友大学学的是平面设计专业，虽不在美院中求学，却过着艺术般的生活。人人都说设计这个行当苦，但设计所加载在大家身上的亮丽光环以及设计创作本身带给他的享受，和设计工作为他创造出来的越来越美好的生活品质，更多的人只是"不知足"而已，要说平面设计能够给一个毕业三到五年的人带来多少创收，一年12万以上是不在话下的，除非他在人际关系上所花费的气力不多，这则另当别论（谁让他不懂得混社会）。

一位朋友学的是新媒体艺术设计专业，这个专业较新，可叫新媒体也可以叫作多媒体，或数字媒体或新媒介专业，无论你怎么叫，它培养的既是能够自由穿梭于"科技+艺术+设计"之间，运用全新的技能、资讯和知识为社会创造经济实用又有美感的产品和服务。无论他所设计的是产品或服务，解决的都是一个问题：为用户提供无与伦比的价值体验，并创造美的享受，而这就是我这位朋友的

Hello！@o 你美术生好

工作：互动媒介应用、高端网站设计、界面UI设计、APP移动手机客户端等，你问我他一个月能赚多少钱？我这么说也许你就懂了，他的客户是华为、当当网、中国好声音、肯德基等。

还有一位朋友学的是环境艺术设计里的室内设计专业，他毕业后开始在深圳一家装饰公司工作，一年后每个月拿8000元（税前）的固定工资加项目提成，如今他已经积累了一定的经验和资本及人脉，足够和朋友们出来创业了，于是他现在不仅拥有自己的一家设计公司，还自行经营起一家"设计+创意+咖啡+书"这样一种复合型的交流空间。

你说，学美术出身的人将来能赚钱吗？我的答案还是一样：能！

我能列举的案例及发生在我周边的创业故事实在是太多了。在此我并不想误导正在看这本书的学生，我的观点只有一个：学美术的人和许许多多从事其他工作的人一样都能通过自己的天赋、努力和运气获取一定的社会报酬，保证他的物质生活，但学美术的人和其他人的不同之处在于：他不仅懂得赚钱，赚足够的钱，如此才能满足他对物质生活以外精神生活的需求，他还有他自己的审美品位追求，这体现在穿着打扮和所购买的私人物品上，他赚钱说白了是为了追求更加美好的生活，让他和他身边的人能够更加幸福和快乐！这就是我对"学美术将来能赚钱吗"这个问题的思考。

当然还有另外一个意义层面：如今学美术出身的人更多倾向于自主创业，国家也越来越鼓励，从事文化创意产业的年轻人出来创业，有句话说得好：创业者虽说是老板的身份，但是他的职责到底是为社会更多的人提供一个平台帮助他们实现梦想，从而通过他们实现自己的梦想。这就是学美术不仅能赚钱还赚到生活的真实原因所在！期待越来越多的人选择美术这条路，而已经昂然阔步走在这条路上的学生，请记住：你们当前最紧要的事只有一个，那就是考上大学，然后学得一身本事，然后出来工作、赚钱、享受爱情和生活带来的种种美好，这本书中所罗列出的近100条有关美术高考的考试信息将有助于你更快、更准、更早、更好地考上大学！

改变，从现在开始……

是为记。

美术生常见高考问题，越早了解对考学越有帮助

伊里亚·叶菲莫维奇·列宾

ILYA YAFIMOVICH REPIN

灵感不过是通过『顽强的劳动而获得的奖赏』。

1.术科高考与普通高考对比有什么不同？

术科高考与普通高考除了都要参加高考文化课考试以外还要参加术科考试，在获得联考专业合格证或者单考专业合格证基础上才能报考相关艺术院校或普通高等学校艺术类专业志愿。其二，美术类专业录取原则与普通高等学校其他专业的录取原则不同，执行单独的美术类专业各批次录取分数线。

2.哪类考生不得报考艺术类院校或普通高等学校艺术类专业？

患有色盲症或色弱症的考生不能报考艺术类院校或普通高等学校的艺术类专业，比如造型、设计等专业，各大艺术类招生院校对某专业可能会有更多要求，具体的考生在报考时需要详细阅读各招生高校是年度招生简章或咨询该校招生办。

3.报考美术类专业的高考学生与报考普通高等学校的艺术特长考生对比有什么不同？

所谓的美术类专业高考学生就是相较于文科、理科的第三类高考考生类型。报考美术类专业的高考学生与报考普通高等学校的艺术特长考生是两个不同的招生概念，在美术类专业招生考试中，考生报考的是艺术类院校或普通高等学校艺术类专业，比如造型、设计、美术学、设计学、摄影、动画、文化产业管理、戏剧影视文学、录音艺术等专业，报考美术类专业的高考学生除了参加常规的高考文化课考试以外还要参加美术类专业考试（俗称术科考试），术科考试包括联考和单考两种。而报考普通高等学校的艺术特长考生指的是那些文化课成绩不错而又具有某种艺术特长的普通文理科生，这类学生一般报考的是综合类国家重点大学的普通文理科专业，由于报考普通高等学校的艺术特长考生属于普通文理科生，即使拥有某类艺术特长，在高考中享受降分录取的优惠政策，高考录取分数相对降低，但仍需达到所在文理科类批次录取控制分数线。

4.报考美术类专业的高考学生都需要参加联考吗？

因各省（区、市）美术类专业招生考试政策不同，详情考生须自行登录该省（区、市）教育考试院官方网站查找相关的普通高等学校艺术专业招生考试正式信息。按国家教育部规定，凡报考美术类专业的高考学生都必须参加由省（区、市）教育考试院组织的美术类专业省级统考（俗称联考）。参加艺术类院校单独设置的专业考试的美术类考生，如校考考试科目的考试内容涉及到省联考的素描、色彩、速写其中两项（含两项）以上的专业，按规定都必须参加省统考，且省联考成绩达到所报考单考院校的最低控制分数线才承认单考院校的成绩；反之，如校考考试科目的考试内容不涉及或只涉及到省联考的素描、色彩、速写其中一项的专业，其录取以校考院校成绩为依据。

5.艺术类院校、高校中的艺术类专业在招生计划上有否按省份来划分？

一般来说都是有的，无论是属于中央部属高校的中央美术学院、普通高等学校（含31所独立设置本科艺术院校及13所参照独立本科艺术院校的高校）还是各省（区、市）属高校的艺术类本科专业，以及艺术类高职院校或高职院校中的艺术类专业，按照国家教育部规定其招生计划都须按省份来划分。因省级统考及校考院校每年的招考政策不断变化，详情考生一定要关注省级招办发布的考试大纲和校考院校发布的招生简章。

6.艺术类专业考试分为哪几种形式？

艺术类专业考试分为省级教育考试院组织的美术术科统一考试和单独招生考试院校组织的专业考试两种形式。所谓的省级统考就是考生通过参加一次考试，只要专业成绩合格方可报考省级统考规定的几十所艺术类院校（含本科和专科层次）；所谓的校考考试就是考生根据自身的综合实力及目标定位有目的性的报考自己喜欢的艺术类院校，只要联考成绩达到校考院校要求的最低控制分数线和专业成绩合格即可填报。省级统考和校考考试的招考要求和考试内容都有所不同，省级统考考试内容一般为素描、色彩、速写三大科目，而大多数单独组织专业考试的校考院校其考试内容因所招专业不同、培养目标不同，考试内容和要求也有所差别，包括但不限于素描、色彩、速写、创作、设计和面试等，不同学校。不同专业的考试有不同的考试科目和不同的考试要求，考生在报考前一定要熟读省级统考考试大纲和校考院校的招生简章，以免耽误考试。

7.美术类高考考生可以兼报艺术特长生和普通类专业吗？

可以。按国家教育部相关政策规定，美术类高考考生不仅可以报考艺术类专业，还能报考国家教育部指定的53所普通高等学校的艺术特长生和除提前录取批次外的其他批次的普通类专业。因这几年美术高考考试制度不断变更，考生平时除专业课训练以外还须注意省级教育考试院发布的相关信息。

8.美术类高考考生如何正确填报志愿？

第一，通过省级统考最低控制线及取得省级统考专业合格证（含本科和专科层次）的美术类高考考生可填报省级教育考试院规定的各批次相关艺术院校；第二，取得校考院校专业合格证的美术类高考考生若填报需要看省级统考成绩的艺术类院校（专业），则考生必须达到该校考院校所规定的省级统考专业成绩最低要求才能填报，并且要以该考生户籍和报名所在地省级教育考试院统一组织考生填报的恶志愿信息为准；第三，考生根据自己的兴趣爱好、高考专业课和文化课成绩，并以往年各院校专业、文化录取投档线为依据（温馨提示：各省级招办在每年5月份都会发给各地级市高中学校关于该省份是年度普通高等学校报考及填报志愿指南），以及结合当年考生所在省（区、市）级普通高等学校整体招生政策的动态变化和报考人数后再进行填报，如此才是科学而合理的志愿填报。

9.艺术类院校及普通高等学校的艺术类专业在录取时一般遵循哪几种原则？

全国有近千所艺术类院校（含本科和专科层次），除了教育部规定的那44所独立设置本科艺术院校可以自己划定本科艺术类专业的专业、文化最低录取控制分数线，其他普通高等学校的艺术类专业（含本科和专科层次）在录取时均要求考生的高考文化课成绩必须达到该考生所在省份划定的分数线，并且专业考试成绩也要通过省级统考或者招生学校独立组织的专业考试。如果某考生专业考试成绩和高考文化课成绩均通过艺术类院校招生专业考试的最低录取控制线，则艺术类院校及普通高等学校的艺术类专业在录取时一般遵循以下三种原则：第一，文化课过线后按专业课成绩由高到低择优录取；第二，专业课过线后按文化课成绩由高到低择优录取；第三，将专业考试成绩和高考文化课成绩按综合分计算公式折算出综合成绩，然后再按综合成绩择优录取。值得考生注意的是独立设置本科艺术院校及部分普通高等学校的艺术类专业有语文和外语单科成绩要求。根据教育部《普通高等学校本科专业目录（2012年）》和《关于做好2015高校特殊类型招生工作的通知》的文件精神所示"同一高校同一艺术类专业应采用同一种录取办法"，考生报考前须认真阅读高校的艺术类招生简章，尤其是"录取原则"或"录取办法"一项。

10.艺术类院校招生专业学费情况如何？

根据中国九大美术学院2015年招生简章可知艺术类院校招生专业学费标准大致情况：美术学（美术与设计理论）、艺术史论和艺术设计学（史论方向）学费标准一般为6000~10000元不等；造

Hello ! @0 你美术生好

型、设计、摄影、动画、书法学、建筑学等专业学费标准一般为10000~15000元不等；具体可参考《中央部属高校本专科生学费标准汇总表》。因艺术类院校招生专业每年变动，最终高校的艺术类专业学费标准仍以高校当年公布的招生简章为准。

外出集训，如何选择适合自己的画室？

Φ 考生及家长必读 Φ

皮耶尔·奥古斯特·雷诺阿

PIERRE AUGUSTE RENOIR

人生就像是顺着小河漂流的软木塞。

最让一个考生苦恼的事情是什么？我想对于一个尚未接触过外面的世界而又不得不选择一间画室作为自己外出参加集训的落脚之地的美术高考学生而言，最苦恼的事情莫过于：选画室。是的，现如今画室就像士多店一样开的遍地都是（坊间有种更形象的说法：画室是工厂，学生是工厂流水线上的标准产物，我想不无道理），无论是还没有考上大学的，还是毕业十年以上的都纷纷出来开班，从本质上说这两类人开班其实没有什么不同，唯一的区别就是有些规模开的大一些，有些规模开的小一些，有些则处在剧烈转型变革阶段，导致规模不大不小。那么，对于一个考生来说该如何选择适合自己的画室呢？在回答这个问题以前，我们先来分析一下：什么是画室？画室可以分为哪几种类别？大中小画室之间的区别是什么？它们的优劣势如何？

什么是画室？

中国的"画室"制度和西方的"画室"制度是两种不同的概念，前者为中国高考而服务，后者为当地社会而服务。中国的"画室"发展至今也不过二十几年时间，它是中国高考制度与商品经济社会相结合下的特定历史产物，带有中国特色社会主义鲜明的时代烙印。"画室"亦称作美术培训中心、美术教育机构、美术培训学校、文化艺术培训学校，名称不一，但干的却都是同一样事情：培训参加美术高考的考生上大学。

画室可以分为哪几种类别？

1. 第一种是超大型画室，规模在800人以上。

2. 第二种是大型画室，规模在300~500人。

3. 第三种是中型画室，规模在100~300人。

4. 第四种是小型画室，规模在50~100人。

5. 第五种是微型画室，规模在50人以下。

大中小画室之间的区别是什么？它们的优劣势如何？

我见过数以千计的形形色色的画室，有小至10人一个班的，有大至1000人以上的，无论是北京的画室，还是杭州的画室，或者是广州的画室，这三个地区的画室其实都没有什么区别，都是要先让考生拿到省级统考合格证，然后再帮助考生考取心仪的单考院校。不管是大画室也好小画室也罢，各有其优劣势，我们不能忽略一点的是大画室曾经也是从小画室慢慢变大的，而小画室心中都有一个"大画室"的梦，按照中国的中庸思想来看，其实中画室才是最有保障的（但也未必），那大中小画室之间的区别是什么？它们的优劣势到底如何？

大画室经过市场的磨练和岁月的沉淀与消费者的考验，大部分拥有完善而系统的教学体系、管理体系、后勤体系、服务体系和品牌体系（学习体验），师资队伍稳定，应该说整体是比较成熟、比较安全、也比较全面、比较务实的，加之大画室大多实行全封闭式教学管理模式，这些都是其显而易见的优势，但劣势也是非常明显的，就是教学模式千篇一律，但求面面俱到。

中画室一般办学超过5年以上，大部分拥有较完善而系统的教学体系、管理体系和后勤体系，因为属于后起之秀，服务体系和品牌体系（消费学习体验）较之大画室还是有些落差的，加之市场竞争激烈（但好就好在市场竞争激烈），为稳住市场份额和来年的生源情况，中画室务必会在师资队伍建设、教学及管理上加大力度，毕竟没有一间中画室不想变大变强，这是其优势，而劣势就在于学生日常的学习体验上，你会感觉到无论是教学还是管理，后勤还算是服务，中画室做什么都是"不上不下"的，总感觉凡事都不怎么流，缺乏秩序感，教学效率提不上来，自然也会影响教学质量的稳定性，即使是走全封闭式管理模式的中画室也一样。

小画室弊病多多，但其优势也是可圈可点的。众所周知小画室无论是教学体系、管理体系、后勤体系、服务体系还是品牌体系（学习体验）都是远远要弱于大画室和中画室的，优势就在于"有人情味"和"认真教"这两点上，由于小画室刚刚创办不久，为了求生存谋发展，小画室深知：教学是第一生产力，成绩是来年招生最大化保障。因此创办人会将所有热情、时间和精力全神贯注投注在每一个学生身上，比如说会无条件的为学生加班加点而不收取任何补课费用，这样做的原因只有一个：盼望来年画室学生考个好成绩。

考生选择画室要注意些什么？

无论你选的是大画室、中画室还是小画室无一例外都存在着一定的风险，若要将这种风险降至最低，从我的观察和经验来看，其实说到底学生去哪种规模的画室都一样，有人说，好学的学生到哪里都好，不好学的学生去哪儿都不好。可见要想学好，在高考中获得好成绩，除了天赋以外，后天的努力也是必须的，关键还是看自己。选择适合自己的画室注意三点：第一要多看，所谓货比三家，只有看得多才能分辨得清哪间适合自己；第二要多问，最理想的对象就是已经考上大学的师兄师姐或者复读生，已经考上大学的师兄师姐具备独立思考的能力和分析事物的能力，他们能结合你的实际情况给出中肯的建议，而复读生由于刚刚经历过高考，对于选择什么样的画室作为复读的集训地会更加的谨慎，因此从他们身上你们会获取到更有益于你做出判断的参考信息；第三要多听，所谓多听意思就是说要听从自己内心的声音，这离不开"多看"和"多问"，千万不要被画室光鲜亮丽的成绩和环境所骗，看画室时一定要和画室负责人多聊天，聊得多了，你自然会觉悟得到：这画室到底真不真诚，如果画室负责人办学真诚，教学自然差不到哪里去，如果你觉得对方真诚，可信，靠谱，如果你觉得面前的这位画室负责人让你喜欢，感觉不错，如果你觉得和你聊天的这位画室负责人处处为你着想，问的问题都是从你角度出发考虑，而不是拼命吹嘘自己的画室有多好、有多牛逼，那么很可能这间画室可以一试，但是你也千万不要傻到一次性把钱交到他的手上，记住：你是消费者，要说你身上还有什么值得他不断关注不断付出不断服务的话，那就是你口袋里的钱。

家长选择画室要注意些什么？

99%的家长都不懂美术，因此在为孩子选择画室时家长更多是从看得见的地方去考虑，比如办学资质、教学环境、住宿条件等，为了避免帮倒忙，家长这个时候最好是陪孩子多逛逛，从旁建议但千万不要替孩子做决策，孩子看得多了自然也能分辨得清哪间画室适合自己、哪间画室不适合自己，让孩子学会做决策并未自己的决策负责，让孩子养成独立思考的习惯，给孩子爱与自由以及基本的信任，对于孩子的成长是有很大帮助的。因此家长在带孩子选择画室时，首要做的不是帮孩子拿主意而是在此过程中教会孩子：独立思想的重要性和自主分析事物的能力，让孩子知道自己要什么，如此才是一个合格的家长。

2015年教育部艺考新政改革分析与应对

巴勃罗·毕加索 PABLO PICASSO 艺术是揭示真理的谎言，真理是揭示谎言的艺术。

2013 年 7 月，教育部在南京召开调研会，会上传出"艺考新政"：教育部有意从 2014 年起，对艺考进行改革，改革的内容主要包括两方面：一是加大文化课控制分数线在艺考录取中的比重，也就是会提高艺术生文化课控制分数线；二是取消近 3/4 的高校艺术类招生校考，改由省里统考，即全国只有 31 所独立设置的本科艺术院校，以及 13 所参照独立设置本科艺术院校和有艺术类硕士点培养资格的高校可以举行校考。比方说，一所高校若有美术类硕士点，那么其美术专业可以举行校考（分省内省外两种校考模式），没有美术类硕士点就不能举行校考，只能参加省统考。这样算下来，能够举行艺术类校考的学校将从原来的 800 多所减少到 200 多所，足足少了将近 600 家高校，这对不少匆忙上马开办艺术类专业的学校将是一次"大洗牌"，当然了考生也不用像现在这样到处赶考，加大负担。

那么"艺考新政改革"的传闻什么时候才正式执行呢？任何涉及体制内改革的事情都不能操之过急。况且教育部已经就艺术类招生模式改革进行多次研究。终于在三个月后的 2013 年 10 月，教育部紧接着就出台了一份《关于做好 2014 年普通高等学校艺术类专业招生工作的通知》的文件，随后全国艺术类高校负责人都收到了一份《艺术学门类专业招生工作的指导意见》（征求意见稿）。《意见稿》表示：教育部将进一步提高艺术学类文化课分数线 —— 美术类专业学生的文化课分数线，不能低于同批次普通文理科学生文化成绩的 70%。除文化课有要求以外，该《意见稿》还规定：2014 年艺考新政改革方向还将包括：省统考专业设置、非艺术类专业招生和艺考招生信息公示度三方面。我们先来看看这三个方面具体是怎么操作的。

一、省统考专业设置

艺考校考的弊端有三：一是存在诸多漏洞，如作弊现象等；二是高校考点繁多，加重考生和家长赶考负担，增大各方面的压力；三是耽误了美术生宝贵的文化课复习时间。故，此次教育部要求各省份逐步将戏剧与影视、美术与设计学等艺术类专业纳入省统考范围。意思也就是说，接下来省考将逐渐受到高度重视，而相应的艺考校考数量也将逐步减少。

二、提高文化课分数线

近几年，美术类报考人数一直呈上升态势，大批艺术类毕业的学生找不到工作，艺考开始进入恶性循环状态，并且艺术类学生大多文化素质偏低，而当前社会对于高素质艺术类人才的需求却越来越强烈，这也是艺考改革必须提高美术生文化课分数线的主要原因。加大艺术类文化课分数线是希望能够提高美术生整体的文化素质，杜绝走捷径抄近道的现象继续发生，并最终解决中国艺术类人才结构等级梯次的根本性问题。

三、限制非艺术类专业按艺术类专业招生

据调查，以往有部分高校出现非艺术类专业按艺术类专业招生的现象，如艺术教育、服装设计与工程、风景园林、文化产业管理等艺术类专业可授予艺术学学位的非艺术学门类专业，此举意在规范艺术类专业招生，禁止非艺术类专业按艺术类专业招生现象再次发生。

四、加大艺考招生信息公示力度

此次教育部要求各省级招考机构，加大在艺术类招生考试工作中的信息公示力度。往年在省统考和校考时由于监管力度不严，存在诸多作弊现象，从 2015 年起很多省份的艺考考点将全部启用标准化考点，从安检、监控等多方面杜绝作弊现象，并加大力度公开作弊考生名单，建立考生诚信电子档案。

教育部"艺考新政改革"优劣势分析及应对方法：

第一，提高文化课分数线会不会把文化不好的美术生拒之千里？

可见问此问题的美术生本身文化就不太好，或者说语文和英语科目不太好。其实大可不必担心，为什么？你如果真的热爱艺术，喜欢画画，那么文化成绩若暂时不好，为了能圆自己的艺术梦，考上理想美术高校，那你就更应该在学习

那些年，我们一起画过的石膏头像

高二结束的那个暑假，我开始学习画石膏头像。现在细数一下那些年我们画过的石膏头像～

这个看上去带着一脸阴笑的老奶奶，其实是一个鼎鼎有名的男人——伏尔泰！

这个看上去有点阴沉的小胖子叫阿格里巴（我喜欢画他，因为不需要详细刻画眼睛。）

这个看上去像个被淋成落汤鸡的无比郁闷的家伙，被我们叫做"海盗"。其实他本名叫阿里斯托芬，是古希腊喜剧作家。

Hello! 你美术生好

专业课和高一高二时更加有计划有目标地学习文化课，要知道无论是学美术还是学设计的艺术人才，到最后拼的还是你是否有文化底蕴和艺术修养，你这个人整体素质怎样，如果文化水平不高，你的艺术成就也就不会持久，也很难成为真正对社会有用的"艺术人才"。话又说回来，如果你的文化成绩不高，画画的技能技巧还可以，即使进不了美院也没关系，条条大路通罗马，要坚信是金子到哪都会发光。其次，从另一个侧面看，提高文化课分数线会吸引更多真正热爱艺术、文化课还不错、平时较注重自身文化修养的学生报考美术高考，这部分人群上了大学以后成才的概率也比较大。

第二，即将参加美术高考的美术生如何备战专业课？

可分三步走：专业和文化成绩一般的同学，建议将目标锁定在广东联考上，同时重视文化课的学习，因为广东大部分院校将采用联考成绩作为高考录取的专业成绩，同时也重视考生的文化课成绩。专业成绩不错而文化一般的同学，则可以将目标锁定在 31 所独立设置的本科艺术院校、13 所参照独立设置本科艺术院校和有艺术硕士点培养资格的高校上，因为你联考过后即可立马参加接下来的艺考校考，但是好的院校和好的专业不仅大多需要参加校考，还要求你的文化课分数线达到该校文化分最低限制资格，因此建议在抓好专业课的同时可以多花时间在文化课复习上。而那些文化好专业却一般般的同学，要知道这是你天大的优势，但也有可能是你的劣势，为什么这样说呢？优势是相信你的文化基本可以过像清华美院在内的所有好学校，只要在考前选择一家好的培训机构进行强化训练，考上好大学的概率好比其他人要大得多，劣势同样明显：若你专业课连广东联考资格线都过不了，文化再好的你也只能名落孙山去到和你专业课一样一般般的本专科院校，总之是不入流的高校。无论你是哪一类学生，都建议你在出来学习前先透彻了解好哪些培训机构适合你自身的发展，只有知道自己要什么了，才不会盲目前进！

第三，联考和校考过后如何应对文化课？

一、积极调整心态，千万别将宝贵时间花在无谓的"等成绩"上

每年联考和校考结束，学生返回学校后，到 4 月 15 日之前的这段时间，基本都在"等成绩"的焦虑状态中度过，这又何必呢？要知道，你的文化课复习时间仅仅只有 100 天左右，时间有限，而你又将时间浪费在"等待"上，这种消极等待而不采取积极进取的心态，又如何能够迎接 6 月 7 日的命运一战呢？所谓胜者，是用短短的适应时间调整到文化课学习状态上。

二、选择合适的复习资料和主抓基础必考点

如今针对艺术生文化课复习的专业高考冲刺复习资料数不胜数，只要有心你必将找到适合你用的教材，所谓工欲善其事必先利其器，如此再加上恒心与坚韧的毅力，在文化课高考最后一搏上可以在原来的基础上提高 50 分到 100 分应该是没有问题的。人之所以能，是相信能！

美术生与文化生之间的区别是什么？

巴勃罗 · 毕加索
PABLO PICASSO

艺术并不是真理。艺术是谎言，然而这种谎言能教育我们去认识真理。

这个问题还真有点难回答。这方面在网络上的声音不绝于耳，尤其是微信上和微博上充斥着一大堆浮夸而滥情的信息，每当我看到这类信息时，就会很担心，担心什么呢？部分美术生会不会因为看到这类信息从而变得比以往更加矫情和看不起别人，这其实是我最为担心的。在此我谨代表我自己发表我个人的观察与看法，对不对则另当别论。

美术生和文化生最大的区别有三个方面：

一、成人礼："美的觉醒"

在外国，尤其在欧美，艺术教育是高中体制关键一环，唯独在中国是缺席的，艺术类专业的系统学习从另外一个角度弥补了学生这方面的不足，让学美术的学生在最好的年龄段接受"美学的熏陶"、"美学的滋养"、"美学的启迪"，让其更早地学会了用"美的眼睛"观察这个世界，尤其是周围世俗一切在平常人眼中"不美"的事物，受过美术教育的人懂得：生命是种体验，幸福是种感受，这感受就是美的呼唤。比方说一个学画画的人和一个普通文化生，在同样看见一棵百年老树时，美术生会用美的眼睛去看树木表皮的粗糙纹理，当他的手指轻轻触碰时，内心会被触动一下，一种独特的美的感受其实就产生了。而普通文化生大部分却是"一叶障目"，看不见美到底在哪。

学艺术的好处

开始学画画后，我几乎没了假期.

学校　　画室

二、成人礼：开始一段孤独的旅行

很多美术生在高二课程结束后，会到外地接受专业的考前美术培训，我将此形象称为：你的青春正式在这个时候开始了一段孤独的旅行，旅行的重点是美术学院，但请不要错过了这段会让你显得与众不同并未在岁月中留下美好记忆的旅程，重要的是过程，过程！是的，是那一个个日复日，年复年的艰辛过程，让你学会了什么叫作独立，什么叫作勇敢，什么叫作自立，什么叫作奋斗，只有经历过所谓的背井离乡、踏上梦想之途的你，才能够体会什么是辛酸到流不出血泪的无奈感觉，但只要经过了这一切，当你回过头来看时，你会感谢青葱岁月在你身上留下的

些许印痕：成熟！

三、成人礼：体验人生百态，从此不再小家子气

很多男生和女生在外地求学的经历让他或她开始变得成熟和懂事了。比方说每回或十一或元旦放假回去，你的小伙伴们都会对你说：你变了，是的，你变了。变得更有主见和魅力了；变得敢于对这个操蛋的世界说：我要征服你了；变得敢于对不想做的事情痛快说：不；也变得敢于对父母说：以后我养你们！每一个人在成长的过程中，都需要有一段说走就走的旅程，也许在你开始学画时，你就已经踏上了这条艺术长征路，是谁说学艺术的人没有前途？看看眼前这个缤纷华彩的世界吧，所有你能看得见的东西无不是经过设计师设计的、艺术家点缀的。

也许这三点就已经足够证明：美术生具有文化生所没有的独特经历和考前故事，做一个有故事的人，设计一个有故事的人生这比什么都重要吧？！

我为什么要学画画？

保罗·塞尚

PAUL CEZANNE

应从习作中寻求快乐。

接下来我要谈谈哲学的终极问题，这个问题在很多时候你和我都有遇见过，尤其在进入某大厦时门卫经常会问三个问题：第一句是"你是谁"、第二句是"你从哪里来"、最后一句是"你要到哪里去"。呵呵，有意思吧，有一天我碰到这样的保安时简直惊呆了，但也让我重新回到原点问自己：这辈子我能做点什么更有意义的事情？

我为什么要学画画？你有问过自己这个问题吗？学画画能让我更好进大学？学画画能帮我实现做设计师、艺术家的梦想？学画画能够做我自己喜欢做的事，让我可以无忧无虑地画画？学画画能够帮助我提高艺术修养，让我成为一个有美学审美趣味的人？等等不一而足，学画画确实愈来愈受到初高中学生的热爱，无论他或她所持的目的是什么，但有一点是绝对不能有的：功利心，但凡功利心思过重的人，其人生大多不如功利心不那么重的人那么静定地做自己。我为什么要学画画不是别人告诉你的，也不是你在上了大学之后才问自己（那个时候也许就太晚了，若你学了一个自己不喜欢的专业怎么办？），而是你在拿起画笔的那一刻起就要去寻找和摸索，最好的办法是和师兄师姐以及年龄比你大的老师的交流，平时也可以看看一些艺术、设计类资讯杂志，当你的知识面和视野宽广之后，你就会慢慢找到你心中的大爱是什么，也许是想设计一件衣服、也许是想设计一幢建筑、也许是想设计一件家具、也许是想画让自己喜悦的画作，总之当你做这件事时你心里是高兴的，就是你"为什么要学画画"最真实的理由，努力去寻找吧，当你找到了你的兴趣所在，做你爱做的事，你就是世上最幸福的人！

学画画为了什么？

当然学画画可以帮助你考上大学，考上大学是为了在大学学会做人做事的正确方法，好让自己毕业之后可以从事自己喜欢的工作。学画画为了什么？无论你对自己的定位是一个艺术家还是设计师，学画画就是你生活的调味品，能滋润、能涵养、能修炼你的生活，让你的生活有品质和更加有质量。学画画为了什么？能让你通过手中的笔描绘出你心中的景象，能画出这个世界没有而存在你心中的东西，能表达你的感情、发泄你的不满，抚慰你的哀愁、舒缓你的忧伤。学画画为了什么？为的是做一个全人，而不是像塑料一样，缺乏味道的人。学画画为了什么？它能让你爱上这个世界，喜欢所有让你喜欢的事物，让你的生活充满喜悦，而当你有了这些，你的心就会鼓鼓的、满满的。

保罗·塞尚 PAUL CEZANNE

我欠你的绘画真理，我将在画中告诉你。

学画画到底能做什么？

亨利·马蒂斯 HENRI MATISSE

一遍又一遍地看着手部工作，看它二十来次，但每次都得从头开始，直到完全满意为止。

学画之人能做很多事情，可以进行艺术创作、可以设计生活中人们所缺的东西、可以从商从政从文、可以做学术研究、可以搞电影、可以玩摄影、可以捏陶瓷、可以编图案、可以包装产品、可以建房子筑园林、可以设计跑车、可以裁剪衣裳、可以装饰房间、可以拍广告、可以写文案、可以画草图、可以出方案、可以在公共场所立雕塑、可以帮明星造型化妆、可以做平面、可以搞动画、可以无中生有、可以锦上添花……一句话：画画出身的人，千变万化，无所不能，如果你敢想，还可以进入华尔街玩弄金融、操纵数字，建立你庞大的商业帝国梦，在这个时代，又有什么不可以呢？因为艺术类专业出身的人，他的情商一般都比较高，未来不再属于MBA工商管理人才，未来属于MFA艺术管理人才，跨学科、跨领域才是未来的出路，你说，学画画到底能做什么，唔，可做的事可多了，若不信，你也许就会后悔当初没有报读美术了。

学画画能给你带来什么？

简单点说学画画能够给人带来两样东西：一是物质享受，二是精神愉悦。如果你平时有留意时尚杂志的话，你会被一种铺天盖地的信息淹没，淹没之后你会精神抖擞、对未来充满信心：因为不做总统就做广告人，让人听起来真是倍儿爽！

学画画能给你带来三种能力：

一、沟通能力

学画的人情商都很高，只要你愿意你就可以广交天下友朋，是谁说学艺术的人都不太善于言辞的？就我身边的朋友看，他们不是心高气傲或者看什么事情都不顺，而是因为坚持某种如今被社会所抛弃的处事原则而让他们更坚信更懂得：沟通必须从心开始！

二、赚钱能力

在开篇导言"学美术将来能赚钱吗？"中我已经说过了。对于赚钱这件事学画画的人是有这方面的能力的，随着中国越来越需要高端精英创意经济人才，社会将有越来越多项目等待他们去做，也有愈来愈多"富矿"机会等待他们去挖掘，有时候你的一个创意方案就可以换来一辆法拉利，生活中有太多这样的故事发生了。

三、享受生活的能力

学画画出身的人更懂得在赚钱之余享受生活，享受什么生活呢？追求独特的、有品质感的生活方式，社会学中对这类既有钱、又会玩、更懂生活质感、关注心灵的人叫作"波波族"（布尔乔亚和波西米亚的结合体）。放眼望去，艺术类专业毕业的学生，无论经济水平如何，穿着打扮上都是具有自己审美品位标准的。比谁更懂得生活？你去广州的宜家和无印良品或者方所书店走一圈你就明白了。

就让美术生这个闪亮亮的时尚达人标签身份使人羡慕不已去吧！

我早已达到技精艺熟，可是如今我在研究自己的表现手段时，似乎觉得自己才刚开始学习。

亨利·马蒂斯
HENRI MATISSE

学画之人和他人有什么不一样？

亨利·马蒂斯 HENRI MATISSE

谁想献身绘画，谁首先就得通晓语言。

洁癖的艺术生生活

画室有一个洁癖，她寝室的卫生几乎是她一个人包办。

她的爱干净到了让人难以忍受的地步。

洁癖+美术生=洗刷刷

尤其在看待同样一件事物上，学画的人会从多个角度来分析而不是单一透视，因为他较容易从局部当中跳出来而不是整体效果。现代社会生活需要练就一种能力，既能钻得进去又能跳得出来。学画之人会美化生活而不会丑化自己，即使生活中更多时候是在灰色地带浮沉，但仍旧会以色彩之眼画出斑斓美妙的人生。学画之人能感受到即使是一条线、一个点、一块面，他都能通过神奇的想象力和创意思维把点线面在脑海中幻化出一个奇妙的世界来，他敏感又细腻，脆弱又天真，触角的敏锐可以延伸到世界每个角落，一旦身处大自然，他的所有感官机能就像散开的花朵一样，任由眼耳鼻舌感受眼前的美妙。学画之人和他人最大的不同就是思维模式，他的形象思维能力能够帮助他看到别人看不到的世界美，从而创造出别人眼中他世界的美。所以说艺术家是上帝在人世间的化身，为世人创造美！

艺术是什么，什么不是艺术？

艺术是什么？这是一个太过宽泛太过似是而非又似非而是的伪话题，20世纪最伟大的艺术家马歇尔·杜尚说过一句话，艺术是什么？哦，艺术什么也不是，艺术和禅一样不可谈论，一谈就错，这是我认同的。但是，什么不是艺术却是人人都可以感受得到的新鲜事物。那么，我们就来谈谈什么不是艺术，希望一开始就不是个错误的选择。对此我的定义是：一件事如果没有融合"艺"与"术"，就不是艺术，说白了就是美和物、文化与技术、精神与物质、审美与功能、理性与感情。我们试想想看一个情境，当有人指着你说：这件事你做得不太艺术。你觉得他想说什么？意思就是他说你做事太硬，不懂得婉转和体贴人心，分寸没有把握好。当有人说你的生活过得如诗歌般恬淡，他的意思是，你确实是个生活艺术家，懂得在生活和工作之间游刃有余、自在自如。其实在生活中，我们会接触到有很多老师和我们谈论艺术，但请相信：为了尊重他，你首先要做个怀疑论者，艺术是没有绝对定义的，一千个人心中有一千个哈姆雷特，艺术世界也是一样，艺术可以沟通、交流、影响，但艺术不是谁压倒谁、谁说服谁、谁凌驾谁，一旦你听到对方威胁到你纯真而质朴的艺术心灵，这时你最好要有分寸，因为这是艺术！

徐悲鸿 *XU BEIHONG*

人不可有傲气，但不可无傲骨。

联考和单考之间的差别是什么？

瓦西里·康定斯基

VASILY KANDINSKY

绘画有两种：一种为物质的，一种为精神的。

联考是一选多，单考是多选一；联考是虽千万人吾也往矣，单考是一夫当关，万夫莫开；联考是雄赳赳气昂昂，单考是明知山有虎偏向虎山行；联考是孤注一掷，单考是破釜沉舟；联考是百万雄师过大江，单考是万里长征独自还。像这样的例子我还可以列出一大堆，但有一点是同学们怎么绕都绕不过去的：联考是单考的必要条件，而单考只是联考的充分条件，两者孰优孰胜，这还真不好说。

联考和单考之间的区别何在？

随着2014年"艺考新政改革"，校考数量逐渐减少，联考比重逐渐加大，一方面联考你只要考一次就可以有数十家层次不一的高校供你选择，但也是一次定终身的考试，如果联考发挥不好，校考还有机会让你咸鱼翻身。其次校考为更多有能力、有追求、有梦想的美术生创造了"鲤鱼跃龙门"的宝贵机会，就拿清华大学来说，即使再难也好，学艺

关于艺考

联考   校考

艺术生考试分为——

联考就像座独木桥，只有顺利通过它，才能获得参加校考的资格。校考是学校组织的考试，而且机会很多，如果勤快，可以连着考一个多月。

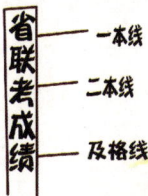

省联考成绩
——一本线
——二本线
——及格线

如果联考成绩能过一本线，就相当于拿到了本省所有一本学校的"艺术合格书"。只要文化考试分数达到线，就能挑其中一个一本学校读了。及格线是参加校考的资格线。

美院

一本

联考如果考得好，底气就足一些，所以它是至关重要的。

不过，联考考得不太好也不用灰心。因为只要过了及格线，后面还有大把机会。

Hello!@你美术生好

术类专业的高考学生都要比学普通文化课学生要容易一些，尽管美术类文化课分数线要求在550分左右。第三，就拿我熟悉的广东美术高考来说，广东联考好的院校真是少之又少，"211"工程院校广东只有四所高校，"985"工程院校广东只有两所高校，更有甚者广东高校好的专业并不多也不全面，如戏剧与影视设计专业、文化产业管理专业、书法专业、动漫专业、美术学（设计史论、艺术史论、艺术管理与策划、书画鉴定、文物鉴赏与修复、艺术品经营与拍卖、美术理论与批评、美术馆管理）、电影电视导演专业、影视剧制作与摄影专业、数字媒体创意设计专业等等这些专业都不是广东高校的强项，至少和全国部分有特色的艺术类专业院校比还是有距离的。

最后，单考的好处还有一点是选择的多样性，如果你运气不佳，联考分数不好，可以考虑报考省外本科艺术院校；假若你是联考不过线的其中一名，也别灰心丧气，报考民办本专科大学也是一条出路，还是一句话：条条大路通罗马，只要学会永不放弃，你就不是一个生活的失败者。下面在民办大学一章上我会讲到为什么民办大学的春天要来了，其实民办大学也是有实力的，并不比其他二三流本科院校要差，在市场经济当道的时代下，凡是以市场规律做事的，最后都有市场，而且还都不赖！

有时，一天要参加好几个学校的校考，让你不知道挑哪一个。

那种烂学校谁去……

今天是某学校报名，你不去？

画室有些联考考得很不错的同学，后面校考便要挑战顶级的美院。但后面的高考文化成绩谁也没有十分的把握，所以这么做有点危险。只有在艺考时拿到更多的"入场券"，才能让自己有更多选择的余地。

不过，真的很佩服那些心里有个明确目标，并坚持不懈地追求的人。连考央美几年都落榜的人并不少，很多都是因为文化成绩通不过。这些人到底是顽固还是坚强，是纠结还是幸福，其实是件冷暖自知的事情。

央美

好大学究竟好在哪里？

瓦西里·康定斯基

VASILY KANDINSKY

那些长于表现技巧的艺术家则不能称真正的艺术家，因为他们的目的是在于满足人的欲望，因此他将自然的艺术、写实艺术的艺术统称作「无目的的艺术」。这类艺术「是一种遭到阉割的艺术，足不可取」。

这是我在去年讲座中，给学生做的一个分析。我引用了清华大学前校长、著名教育家梅贻琦先生说过的一句话，他说："所谓大学者，非谓有大楼之谓也，有大师之谓也。"这句话是什么意思呢？意思就是说，大学并不是有教育设备、教育规模上来了就可以了，还要有好的教育方法和好的老师，有了这些才能构成一间好大学。如果一间大学，没有教育设备和一定的教育规模，但只要有好的老师和好的教育理念与教学方法，将胜过于只有教育设备、教育规模庞大的大学，因为没有灵魂、没有好老师和好的教育方法的学校，多一家少一家根本没什么区别。这就和你们选择培训机构一个道理，不是看和培训机构关系有多深，培训机构和高中学校关系是否到位，环境和设备有多先进，而是看其师资团队和教学方案是否优秀。

然而抛开以上种种外界因素不谈，我坚持我一贯的教育思想，有一个典故可以很好说明：有一天早晨，释迦牟尼的一个弟子看到释尊在一块镜子前站立良久，过不多久他就看见释尊双膝缓慢地跪在地上参拜眼前镜中的自己，这个弟子就好奇释尊为何这样做，就问释尊：师傅，平时你都是我们参拜的对象，为什么你要自己拜自己呢？释尊稍微停顿了一下，舒缓地对他说道："求人不如求己。"

中国有艺术类专业的高校近千所，其中有好的也有不好的，但归根到底还是要看你所选择的这所大学是否适合你自己，如果最后你所上的大学并非是你想要的，那就竭尽全力，放开自己，启动身边你所能找到的资源、关系、信息、人力、物力甚至资金为你所用，全力以赴去做自己喜欢做的事情，你最终还是可以成为一个"艺术人才"的。

因为好大学不是让你变得更好，反过来是好的"艺术人才"才成就了好大学的名誉和社会声望，你要做的就是那个能够改变世界的"艺术人才"，做一个独一无二的自己。

美术学院和综合性大学有何不同？

我的老师，美国洛杉矶帕萨迪纳艺术中心设计学院终身教授、国际著名设计理论家、汕头大学长江艺术与设计学院院长王受之教授曾经在《DESIGN 360° 观念与设计》杂志上发表过一篇文章，他认为国内目前高等美术院校教育体制存在诸多弊端，美术学院与综合性大学之间的区别有三个方面：

第一，当前大学开办设计教育学科最理想的学校不是美术学院，而是理工科大学或者综合性大学（此处他针对的是设计教学而非美术教学）；**国外最好的设计学院都是具备理工科背景的，大多是跨学科、跨领域的；**

第二，未来高端精英创意设计类的艺术人才不仅需要扎实的专业素养，还必须具备全球化视野、国际性眼光和多元化、高学历的留学教育背景及横跨不同艺术领域的知识体系构成。王受之先生认为，这非具备参照世界一流教育模式、办学标准的综合性大学或理工科大学来承担不可，因为学生只有在这样的环境里面学习四年，通识课程和人文内涵与综合素质才最终决定一个学生未来到底能走多远、多高；

第三，英语语言能力（掌握两种以上外国语言）**、艺术修养、审美品位、内在文化等皆可在综合性大学中培养获得**（清华大学美术学院就是一个再典型不过的例子）。

王先生在外国教书将近三十年，出国前在广州美术学院担任工业设计系副主任一职，并参与规划和撰写国内首套高等艺术院校设计学科的标准教材，20世纪90年代受邀参与构建中央美术学院设计学院设计学科的设置。这种横跨中西方设计教育领域的经历背景为王先生本人铸造了一种超凡的国际化视野和全球性眼光，他以他的经验、智慧与远见为中国当下学设计的学生指出了发展方向，是值得下一代年青学子聆听的。对此我也是深有感触的，以下就是该论据的相关证明：

丹下健三
KENZO TANGE

虽然建筑的形态、空间及外观要符合必要的逻辑性，但建筑还应该蕴涵直指人心的力量。这一时代所谓的创造力就是将科技与人性完美结合。而传统元素在建筑设计中担任的角色应该像化学反应中的催化剂，它能加速反应，却在最终的结果里不见踪影。

教育部：全国近600多所本科院校转做现代职业教育高校

3月22日，在2014年中国发展高层论坛上，教育部副部长鲁昕在演讲中谈到中国教育结构调整和现代职业教育时透露，中国高等教育将发生革命性调整：调整的重点是自1999年大学扩招后的600多所近十年来"专升本"的地方本科院校将逐步转型，转做现代职业教育，重点培养工程师、高级技工、高素质劳动者等。设计学科是一门在众多艺术类专业最为讲究技术技能含量的复合型学科，它不仅要求一个学生在大学期间掌握一门实用性技能，毕业后可以谋得一份好工作，还要求其有较高的文化素质和综合知识。以我观察，但凡学艺术出身的人都有"营养不良"的症状，在某方面如文科方面的历史、文化、文学、艺术、音乐、哲学等社会科学领域的知识他都懂得一点也有去了解，但一旦涉及自然科学领域的学科范畴如科学技术、数字技术、天文学、地理学等方面的常识，大多都一知半解。美术学院是单一的专业性极强的院校，而综合性大学或理工科大学无论是它们的院系组织、学科设置和研究领域的多样化与多元化都是美术学院所无法比拟的，反之亦然。

为什么国家教育部1999年要把中央工艺美术学院并入清华大学？

这和国家高等教育战略部署有关，清华大学既是"211"工程又是"985"工程，是中国最好的两所大学之一，是国家要实行科教兴国战略，打造国际一流世界大学的宏大目标。清华和北大这两所院校大家众所周知，一理一文，各占据半边天，清华大学如果要向国际一流世界大学标准迈进，缺什么呢？所缺的就是能够教授美学功用的"美术学院"，清华大学的DNA就有强劲

的理工科背景，中央工艺美术学院也是一间以培养实用型美术人才而成立的高校，一拍即合，无论双方愿意与否，国家战略已定也绝不容许改变，于是1999年中央工艺美术学院并入清华大学，成为其中的一个子学院，更名为"清华大学美术学院"。目的也诚如王受之先生所说的那样，若要培养一流的艺术设计人才，模式就等同于"人文科学+自然科学+艺术美学"，依托清华大学国际化平台，为学生走向世界提供坚实的后盾。

美术考试分为——

素描　　色彩　　速写

有些学校只考这两科.

总是画不下。

学校就不能大方点么？……

素描考试以头像为主，而且经常是青年头像。

掌握多少种外国语言才算是优秀的"艺术人才"？

至少是两种以上，掌握英语是最基本的语言功能，可以说，英语是你走向世界的一把钥匙。著名画家、文艺评论家陈丹青先生曾因辞去清华大学美术学院博士生导师职位而引起广泛关注，起因不外是"外语和政治两门学科"阻碍了一个有天赋、有才情的艺术人才的发展，人们只关注到媒体在他身上挖掘出的"狠话"却全然忘记了陈先生是一位旅居纽约18载的留洋画家背景，他能说一口流利的英语，写一手不错的英文。掌握外语并不妨碍你成为一个伟大的艺术家、卓越的设计师，这只是一种借口和推辞罢了。人类的语言和文字是一个民族、一个国家最最宝贵的精神财富，当你比别人掌握多一门外语，你看待这个世界的眼光也将和他人不同，你能够阅读该国的原版图书而不用去看别人的翻译，你可以轻松自如地与外国人交谈以便获取更多资讯来开阔你的视野，当你人云亦云，随波逐流，听信他人说"学英语对艺术有害"，你其实是在拒绝自己变得更加优秀。再举一个例子，20世纪初的二三十年代，地点在巴黎，世界艺术的中心，在塞纳河左岸的蒙马特高地一带，聚集着来自全世界的、才华横溢的艺术青年，他们操着不同的方言，有尼日利亚语、有波兰语、有都柏林语、有爱尔兰语、有印度语、有西班牙语、有荷兰语、有中国话、有日本话、有俄语……除他们身上所携带的"母语"印记之外还有一门共同的语言，那就是法语，说法语是那个时代的时尚潮流。那么，如果你想活得更酷一点，在这个时代，什么语言才是我们需要学习的呢？

学美术的人为什么惧怕英语？

Φ高考改革方案：2016年英语正式退出高考？Φ

安藤忠雄 *TADAO ANDO*

将自己的职业作为武器，去抗争，去争取自由，要相信自己，负己之责，凭借自己的力量去与社会斗争。

这也许是个最大的误区，人人都善于为自己寻找到一个不学习的理由而忘记了追寻梦想。英语是这个时代的通行证，也是你走向全球的一项基本技能。至于学美术的人的通病是害怕英语，我觉得有几个因素让他们陷入了思维的泥沼里：

第一，他们的圈子有限，而又不愿意主动去接触比他们更优秀的人才，不交流，也不通过某种方式增长自己的知识与技能，却把时间更多地浪费在怨天尤人和怀才不遇的消极思想上，这本身即是：无知和愚昧。所谓的英语有害于我的艺术修行，这纯属扯淡，再没有比这更有天方夜谭的色彩的了。什么是语言？语言是一门思维的艺术，也是一门说话的艺术，文字本身就是一门艺术种类，且看由中国的象形文字演变而出的中国书法实质上讲求的是书画同流，书与画是一体的，一幅优美的书法就是一件艺术作品。也是一幅"画"。

第二，对于美术生来说，他们的生活范围有限，所接触到的人也有限，但一个个都处在求知欲最旺盛的阶段，又苦于无师可学，那些自身都有不少问题的师兄师姐作为学习的榜样仍旧不能给他们带来足够的视野和信心，而不负责任的蜗居在培训机构里的美术老师又大多不务正业，追求利益最大化而没有将美术教育作为一种信仰信念对待，试问：一个都不学习的组织和个人，不喜欢自我挑战、对外语学习不感兴趣的老师又怎么能够启迪更多学生的思维呢？我期待中国美术培训教师队伍愈来愈成熟、壮大、专业，为社会做出更大贡献，培养更多人才。

第三，美术生惧怕学习英语这和中国的整体国情与生活环境有关，我相信一般的学生在读与听上要比说与写要好，为什么呢？周围没有这个环境，而自己又疏于自我训练所致。

以上所罗列出的三点并不能涵盖所有，但最终还是想鼓励有更多的美术生可以起而行，重视英语学习。

Hello! @ 你美术生好

关于图书馆

下课了！赶紧去图书馆！！！

图书馆经常爆满，去晚了就没位置啦！

都到闭馆时间啦！

你们学校的学生很好学啊！

这个嘛……

因为那时学校只有图书馆有空调……

教育部高考改革方案措施如下：

1. 高考命题杜绝繁难偏旧，基本以2014年的试题难度为标准；

2. 2016年，英语将正式退出高考（也就是6月7、8号两天将没有英语考试），但是学生的会考成绩计入高考总分（A等100分，B等85分，C等70分），学生可以多次报考会考，最终以最好成绩为准；

3. 在2016年之前，高考英语分值将逐年降低：2015年，英语120分，相应地，语文将提高到180分；2016年，英语100分（会考），语文提高到200分；

4. 除了少数民族加分政策以外，其他加分政策都将取消；

5. 志愿填报也有微调：考前填报，但从明年开始执行平行志愿，第一志愿可以同时报2个，第二志愿可以同时报3个。

你有美院情结吗？

你是哪里毕业的？我是中国美院毕业的。

你是哪里毕业的？我是中央美院毕业的。

你是哪里毕业的？我是清华美院毕业的。

……

这是我们最常听到的一段对话，也是最揪人心的一句对白。是的，我曾经也有美院情结，但我毕业于汕头大学长江艺术与设计学院，我为能在这所学院学习而骄傲，但我只为我自己代言。美院曾经是无数美术生的梦想，每一个学画画的人都想考上中国美院、中央美院、清华美院……为什么？因为美院是个笑傲江湖，能够让你笑着进去，傲着出来，所傲之物就是这些高等美院背后一段段闪亮亮的历史和一个个铁骨铮铮的传奇人物：林风眠、徐悲鸿、庞薰琹……

我接触过很多高等美院毕业的人，只有以上我所列出的学校才会有一种仿若信仰般的情结，有一种坚挺的向心力存在，你透过他们的谈话可以闻到话语背后的那种强烈的美院所带给他的荣耀与情结。有些人进入美院是锦上添花，有些人进入美院是雪中送炭，有些人进入美院则是一场噩梦，但大部分在美院学习四年的人，毕业之后都改头换面、风光不再，转行和换工作是最基本的社会常态。为什么会这样呢？难道是当初的美院情结仅仅只是一场"春梦"？是一窝蜂地往前冲、冲、冲？美术学院归根结底最适合一类人：艺术疯子和创意达人，这两种人都可以在美院的温室里长出同一种技能：天马行空的想象力和旺盛无比的创造力，你若不是这种人，大可将自己定位为"高大尚"，即高端、大气、风尚那一类艺术人才。若从这方面去想，你是否有美院情结和你最终是否进到美院其实是没有关系的，重要的是你知道你是什么样的人，你对自己的定位是什么，你想走一条什么样的路，只有这样做，你才对得起心中曾经有过的"美院情结"。套用安迪·沃霍尔一句话：人人都是艺术家，未来每个人都有15分钟成名的机会。

八大美院的历史由来

1952年，刚刚成立没多久的新中国开始仿照老大哥苏联模式的教育体系，对全国旧有高等学校的院系进行全盘调整，史称"中国高等院校1952年院系调整"。动作之大涉及全国近3/4的高校，并最终形成了20世纪后半叶中国高等教育系统的基本格局。作为人文社科类一份子的美术学科代表的美术学院自然也逃不过此次整改运动。且看当时的教育部领导是如何按"统战区域"来划分美术学院所在地的。

中国幅员辽阔、地大物博，若按照地理条件来划分，就有东北、华北、华中、华南、东南、西南、西北、中南八个区域，若要照顾到大中华地区各个省市人民群众生活的需要，则须相对应地在当地成立美术学院，如此便有了后来的"八大美院"：1999年中央工艺美术学院并入清华大学，并正式定名为"清华大学美术学院"，若再加上曾在新中国前后发挥重大作用，培养了一批后来成为艺术大师级人物的上海大学美术学院，则可变为现今通行的流行叫法"十大美院"，但若按照教育部对艺术类本科院校整体划分来看，却不存在此种说法，因为我们常说的"八大美院"通常归属于"31所独立设置的本科艺术院校"，而清华大学美术学院则归属于"13所参照独立设置本科艺术院校"，至于上海大学美术学院也许很多人不知道它的辉煌历史，只需说三点你就知道它的厉害所在：一是这所学校的创办人是现代杰出画家、美术教育家刘海粟，当时学校还叫作"上海美术专科学校"；二是它的董事会成员由蔡元培、赵鞠椒、王震、沈恩孚、黄炎培等社会名流组成；三是在中国西画运动中留下了精彩的篇章，创出了中国美术史上好多个第一：比如兼收女生，开创男女同校，又比如破除世俗偏见，开办人体写生课，开了美术教育模特儿制的先河。八大美院的历史由来这一节就说这么些，有兴趣的同学可以上网查找相关资料信息，在此也不费多笔墨来详述。下面我想和大家谈谈我眼中的八大美院和清华美院及其王牌专业。

米开朗基罗·博那罗蒂
MICHELANGELO BUONARROTI

绘画愈像雕刻，映在我眼里愈觉得它是出色的作品，雕刻愈像绘画，我就愈觉得它是拙劣的作品；雕刻是绘画的火把，它们就如太阳与月亮的光，有天壤之别。

我眼中的中央美院及其王牌专业

米开朗基罗·博那罗蒂
MICHELANGELO BUONARROTI

杰出的艺术家怀有的任何心思，都有本事透过一块大理石表现无遗。

中央美院的地位从世界范围来看，相当于日本的东京艺术大学、意大利的佛罗伦萨美术学院、法国的巴黎高等美术学院、俄罗斯的列宾美术学院、英国的皇家美术学院、美国的芝加哥美术学院、德国的汉堡美术学院……若从中国历朝历代的地位相比照，则相当于中国古代的宫廷画院。

上述所举，无非是想说明中央美院在我国所处的历史地位，无论是过去、现在还是未来都是首屈一指、无以撼动的，它是中国美术的象征。因此这所学校毕业的学生基本上对自己的身份存在一种荣耀感，打个比方，一个普通美院毕业的遇到一个中央美院毕业的，当两个人碰到一块问起对方毕业的学校时，央美毕业的那人一听对方说自己是美院毕业的，张口就问："哥们，你是央美哪一届毕业的，学的什么专业？"普通美院毕业的那人连忙答道："我不是央美的，我是XX美院毕业的。"你知道接下来那位央美毕业的人会怎么接话吗？他说："那你为什么说自己是美院的呢？"可见，央美毕业的人心中只认准自己身上的那个光环，直至走进历史的故纸堆中。

那么，中央美院到底牛在哪？成就央美地位的三个关键：

第一，辉煌历史及开山鼻祖徐悲鸿。中央美术学院是教育部直属的唯一一所高等美术学校，其前身是国立北平艺术专科学校，历史可上溯到1918年著名教育家蔡元培先生所倡导成立的国立北京美术学校，这是中国历史上第一所国立美术教育学府，也是中国现代美术教育的开端；新中国成立后的1949年11月，国立北平艺术专科学校和华北大学三部美术系合并（华北大学三部美术系的前身是成立于1938年的延安鲁迅艺术学院美术系），成立国立美术学院；直至1950年1月，由毛泽东亲笔题写院名，才正式定名为中央美术学院，由现代画家、著名教育家徐悲鸿先生担任首任院长。

第二，历届优秀毕业生成为中国美术史上杰出艺术大家。所培养的知名校友包括：吴作人、靳尚谊、徐冰、陈丹青、杨飞云、王沂东、刘小东等等，这些画家在各个历史阶段都成为了引领该时代中国美术向前发展的动力源。连他们的学生都那么牛逼了，就更不要提教他们的老一辈大师级人物，如齐白石、黄宾虹、李苦禅、徐悲鸿、潘天寿、黄永玉等等。也许这就是历史传承所散发出来的力量，优良的传统在一代代学子血液中流传下去，铸就了现今辉煌的历史。

第三，艺术品般的校园环境以及藏书丰富的图书馆和对外交流活动。学生在什么样的校园环境里学习、生活四年，将影响他对美的感知能力与欣赏趣味的形成，有浓郁艺术气息的校园环境由什么组成？毫无疑问是它的建筑，作为中国美术教育重镇的中央美院，其建筑风格也独具特色，为展现学校内敛低调的特质，校园内有吴良镛先生设计的深灰色彩院落式布局的建筑物，就连新美术馆也是由日本著名建筑师矶崎新先生主持设计的，可见领导们的用心良苦。在这样的环境下生活，美无处不在。其次是种类齐全的图书馆，据说央美馆藏中外图书资料逾35万册，如此庞大的图书画册，必将奠定其厚重而深邃的学术研究，为学生未来的发展打下坚实的基础，要知道人一生最好的老师不是人而是书籍。至于对外交流活动，从邀请国际著名艺术家徐冰回国担任央美副院长职位，即可见出央美融入世界艺术的野心。

中央美院可以谈论的话题实在太多了，对于有兴趣考这所大学的同学你只需了解它最好的专业——学院派的写实油画、写实素描和灰色调色彩教学，其实也就足够了。当然，中央美院的设计专业在经过近20年的艰辛发展，也越来越受到社会的关注和考生的重视，其年青一代设计专业毕业的学生像何君、刘治治、广煜等也已经在社会初露头角，甚至已经在行业中担当重要推动角色，幸甚！

我眼中的清华美院及其王牌专业

奥古斯特·罗丹 AUGUSTE RODIN

所谓大师，就是这样的人：他们用自己的眼睛去看别人见过的东西，在别人司空见惯的东西上能够发现出美来。

清华大学美术学院给人的印象是高端、大气、上档次，国际味倍儿浓（北京腔），时尚范倍儿潮，是一间特别有质感、精致、有品格的美术院校。谈到清华美院大家脑海里自然想到的是它的设计专业、建筑专业（建筑学院）和壁画专业，三个学科在国内甚至国外都是顶尖一流的。我看过一本书，是它的创院院长庞薰琹写的自传《就是这样走过来的》，当我读过他的人生经历和创院过程，才了解到学校的"得来不易"及其背后创办的艰辛与困难，建议同学们可以看看。下面我们来说说它的故事。

先来看一组数据：依教育部学位中心排行，清华大学美术学院在全国所有的艺术院校中排名第一，也是中国唯一连续三次入围"世界60佳设计学院"的院校，曾位居"世界最佳设计学院"第7名，蝉联中国设计专业排行第1名（摘自百度百科）。从该信息中我们可以读出两个字：牛逼！

清华大学美术学院前身是中央工艺美术学院，创建于1956年。为了顺应特定时代的形势发展和人民生活的实质性需求，为培养出适合社会需要的工艺美术人才而成立的一所高等工艺美术学校。了解清华美院我们可以通过三个侧面来获悉它的重要性：

第一，依托清华大学强劲的综合学科背景，尤其是依托理工科及信息科技的学科优势，为学生提供集文化、艺术、科技、设计为一体的综合性知识。清华大学要做什么？建设世界一流大学，因此学院也将借助清华大学本身具有的强大学术氛围和深厚的历史积淀与国际化气息，为中国社会各领域、行业培养高端精英类创意文化产业人才。

第二，在艺术大师影响下逐渐沉淀出来的独特的办学特色和无与伦比的学科优势。在清华美院任教的艺术大师就包括有庞薰琹、吴冠中、张仃、白雪石、丁绍光等在内，而杰出校友有的已经在高等美术院校中担任院长位置的如刘元风现为北京服装学院院长、李游宇现为复旦大学视觉艺术学院时尚设计学院副院长，还有2008年申奥标识设计者、设计大师陈绍华……最令人瞩目和感慨的是它的办学特色及战略眼光的高度，在教育方针和教学理念上清华美院所一贯强调的是要培养学生的创新精神和创新能力，在加强专业基础教学的同时，不断拓宽学生的知识面，努力提高学生的综合素质；注重学习中外各民族和民间艺术的优秀传统；注重学术交流，关注和研究国内外美术与艺术设计学科发展动向；提倡严谨治学、理论联系实际、实事求是的良好学风；强调设计为生活服务，设计与工艺制作、艺术与科学的结合；培养学生敏锐观察生活的能力和为国家经济和文化建设做贡献的意识；创造活跃的学术气氛和良好的育人环境。

第三，首创国内信息艺术设计系，打破了设计、艺术、文化、科技各学科之间的界限并将这四个方向交叉融合在一起形成了新的领域，代表了信息科技与文化结合的新方向，此举目的是面向国家大力发展文化创意产业方面人才的需要，教育思路是从整体出发来拓展学生的原创能力、整合能力和策划能力，培养面向信息时代，且具有新的人文、艺术、科技观念和素质的综合型人才。看到这里，是否想起了前面王受之先生在对比美术学院和综合性大学之间区别中所提到的现代社会所需要的设计人才是什么，这就是趋势，这就是未来，这就是将来中国社会最急缺和最吃香的专业，因为它里面涵盖了信息设计、动画设计和摄影、数字娱乐设计、新媒体艺术等前沿最新专业。

当你仍旧在听身边的老师说室内设计好、平面设计好时，那些比你了解更多外界资讯的同学早已经把目标锁定在未来最赚钱的专业上，因为这些专业够酷、时尚、有国际范。那你还在犹豫什么呢？睁开双眼看看眼前的世界吧，别做井底下的青蛙！

我眼中的中国美院及其王牌专业

奥古斯特·罗丹
AUGUSTE RODIN

美是到处都有的。对于我们的眼睛，不是缺少美，而是缺少发现。

中国美院是一所历史悠长、久负盛名的高等艺术学府，当然这样说没错，但体现不出它如今在中国千千万万美术生心中那神一般的地位，每一个美术学子心中都有一座遥不可及的艺术殿堂，也许是巴黎的卢浮宫，也许是敦煌的莫高窟，但仅就美术学院而言，国内再没有一所美术学校像中国美院这般，让所有美术生又爱又恨，依靠国美强大的市场品牌魅力，似乎也可以让那些没有进过国美的人都能切身感受到那股从林风眠先生传递下来的"国美精神"。那是一种什么样的精神呢？先别急，等会自会揭晓。让我们先来看一组介绍说明文字：

"中国美术学院，为我国第一所综合性国立高等艺术学府，是当今国内学科最完备、规模最齐整的综合性美术学院，是中国最早的美术大学之一，也是最早实施设计学的高等学府，是中国最早的艺术革命团体发祥地，也是中国唯一一个美术学国家重点学科所在地。国美因国立艺术院而蜚声海内外，是联合国教科文组织唯一承认学历的中国美术类大学。"

从全球范围看，最具世界影响力的美术学院品牌以2013年度最新官方数据排名为准，中国美术学院位居世界第7位，中央美术学院位居世界第19位，并且中国美院是"联合国教科文组织唯一承认学历的中国美术类大学"。为什么呢？功劳自不在于现在的中国美院，而是由大学院院长、民国教育总长蔡元培先生任命林风眠在1928年那个艰难的时期创办的中国第一所综合性国立高等艺术学府"国立艺术院"（仿照法国巴黎高等美术学院的教育模式和教学方法）以兼容中西艺术、创造时代艺术、弘扬中华文化为办学宗旨而享誉海内外。

中国美术学院能够发展到现在这个样子，其实是经过一代又一代老一辈伟大艺术家的辛勤耕耘与默默奉献、无私付出以及个人艺术造诣上的影响力，并且自身在不断对抗历史的洪流、扛得住时代社会变更、师生间相互砥砺搀扶前行之下才有如今的成就，可谓历经百般艰辛之难啊！在过去

的八十多年间，中国美院十迁其址，五易其名，经历风雨：

1928年创办国立艺术院

1938年与北平艺术专科学校合并组建国立艺术专科学校

1950年改建为中央美术学院华东分院

1958年改建后更名为浙江美术学院

1993年正式更名为现在的中国美术学院

国美的教育理念与办学宗旨从一开始就与中央美术学院所走的道路不同，这和两个创办人的艺术抱负和所持艺术观念相异有关，"不走寻常路，杀出心血路"，这是我对国美的印象，此话怎么讲？国美的教学体系重视两个东西："师造化"和"师传统"，然而又对西方艺术、世界文化潮流采取兼容并蓄的态度，因此才造就出现在的心胸与格局和国际化视野。对此，中国美院最拿手的王牌专业自然是它的国画和书法与美术学（中国唯一一个美术学国家重点学科所在地，凸显学术研究能力与高度）和设计艺术学，当然在西画的造诣上，单凭它所培养的三个世界艺术大师级人物全都获得了法兰西学院艺术院院士的资格就可看出国美的牛逼之处，是谁呢？一个是赵无极，一个是朱德群，一个是吴冠中，哪一个拎出来讲都是响当当的名字，如雷贯耳；当然了还有对中国现当代艺术走向有影响的艺术家全山石、王广义、邱志杰、张培力、许江等，更别提历史上所聚集和造就的那一大批优秀艺术人才如潘天寿、黄宾虹、刘开渠、吴大羽、颜文梁、倪贻德、李苦禅、李可染、艾青、陈之佛、庞薰琹、雷圭元、萧传玖、关良、黄君璧、常书鸿、董希文、王式廓、王朝闻、李霖灿、邓白、吴冠中、赵无极、吴国亭、朱德群、罗工柳等，都曾在这里撒播艺术的种子，留下耕耘的足迹。

国美牛不牛？牛！既然国美那么厉害，那就多费些笔墨介绍一些考生比较感兴趣的国美事迹，我对国美最感兴趣的有三点：一是它的校园建筑风格；二是它的图书馆；三是它的教育理念。

校园建筑风格

中国美院最令人赞赏的是它的校园建筑风格，但凡到过中国美院的人，大都会在心里发出"这应该是全中国最好看的美术学院了！"的感慨，是的，这些如艺术品般的建筑乃是出自大名鼎鼎、获得2012年全球建筑最高荣誉普利兹克奖、现为中国美术学院建筑学院院长的王澍，从他所设计的象山校区的风格就可以看出国美的民族情怀和精神思想追求完全是一致的——中学为体，西学为用，中西兼容，古今融合。"建筑是对人的生活方式有影响的。"王澍坚信这一点，也是这么去做的、去实践的，鲁迅先生说，人是要有点精神的，毛泽东也曾经说过一句类似的话，人总是要有点精神的。人无精神不立，国无精神不强，一所大学，一间美术学院，如果没有自己的精神追求和理念抱负，那将如一盘散沙般让别人瞧不起你。因此，你问我，国美的傲骨和底气来自什么？那就是它的浓浓的尽善尽美求真的人文精神。

图书馆真有那么重要吗？

老一辈艺术家大多没有上过大学，但都懂得如何读书，因为他们知道最好的老师是书籍，最好的成才方法是自我学习和自我教育，典型如齐白石、黄永玉、沈从文、钱穆、梁漱溟、毛泽东等等。中国美院的图书馆可说是中国美术院校中最好最专业的图书馆（没有之一），涉及中外图书刊物，藏书量高达40万册，除此之外，还藏有相当数量的中外名作精品复制品和4000余种古籍善本书。为什么要从全球各地和民间、乡里社会搜集珍藏那么多宝贵的古籍善本书？是因为"弘扬中华文化，传承中华艺术"，这就是国美的远大目标。

国际的教育理念与接地气的教学方法

中国美院以"兼容中西艺术、创造时代艺术、弘扬中华文化"为办学宗旨，简单点说就是保留我们老祖宗好的东西，学习外国人好的东西，然后把这些东西组合拼凑在一块，经过探索与研究摸索出属于自己的艺术风格。这就好比培养一个学生，外面是现代的、国际的，骨子里却有浓厚的中国情结、文化素养和传统的东西存在。在这种开放、温和、自由、活泼的校园风气里成长，即使做不出一番大事业，也能长久滋润自己的内在生命，让自己的生活变得更美好，通过个人的努力从而使这个世界变得更加美丽。

也许这就是中国美院所要做的事情，十年树木，百年树人，任重而道远！

我眼中的鲁迅美院及其王牌专业

鲁迅美院在北方一隅，而我在南方沿海城市，相隔数千公里的距离，自然对它会有些"陌生"感觉，我没去过鲁迅美术学院，但却不妨碍我对它的了解。

当我们在谈论美院时，我们在谈论什么，尤其是鲁迅美院。给我的印象是紧张而又活泼、严肃而又认真，待后来了解了它的校训"紧张、严肃、刻苦、虚心"是由毛泽东亲自题写后，我才觉得，哦，原来外人对一所学校的了解是有迹可循的。鲁美是一所具有革命优秀传统脉络的红色美院，前身是抗战第二年的 1938 年创建于陕西西安的鲁迅艺术学院，1945 年国内政治格局稳定后才迁至东北三省之一的辽宁省，现已发展出一个总部（沈阳校区）和一个分部（辽宁分校），并于 1958 年正式更名为鲁迅美术学院，延续至今。

了解鲁迅美院可以通过三个方面来增进认识：一是它的红色背景与革命传统的联系，比如在 2010 年鲁美被教育部确定为红色经典艺术教育示范基地；二是位处东北要地，学校气质自然与当地的风土人情味儿有关；三是在此前两方面的优势依托下所发展出来的王牌专业自然也离不开正常人的想象——大型艺术创作的全景画和大型集体创作的公共雕塑，这些都能彰显出人的力量以及艺术作品所传达出来的内在张力，澎湃、激情、坚韧、顽强的精神，这些都体现在它的办学方针上，即"弘扬鲁艺传统，培育艺术人才，繁荣社会主义文化事业"（1998 年，由江泽民亲自书写题词）。

都说东北人是干实事的，务实，实际，爽快，直来直往，吃苦耐劳，豪气盖天，做事绝不拖泥带水，这些都组成了我们对北方的整体印象，因此在学校学科设置品牌打造上，鲁美给人的感觉是舍"小"抓"大"，所谓"小"指的就是学术研究，所谓的"大"指的是大型艺术创作如全景画和公共雕塑等国家级别的企事业单位任务，这些都形塑了鲁美整体创作实力，如果你翻一翻历届全国美展的

艺术是大自然映现在人间的东西，重要的是要好好磨镜子。

奥古斯特·罗丹
AUGUSTE RODIN

获奖作品，鲁美的入选率和获奖率都位居同类院校前列，而中国美术馆、中国历史博物馆、中国军事博物馆馆藏了很多该校教师和杰出校友的艺术作品，这些为它后来以南京大屠杀纪念馆扩建工程等为代表的，遍布全国的展陈重大工程赢得了社会的广泛赞誉，参与创作设计施工的重大工程中有 35 项被中宣部列为全国爱国主义教育基地。可见鲁迅美院的整体实力是不可小觑的。

如果你对雕塑还没上心，还感受不到潜藏在该艺术类型背后的美，建议你可以在考学期间看看奥古斯特·罗丹所写的《罗丹艺术论》，或许你从一代大师的文字中，可以找到某种你想要的力量和精神，支持你继续前进，帮助你度过这漫漫又孤独的考学生涯。

我眼中的广州美院及其王牌专业

去年是广州美院60年校庆，刚好一个甲子，因此它的历史可上溯到60年前的1953年，是时代（1952年院系调整）的特定产物，也是华南地区唯一一所高等美术学府，它的前身是由广东华南文艺学院、湖北中南文艺学院和广西艺术专科学校三地三校合并而成立的中南美术专科学校，创校校址在湖北武汉武昌，于1958年迁到广州至今。

广州美院地理位置，靠近中国香港、中国澳门、中国台湾地区，因此在接收日本、韩国以及欧美（尤其是美国）方面的信息方面具有先天优势，并且加上处于改革开放前沿阵地的中心地带，一方面饱熏国外最新思潮，一方面在市场经济浪潮冲击下又极为务实，商业气息浓郁，经商思维厚重且根深蒂固，基本上已经渗透进每一个人的血液里。在这些因素的撮合与带动下自然形成了一种"求实"的作风，故此广州美院最好的不是纯艺术方面的绘画造型专业，而是贴近市场、紧跟时代发展的设计专业，尤其是它的商业设计，全国上下绝对找不出第二家能够做到这种高度，即使你批评它没文化、学术研究能力不强也好，没有国家级的学科也罢（直至2010年才被广东省确定为博士点建设单位），但是只要所做的东西都是动真格的，可以说力求刀刀见血，见血封喉。

总的来说广州美院走的是一条"教、学、研、产"为一体的发展道路，这体现在它和社会的紧密关系上，学校似乎鼓励自己的教师和老师多点和社会接触，为社会多做贡献，然后再将他们从市场上学到的经验反哺给自己的学校，真正做到"学以致用"，这一点你只消看看它向社会拓展的触角即可得知一二，我们来逐一对位分析一下：

广美现拥有1个国家广告产业园区——广东现代广告创意中心，这说明什么？说明广美的商业设计、广告设计、信息设计、品牌形象设计、包装设计、书籍装帧设计、平面设计，好！

1个省级研发中心——广东省创意产业研发中心，3个战略合作城市，14个校级科研院所，创意文化产业最为注重培养一个人的创新精神和创新能力、策划能力、整合能力以及原创能力，在跨区域的项目合作中不仅可以为学生带来新的创作视野，拓展眼界，还能打通理论与实践之间的界限。

广东省集美设计工程公司、广东省广美玉兰软装艺术创意研究院、广美·例外品牌研究所等社会服务平台，则说明广州在室内设计、景观园林设计、建筑设计、城市规划设计、装饰艺术设计和服装设计等专业领域具有雄厚的实力为学生提供优秀的就业与实践平台。

也许现今美术生都把眼光集中在三大美院身上而忽略了广州美院在全国商业设计领域的重要地位，也许你知道中国美院的建筑风格是王澍设计的，并且获了国际大奖，但你却没看到广美旗下的集美集团，全国最早的影视广告、最早的五星级酒店、最早的美术馆和最早的音乐厅等都是它设计的，开了业界先河。也许你只听过北京服装学院、江南大学和清华美院的服装专业不错，但却忽视了广州美院旗下的例外品牌研究所。是的，广州美院的画没有央美好，文化底蕴也没有国美厚，雕塑也比不过鲁美，但却凭借不错的定位让广美走出了一条不平凡的道路出来，是什么呢？——"教、学、产、研"综合一体的高等教育办学格局，并成为中国高等教育院校最成功的典范与标杆。

你说，广州美术学院牛不牛？牛！至于适不适合你个人发展，还要看你自身的条件和意愿了，凡事不能一厢情愿，要量力而行，量心而定，最好对自己有个明确的定位。

我眼中的湖北美院及其王牌专业

2013年，一幅作于2001年220cm×395cm大小的油彩画布，名叫《最后的晚餐》的油画作品拍出1.8亿港元，成亚洲最贵当代艺术品，一时间成为全国各大媒体热议的头条新闻。此艺术品出自何人之手？答案是：曾梵志，1991年毕业于湖北美术学院油画系。为什么此人会出现在华中地区唯一一所多学科门类与多学历层次的高等美术学府？答案自然是和这所学校所倡导的理念和办学宗旨有关——敢为天下先，自由、开放、创新的精神。

湖北美院是中国最早成立的四所艺术专业学校（其他三所为北平艺专、上海艺专、杭州艺专）之一，其前身是私立武昌艺术专科学校，创办人都为参加过辛亥革命、五四运动的革命志士，首任校长为唐义精，是中国近现代高等美术教育的发源地之一，具有较深厚的学术传统与历史渊源。湖美集美术教育、美术创作、艺术设计、美术理论研究和艺术产业开发于一体，在学科设置上注重"兼收并蓄"的学术精神和"中西融合"的教学理念。

在我印象中，湖北美院是一所敢于否定自己、推陈出新、勇猛精进，敢于突破传统限制和勇于创新的高等美术学校，比方说在私立武昌时期，湖美在康有为、陈独秀、蔡元培、闻一多等一批文化与思想精英的影响、支持和参与下聚集了一大批留法、留英、留日，以及来自全国各地具有开明、进步思想的教授、学者和艺术家，一下子，为苦闷、压抑的气氛环境注入了活跃、自由的学术思想和氛围，"对艺术无须偏见，对艺术家亦无须有门户之见"，开山鼻祖唐义精校长的"中西融合"、"兼收并蓄"的学术精神为该校奠定了基础，并成为了湖北美院彰显学校学术精神与教学传统的恒久资源。也许在这方面的影响下，再加上一代代人的努力，形成了现今以中国画中的工笔人物画和水彩画专业为核心品牌产品的外界形象。

若你是对水彩画感兴趣，考虑四川美院和广州美院的水彩画专业的同时可以考虑一下湖北美院，除非你对出省没有兴趣，那另当别论！

巴勃罗·鲁伊斯·毕加索
PABLO RUIZ Y PICASSO

我不画我所看见的，我画我所知道的。

我眼中的四川美院及其王牌专业

奥古斯特·罗丹
AUGUSTE RODIN

为了生活，努力发挥自己的作用，热爱人生吧！

"长江上游的一颗璀璨的艺术明珠。"这是媒体对四川美院的评价，中肯而到位。四川美院可说的事情太多了，尤其是像四川美院这样一所独特而另类，充满个性魅力的大学，我更是心向往之，还好我的一个弟弟已经帮我圆了这个想法，如今也在这所学院最好的王牌专业油画系就读，并还出类拔萃。

我在考察与衡量一个大学的标准时通常将目光集中在它的校园环境也就是它的建筑物上，其次就是有没有好的老师和教育方法，它的办学理念如何，它的校友对社会做出多大贡献、影响力如何，以及有没丰富的藏书，这些其实都形成了一所大学最宝贵的资源和精神财富，也即是它的核心软实力。毋庸置疑，川美在当代艺术创作上已经成为一面鲜明的旗帜和一杆标杆，甚至在当代艺术领域成为同类院校的领军式品牌，每年该校绘画系尤其是油画专业的毕业生的作品都争相成为国内外最炙手可热的收藏对象，即使是学生的毕业作品，也都开出了三大美院无法比拟的市场价格，原因何在？"川美当代艺术三十年现象"足以说明它的历史成就。

在过去的三十年时间，川美油画系走出了一位又一位国际璀璨明星，能够数得出来的人物就有罗中立、何多苓、高小华、程丛林、张晓刚、周春芽等等，且看罗中立的《父亲》、何多苓的《春风苏醒》、高小华的《为什么？》、程丛林的《1968 的雪》、张晓刚的《大家庭系列》、周春芽的《绿狗》……这些油画艺术品无不代表着中国当代艺术的创作实力，不仅为中国赢得了世界荣誉，也开启了中国当代艺术一个崭新时代。也许是川美自由的空气和创新的精神，才铸就出一个个画坛神话，才造就出如今四川美院的名士风度——高风亮节但却内敛谦虚。如果说川美不是神话，而是创造神话，当也不为过。

四川美院还有一大亮点，就是它的美丽的校园。2013 年 4 月 15 日，四川美术学院虎溪校区获得

首届国际公共艺术奖项，将一所大学变成一件艺术品，以手工匠般的心态来打造，因为在院长罗中立的心中，川美不仅仅是一个学习的地方，也是他本人最大的一幅画作，"我还要画十年，"在接受记者采访时罗中立如此说道，"我们希望在尊重自然、尊重环境、尊重人的基础上，建造出一个具有艺术内涵，并能经得起时间考验的校园。"川美校园的设计既保留了原来的生态自然、环境，还把原住民保留了下来，"这就是对生活在这里的原住民和他们生活方式的尊重，我希望能够保留下这里原有的生活方式，让学生从中领悟到对人的尊重"。由此可见，罗中立在对待教育上也将如对待大自然的态度一样：尊重。有这样一位具有远见、智慧和魄力的院长，也必将影响到在此学习的年青人，他们的未来也将如这里的每一棵植物那样，在充分的养料关照下，快速成长，绽放出光彩！

我眼中的西安美院及其王牌专业

奥古斯特·罗丹
AUGUSTE RODIN

世间的活动，缺点虽多，但仍是美好的。

西安美院很小，但格局和气象却一点也不小甚至很大，拿出来和三大美院拼也一点不逊色。西美（西安美院的简称）也许是全国唯一一所由中国十大元帅之一的贺龙将军担任首任校长的高等美术学院；它也是继鲁迅美术学院以外，全国第二所被国家教育部授予"红色经典艺术教育示范基地"的艺术学府；更是全国八大美院中具有博士学位授予权的三所美术高校（另外两所是中央美术学院和中国美术学院）之一，是拥有美术学、设计艺术学、艺术评论三个一级学科博士点的国内重点美术院校。可见其在人文社科类方面深厚的学术研究功底，和它位于世界历史名城、十三朝古都西安脱不了干系，这种历史的、文化的、艺术的、民间民俗工艺传统混合在一起所产生的能量是具有深度、广度、厚度和高度的，西安美院堪称西部的瑰宝，只有在这样的大气候、大环境、大历史共同塑造下，才能诞生出诸如延安文艺、黄土画派传统，才能培养出像赵望云、石鲁、何海霞等艺术大家。

西安是最能代表中国传统文化的地方，在经历了十三朝古都的历史变迁之后，深厚的历史文化积淀、丰富的民间艺术传统等，让西美的国画气象显得如此质朴、大气、独具风味，尤其是它的国画花鸟画、文人画、工笔画，这些几乎是可以与中国美院的国画专业相抗衡。即使是在设计领域也培养了像杜华林、陈绍华、韩家英、张达利这样的设计大家。无论是历史的还是现代的，无论是绘画的还是设计的，西安美院都让当今中国艺术界、设计界同人刮目相看，如此就更别提第五套人民币毛泽东画像创作者即是西美的名誉院长、我国著名画家、中国美术家协会顾问、黄土画派艺术研究院院长刘文西先生了，学术资源方面有馆藏文献和图书50余万册和古籍线装文献2.1万余册（是中国同类美术高校最多的）……难道这些还不够吗？

西美，你是好样的！

我眼中的天津美院及其王牌专业

巴勃罗·鲁伊斯·毕加索 PABLO PICASSO

工作就是人生的价值，人生的欢乐，也是幸福之所在。

谁是八大美院辈分最高的老大哥（特指办学历史长度）？八大美院的办学历史谁最长久？中国最早的公立高等学府是？答案即是本章节的主角——天津美院。

天美的发展历程"山路十八弯"，前身是1906年由中国近代著名教育家傅增湘先生创办的北洋女师范学堂，历经数次的变更后到1926年左右才专门设立了美术科，三年后即1929年美术科发展为图画副系，学校成为当时国内建制最完善的师范院校之一；新中国成立后，天美又经过多次调整和易名，经历了河北师范学院、河北天津师范学院、河北艺术师范学院、河北美术学院（注意：与现在的"河北美术学院"没有关联）、天津艺术学院等，直至1980年才正式更名为天津美术学院，可以说是几经波折才确定现如今天美纳入八大美院之列。虽说经历了这么多的变故，但天美在中国近代发展史上、高等美术教育史上却留下了光辉一页，原因自然是在辛亥革命与五四运动中，所涌现出的像邓颖超、郭隆真、刘清扬、许广平（鲁迅夫人）等一大批先进分子……

与中国美院的国画人物和西安美院的国画花鸟不同，天津美院的王牌专业是它的国画工笔，这和它的历史沿革和独特的国画教学方法有关系，以孙其峰为代表的老教师，从"国画现代化"的特点出发，采取兼容现代与传统教学思想与方法，在倡导西画中的素描体系的同时又极为重视中国画的艺术传统，将写生训练与笔墨训练辩证统一结合起来，建立了一套行之有效，独具天美精神的中国画基础教学模式。除此之外，天美的国画专业也很重视教学资料的搜集与储存功能。为供中国画教学参考需要，孙其峰等老教师曾经亲自奔走于京、津等地，通过购买、求赠、交换等方式，收进了一批古今珍贵书画与刻图稿；1979年前后又组织完成了永乐宫、敦煌古代壁画的资料临摹，这些都为当时及后来的教学发挥了重要作用。

天津美院现代气息感非常强烈，其建筑风格与天津这座城市的气质风貌也非常相像——中西合璧、

古今兼容，敢于创新、接受新鲜事物，与时俱进、勇于突破传统。因此在院系构建上，天美也独树一帜成立了造型艺术学院、设计艺术学院与新媒体艺术学院；其次，天美也建有千兆骨干接入Internet的校园网，运行着艺术资源数据库以及教学、管理等多个数据平台，逐步向数字化校园推进。

未来的天美，必将随着天津这座"全球最具经济竞争力城市"而成为全国最具竞争力和魅力的美术学院，我们拭目以待，愿有更多更具慧眼的考生可以报考这所大学！

小结

真没想到，一口气写下了"我心中的八大美院"和清华大学美术学院。真没想到啊，当我在写这些美院的历史掌故和风尚故事时，我仿若又回到了十年前的青葱艺考岁月。那个时候的我稚嫩却心高气傲，行事做事给人一种"在路上"的形象：一边背着塞满绘画工具的背包、沉甸甸的各类美术图书，一边在北京、杭州、长沙、广州寻找心目中的好老师。当时思想仍旧单纯，一心只想报考中国美院，心里有这个梦，也有我在文中所写到的那类即使用十块橡皮也擦拭不去的"美院情结"（浓得化不开来），但也把目光投注在31所全国最好的高等艺术院校上。记得那个时候资讯流通不像现在的通信科技那么发达、方便，为了获取到这些学校的资料，我基本上把所有老师肚子里的东西都抖搂而出，也许就是那个时候铆下的"傻劲"，才为我积累了有关这方面的信息，才让如今的我在下笔时如有神助，缓缓流出，无障亦无碍。这让我明白了一个浅显的道理：厚积薄发和韬光养晦对于一个年轻人的成长是有帮助的，还要耐得住孤独和寂寞，切忌浮躁懒散！

美术学院是个江湖

美院是个江湖吗？可以说是，也可以说不是，但归根结底还是！

网络上有网友将九大美院比喻为九大门派，并以金庸先生笔下的那个武林江湖中的各门各派进行一一对位并详细分解各门各派的武功秘籍，暂且不说其这种对比法是对是错，我认为至少在这个时代生活没有半点娱乐精神恐怕还是不行。出于同样高度化的娱乐精神，那么我们就来看看这位网友是如何来划分美院门派的，哈哈，恐怕还真是蛮有趣的。比如他把中央美术学院比作少林派，将央美看作是中国美术界的少林寺，理由是武林至尊的江湖地位，细细一想，还蛮有道理的。

接着他把中国美院比作是武当派，说武术界讲的是北尊少林，南当推武当，因为在中国美术界可以与央美相抗衡的就只有国美了，此话有些夸张，若按此君之论，那清华大学美术学院该摆在哪个位置好呢？因此我想看他是怎么圆自己话的，他说清华大学美术学院就是泰山派，有国内德高望重，世界艺术大师级别的庞薰琹和吴冠中两先生坐镇，堪称是中国的泰山北斗，此话不虚，但历史悠久就远不及天津美院了。那么对于天美他又持何个看法呢？恒山派，一个"恒"字足以让天美名扬天下，也是九大美院当之无愧的"老大哥"。

说到老大哥，论中国当代艺术响当当的非属四川美院不可，于是该网友把川美比作峨眉派，说其怀有绝技，在行走江湖之余，让中国美术界中的江湖人士谈之色变，哈哈，这也说得过去，谁让他们的院长罗中立又做了中国当代艺术院院长呢？还有一长串杰出校友名单呢！既论当代艺术天下，能与川美平分秋色的还有位居华中楚鄂之地的湖北美院，其大师兄一幅《最后的晚餐》叫价1.8亿元人民币，谁与争锋？哈哈！

大学第一节课

把你们以前应试教育学的东西全部给我忘掉!

那我们以前学那些做什么?

刚开学的第一天我们开始接受洗脑教育。

比如:

以前老师说

构图要稳,最好是三角形构图。

要有前后关系,

要有大小区别

可绘画大师莫兰迪有几幅经典作是这么画的——

画成一排,也没有前后关系。如果按照以前的标准,这就是一幅渣作。

我开始意识到,真正的好作品要有更为重要的东西,却一时想不到是什么。

哦哦哦,还有西安美院、鲁迅美院和广州美院,——对应的则是华山派、嵩山派和逍遥派。说西美是华山派,是因为"小荷才露尖尖角"、"大隐隐于市",高手如云的西美无论是绘画高手还是设计高手都是人才辈出;嵩山派的鲁迅美院则依靠一手好本领独行天下,什么好本领呢?扎实的基本功和写实技法,基本上是可以与央美相媲美;而逍遥派的广州美院就更有趣了,虽说广美不在中原武林,但逍遥派人士有个优点是只要一下山,个个都了不得,这下山换作今天就是下海或留洋,广美是最接地气的美术学校,享受改革开放的春天,无论是市场化运作手段还是资本运营思想都可以很好地将商业与艺术,商业和设计打通,这就是逍遥派人士下海的力量,至于留洋更是成为传统,广美毕业的人大多喜欢出国,且大多会去世界艺术中心的美国,也许和李铁夫先生有关。

听我说完这些,你是否真觉得美院是个江湖?江湖有江湖的规矩和游戏规则,若你想进入这个江湖练就一身本领,就得遵守武林前辈所立下的规则,只要按照这个规则去走,至少有个门派会把你收进去的,为什么呢?因为是个江湖,就会有有情有义、重义轻利的人存在。

何谓艺术类普通高等院校？

自教育部下发《普通高等学校本科专业目录（2012年）》起，新一轮的高校教学改革将被进一步推动。新版《目录》规定，美术学类、设计学类等艺术专业的本科学生，过去毕业时拿的都是文学学士学位，从2013年起，艺术类本科院校所招收的入学新生，毕业时将被授予艺术学士学位。

这个改革措施使我顿时明白也很好地解释了，当年那一纸文凭为什么会出现"文学学士学位"而非"艺术学士学位"，从此中细节亦可窥见出国家教育部在对待文化创意产业观念上发生了转变——对中国从传统制造型工业经济模式向现代服务型创意经济模式的转型与发展方向有了更为全面的认识，随着中国综合实力由大国迈向强国的目标前进，艺术类本科院校在培养人才方面也将担负起重要角色，并起着决定胜负的历史作用。

那么，什么是艺术类普通高等院校？截至目前，中国有多少所拥有艺术类专业的普通高等本科院校？艺术类本科院校具有哪些特点？它的教育目标是什么？关于"艺术类本科院校"的官方定义，以下摘抄来自【百度百科】：

关于艺术类院校

艺术类院校教育的目标是培养具备各专业知识，能从事各专业门类教育和实践的人才。艺术院校专业课的考试都是由各个高校自主命题的，部分学校有一定的考前培训辅导班。其招生工作是由各个学校在教育部的指导下自主进行的，考试内容和时间是由学校自主决定的。我国现在有本科艺术类院校40余所，并且在各类师范类院校、综合类大学中多设置音乐、美术、传媒等学院（系、科）。

2013年，中国拥有艺术类普通高等院校95所，其中本科42所，专科53所（备注：不包括归类为其他院校类型的本科艺术性质院校、参照独立设置本科艺术院校招生院校以及港澳台艺术院校）。

张大千 CHANG DAI-CHIEN

色彩像炸弹一样具有威力，可是也像炸药一样，要有很好的方法控制它。

在42所本科艺术类院校中，公立本科院校30所，民办本科院校7所，民办本科独立院校5所。以下院校均为教育部合法计划招生，信息来自教育部阳光高考信息平台，供艺术类考生参考。

详细信息请见附件《艺术类本科院校名单一览表》、《艺术类院校特点》。

艺术类本科院校名单一览表

中国内地

院校名称	简称	院校隶属及属性	艺术类别	院校所在地	院校性质
中央戏剧学院	中戏	教育部	传媒	北京	公立大学
中央美术学院	央美	教育部	美术	北京	公立大学
中央音乐学院	中音	教育部、"211"工程	音乐	北京	公立大学
中国音乐学院	国音	北京市教育委员会	音乐	北京	公立大学
北京电影学院	北影	北京市教育委员会	传媒	北京	公立大学
中国戏曲学院	国戏	北京市教育委员会	音乐	北京	公立大学
北京舞蹈学院	北舞	北京市教育委员会	音乐	北京	公立大学
天津音乐学院	天音	天津市教育委员会	音乐	天津	公立大学
天津美术学院	天美	天津市教育委员会	美术	天津	公立大学
河北传媒学院	河传	河北省教育厅	传媒	河北·石家庄	民办大学
河北美术学院	河美	河北省教育厅	美术	河北·石家庄	民办大学
山西传媒学院	山传	山西省教育厅	传媒	山西·太原	公立大学
鲁迅美术学院	鲁美	辽宁省教育厅	美术	辽宁·沈阳	公立大学
沈阳音乐学院	沈音	辽宁省教育厅	音乐	辽宁·沈阳	公立大学
大连艺术学院	大艺	辽宁省教育厅	综合	辽宁·大连	民办大学
吉林艺术学院	吉艺	吉林省教育厅	综合	吉林·长春	公立大学
吉林动画学院	吉动	吉林省教育厅	美术	吉林·长春	民办大学
上海音乐学院	上音	上海市教育委员会	音乐	上海	公立大学
上海戏剧学院	上戏	上海市教育委员会	传媒	上海	公立大学
上海视觉艺术学院	上海视觉	上海市教育委员会	美术	上海	民办大学
南京艺术学院	南艺	江苏省教育厅	综合	江苏·南京	公立大学
中国传媒大学南广学院	中传南广	江苏省教育厅	传媒	江苏·南京	独立学院
中国美术学院	国美	浙江省教育厅	美术	浙江·杭州	公立大学
江西服装学院	江服	江西省教育厅	美术	江西·南昌	民办大学
山东艺术学院	山艺	山东省教育厅	综合	山东·济南	公立大学
山东工艺美术学院	山工美	山东省教育厅	美术	山东·济南	公立大学
北京电影学院现代创意媒体学院	北影创媒	山东省教育厅	传媒	山东·青岛	独立学院
湖北美术学院	湖美	湖北省教育厅	美术	湖北·武汉	公立大学
武汉音乐学院	武音	湖北省教育厅	音乐	湖北·武汉	公立大学

中国内地（续表）

院校名称	简称	院校隶属及属性	艺术类别	院校所在地	院校性质
华中师范大学武汉传媒学院	华师传媒	湖北省教育厅	传媒	湖北·武汉	独立学院
广州美术学院	广美	广东省教育厅	美术	广东·广州	公立大学
星海音乐学院	星海	广东省教育厅	音乐	广东·广州	公立大学
广西艺术学院	广艺	广西壮族自治区教育厅	综合	广西·南宁	公立大学
四川美术学院	川美	重庆市教育委员会	美术	重庆	公立大学
四川音乐学院	川音	四川省教育厅	音乐	四川·成都	公立大学
四川传媒学院	川传	四川省教育厅	传媒	四川·成都	民办大学
四川音乐学院绵阳艺术学院	川音绵艺	四川省教育厅	综合	四川·绵阳	独立学院
云南艺术学院	云艺	云南省教育厅	综合	云南·昆明	公立大学
云南艺术学院文华学院	云艺文华	云南省教育厅	综合	云南·昆明	独立学院
西安音乐学院	西音	陕西省教育厅	音乐	陕西·西安	公立大学
西安美术学院	西美	陕西省教育厅	美术	陕西·西安	公立大学
新疆艺术学院	新艺	新疆维吾尔自治区教育厅	综合	新疆·乌鲁木齐	公立大学

中国港澳台

院校名称	简称	院校隶属及属性	艺术类别	院校所在地
香港演艺学院	港艺	香港特别行政区	传媒	香港
台湾艺术大学	台艺	台湾省教育厅	综合	台湾·新北

非艺术类别（指没有在艺术类院校名单中的艺术性质院校）

院校类别	院校名称	简称	院校隶属及属性	艺术类别	院校所在地
语言	中国传媒大学	中传	教育部、"211"工程	传媒	北京
工科	北京服装学院	北服	北京市教育委员会	美术	北京
工科	北京印刷学院	北印	北京市教育委员会	美术	北京
工科	清华大学（美术学院）	清华美院	教育部、"211"工程、"985"工程	美术	北京
军事	中国人民解放军艺术学院	军艺	中国人民解放军总政治部	综合	北京
语言	浙江传媒学院	浙传	浙江省教育厅	传媒	浙江·杭州
工科	景德镇陶瓷学院	陶院	江西省教育厅	美术	江西·景德镇

备注：清华大学美术学院为清华大学所属二级院校，并非独立院校（清华美院为13所参照独立设置的艺术类院校之首）。

专科院校

院校名称	院校隶属及属性	艺术类别	院校所在地
北京戏曲艺术职业学院	北京市教育委员会	音乐	北京
天津艺术职业学院	天津市教育委员会	综合	天津
天津工艺美术职业学院	天津市教育委员会	美术	天津
天津广播影视职业学院	天津市教育委员会	传媒	天津
河北艺术职业学院	河北省教育厅	综合	河北·石家庄
河北工艺美术职业学院	河北省教育厅	美术	河北·保定
山西艺术职业学院	山西省教育厅	综合	山西·太原
山西戏剧职业学院	山西省教育厅	音乐	山西·太原
科尔沁艺术职业学院	内蒙古自治区教育厅	综合	内蒙古·通辽
内蒙古美术职业学院	内蒙古自治区教育厅	美术	内蒙古·巴彦淖尔
辽宁广告职业学院	辽宁省教育厅	美术	辽宁·沈阳
辽宁美术职业学院	辽宁省教育厅	美术	辽宁·沈阳
黑龙江艺术职业学院	黑龙江省教育厅	综合	黑龙江·哈尔滨
黑龙江三江美术职业学院	黑龙江省教育厅	美术	黑龙江·佳木斯
上海工艺美术职业学院	上海市教育委员会	美术	上海
上海电影艺术职业学院	上海市教育委员会	传媒	上海
苏州工艺美术职业技术学院	江苏省教育厅	美术	江苏·苏州
江南影视艺术职业学院	江苏省教育厅	传媒	江苏·无锡
南京视觉艺术职业学院	江苏省教育厅	美术	江苏·南京
浙江横店影视职业学院	浙江省教育厅	传媒	浙江·金华
浙江艺术职业学院	浙江省教育厅	综合	浙江·杭州
安徽广播影视职业技术学院	安徽省教育厅	传媒	安徽·合肥
安徽艺术职业学院	安徽省教育厅	传媒	安徽·合肥
安徽黄梅戏艺术职业学院	安徽省教育厅	音乐	安徽·安庆
厦门演艺职业学院	福建省教育厅	传媒	福建·厦门
福建艺术职业学院	福建省教育厅	综合	福建·福州
泉州工艺美术职业学院	福建省教育厅	美术	福建·泉州
江西陶瓷工艺美术职业技术学院	江西省教育厅	美术	江西·景德镇
江西艺术职业学院	江西省教育厅	综合	江西·南昌
江西泰豪动漫职业学院	江西省教育厅	美术	江西·南昌
山东传媒职业学院	山东省教育厅	传媒	山东·济南
开封文化艺术职业学院	河南省教育厅	综合	河南·开封
河南艺术职业学院	河南省教育厅	综合	河南·郑州
湖北艺术职业学院	湖北省教育厅	综合	湖北·武汉

专科院校（续表）

院校名称	院校隶属及属性	艺术类别	院校所在地
江汉艺术职业学院	湖北省教育厅	综合	湖北·潜江
湖南艺术职业学院	湖南省教育厅	综合	湖南·长沙
湖南工艺美术职业学院	湖南省教育厅	美术	湖南·益阳
珠海艺术职业学院	广东省教育厅	综合	广东·珠海
广东亚视演艺职业学院	广东省教育厅	传媒	广东·广州
广东文艺职业学院	广东省教育厅	综合	广东·广州
广东舞蹈戏剧职业学院	广东省教育厅	音乐	广东·广州
北海艺术设计职业学院	广西壮族自治区教育厅	美术	广西·北海
广西演艺职业学院	广西壮族自治区教育厅	传媒	广西·南宁
重庆艺术工程职业学院	重庆市教育委员会	综合	重庆
重庆文化艺术职业学院	重庆市教育委员会	音乐	重庆
四川国际标榜职业学院	四川省教育厅	综合	四川·成都
四川电影电视职业学院	四川省教育厅	传媒	四川·成都
四川艺术职业学院	四川省教育厅	综合	四川·成都
成都艺术职业学院	四川省教育厅	综合	四川·成都
四川文化传媒职业学院	四川省教育厅	传媒	四川·成都
云南文化艺术职业学院	云南省教育厅	综合	云南·昆明
昆明艺术职业学院	云南省教育厅	综合	云南·昆明
陕西艺术职业学院	陕西省教育厅	综合	陕西·西安

艺术类院校特点

（中国的艺术类院校特点分别有下列几种属性，因层次不同，类型不一，可按级别由高到低来划分。）

类型	层次	级别
中国八大独立美术学院	艺术类名牌大学	十星级
31所独立设置本科艺术院校	艺术类重点大学	九星级
13所参照独立设置的本科艺术类院校	综合类大学艺术类本科专业特色学科	八星级
"985"工程院校类	综合类大学艺术类本科专业超级重点学科	七星级
"211"工程院校类	综合类大学艺术类本科专业重点学科	六星级
省重点本科院校	省级综合类大学艺术类本科专业重点学科	五星级
普通本科院校	省级普通本科院校艺术类专业	四星级
民办本科院校	省级普通本科院校艺术类专业（民办）	三星级
民办本科独立院校	省级普通本科院校艺术类专业（校企合作）	二星级
专科院校	省级普通专科院校艺术类专业（公办）	一星级
民办专科院校	省级普通专科院校艺术类专业（民办）	良好
民办专科独立院校	省级普通专科院校艺术类专业（校企合作）	一般

什么是"985"工程大学？

皮埃尔·奥古斯特·雷诺阿

痛苦会过去，而美会留下。

PIERRE-AUGUSTE RENOIR

一句话概括：国家为建设若干所世界一流大学而成立的高校改革系统工程，是当今全中国范围内最最顶尖的名牌高校所作的一次自由联合，目的是伴随着中国从大国迈向强国之路上输送所需要的高精尖人才及高端科学研究。

"985"工程是中国政府为建设若干所世界一流大学和一批国际知名的高水平研究型大学而实施的高等教育建设工程，名称源自 1998 年的 5 月 4 日"五四青年节"，江泽民在北京大学百年校庆上发表对建设世界一流大学的重要讲话。最初入选"985"工程的高校原本只有九所，被称为九校联盟。截至 2011 年年末，"985"工程共有 39 所高校（新加进 30 所）。此后，教育部表示"985"工程和"211"工程的规模基本已经稳定，将不会再有新增高校。于是引入了动态竞争机制，在非"985"工程高校且是部属"211"高校实施"985"工程，优势学科创新平台，实行优胜劣汰制度。

何谓九校联盟（C9联盟）

九校联盟（C9联盟），即中国大学联盟，是教育部"985"工程大学中重点建设的9所大学，于2009年10月启动。建立中国版的常春藤高校联盟，一直是诸多国内顶尖大学的心愿。一来可以通过交流，互补优势；二来又能加强自主创新能力，早日让中国的高等教育赶超世界一流。为此，北京大学、清华大学、浙江大学、中国科学技术大学、南京大学、复旦大学、上海交通大学、西安交通大学、哈尔滨工业大学9所国内一流学府在2003年共同发起了"一流大学建设系列研讨会"。

借助"九校联盟"这个国际高端学术平台，名校掌门人的头脑中具有的独特想法就有了实现、落地的可能：比如建立起数字化快速通道；定期进行校长远程战略研讨会；共享名师和优秀网络课程资源等；以此达到合作共赢的目的。九校联盟类似于美国常春藤联盟（但"常春藤"更多是为体育赛事而建立的校际联盟，与中国的九校联盟意义不同）、英国罗素大学集团、澳洲八大名校联盟等，旨在人才培养、科学研究等领域加强合作与交流，优势互补。

详细信息请见附件《"985"工程高校名单》

"985"工程高校名单

一期高校

学校	共建部门	协议签署时间
北京大学	教育部、北京市	1999.7
清华大学	教育部、北京市	1999.7
复旦大学	教育部、上海市	1999.7
南京大学	教育部、江苏省	1999.7
上海交通大学	教育部、上海市	1999.7
中国科学技术大学	教育部、中国科学院、安徽省	1999.7
西安交通大学	教育部、陕西省	1999.9
浙江大学	教育部、浙江省	1999.11
哈尔滨工业大学	教育部、工业与信息化部、黑龙江省	1999.11
北京理工大学	教育部、工业与信息化部、北京市	2000.9
南开大学	教育部、天津市	2000.12
天津大学	教育部、天津市	2000.12
华南理工大学	教育部、广东省	2001.1
中山大学	教育部、广东省	2001.1
山东大学	教育部、山东省	2001.2
华中科技大学	教育部、湖北省、武汉市	2001.2
吉林大学	教育部、吉林省	2001.2
厦门大学	教育部、福建省、厦门市	2001.2
武汉大学	教育部、湖北省	2001.2
东南大学	教育部、江苏省	2001.2
中国海洋大学	教育部、国家海洋局、山东省、青岛市	2001.2
湖南大学	教育部、工业与信息化部、湖南省	2001.2
中南大学	教育部、工业与信息化部、湖南省	2001.2
西北工业大学	教育部、工业与信息化部、陕西省、西安市	2001.4
大连理工大学	教育部、辽宁省、大连市	2001.8
重庆大学	教育部、重庆市	2001.9
四川大学	教育部、四川省	2001.9
电子科技大学	教育部、工业与信息化部、四川省、成都市	2001.9
北京航空航天大学	教育部、工业与信息化部、北京市	2001.9
兰州大学	教育部、甘肃省	2001.12
东北大学	教育部、辽宁省、沈阳市	2002.1
同济大学	教育部、上海市	2002.6
北京师范大学	教育部、北京市	2002.8
中国人民大学	教育部、北京市	2003.9

二期高校

学校	共建部门	协议签署时间
中国农业大学	教育部、农业部、北京市	2006
国防科学技术大学	中央军委、长沙市	2006
西北农林科技大学	教育部、陕西省	2006
中央民族大学	教育部、北京市	2006
华东师范大学	教育部、上海市	2006

"985" 工程有哪些值得考虑的高校？

阿梅代奥·莫迪里阿尼
AMEDEO MODIGLIANI

人有两只眼睛，一只观察周围的世界，一只观察自己。人要清醒地看待自己和身边的环境，清醒地看待自己就是客观地看待自己的长处与短处，知道自己在哪些方面存在欠缺，以及相关的弥补方式。当然，这个弥补方式有很多种，如果确实弥补不了，那也没什么，完全可以从强化其他方面的特长来掩盖。

属于"985"工程的艺术类本科高校一般高考文化分要求都比较高，部分高校语文、英语甚至数学科目都设有单科最低要求（比如属于理工科一类的名校，语言类的中国传媒大学在2013年取消数学成绩的单科要求）。因此如果你平时的文化成绩没在420~450分这范围之内，那基本上可以说考"985"工程院校是没有什么太大的希望的，除非你的专业成绩非常突出，尚且还能帮你加一些分。为什么这样说呢？因为艺术类本科院校的录取原则一般采纳的是综合分制由高到低录取（专业分的百分之几加上文化分的百分之几，视具体院校招考要求定），打个比方，2013年清华大学的投档线为664分，以此推算，那属于艺术类专业的美术生高考成绩则不能低于：664分×普通文化生的70%=464.8分；也就是说按照中国文化分数线最高的名校来对比，你若想考上清华大学美术学院，那你平时的文化成绩至少平均分值不得低于464.8分（保守估计）。

那么，"985"工程院校有哪些适合我们广东考生报考的呢？排除家庭方面的一些因素，我认为，主要从三大方面来综合考虑会比较妥当：第一点地理位置优先考虑，比如说环渤海区域、珠三角区域、长三角区域等区域位置明显和经济文化商业氛围等各方面实力占有绝对优势的省会城市；第二点学校的软硬实力是一大关键，这方面主要是看师资力量（著名教授、业界学术名师）和学术科研能力而并非学校环境与设备如何；第三点从该校的名牌专业和优势学科整体考量，获得国家或省级支持的重点科研项目将有充分资源；最后还得问自己，到底哪所大学才是自己真正想去的，从兴趣出发终归是错不了的。广东"985"工程院校共有两所，华南理工大学和中山大学，前者面向广东考生及全国考生设置艺考校考，后者不招任何与艺术类专业有关的高考学生，中山大学传播与设计学院有部分专业所培养的学生将来所从事的工作和创意文化产业有关，甚至可以说，两者之间存在着直接的竞争关系，比如中大传播与设计学院的艺术设计学和数字媒体艺术专业，所培养的学生部分也

Hello！@你美术生好

是面向媒体、出版、设计、广告、网络传媒以及影视等类公司工作，也可以到政府部门及事业单位工作，从事与创意、设计、策划、教学、研究、开发与管理等相关的具体工作。

"985"工程院校，基本上间间都是好大学。若真要对比，还得从你个人的实际情况出发来判断，所依所据无非是以上所列出的三点，但更为重要的是从自己的内心出发，从自己的爱好出发，问自己：我希望将来所从事的行业是什么？如果你把这个问题弄清了，烦恼和忧愁也会少一点。

你将来若想从事与建筑设计、城市规划、室内设计、景观设计方面有关的工作，同济大学（在中国建筑专业最好的学校之一，另一所是清华大学）与东南大学（中国美院建筑学院院长王澍研究生就毕业于这所学校，博士生毕业于同济大学）值得考虑。

如果你对学术研究感兴趣且求知欲旺盛，将来想往艺术策展人、美术馆或博物馆管理人才、艺术批评家、美术史论家这方面发展的话，那么浙江大学、厦门大学和华东师范大学（这三所高校人文社会科学研究领域都有学术名师坐镇，如浙大的著名文艺评论家河清、厦大在百家讲坛上讲三国的易中天、华东师大专门研究张爱玲的陈子善）可以作为你的目标对象。

如果你对动漫专业感兴趣，那么吉林大学、上海交通大学、北京理工大学、哈尔滨工业大学和暨南大学可以作个比较。

如果你对绘画造型方向比如油画或国画专业感兴趣，在考不上美院时不妨考虑中国人民大学、北京师范大学和东北大学，也是个不错的选择。

如果你想报读设计学类学科专业，那就有武汉大学、华中科技大学和华南理工大学可选，这些大学都有深厚的学术底蕴和扎实的理工科背景。

如果你想学工业设计（产品设计方向或汽车造型方向），西南交通大学和湖南大学这两所高校你就不能错过了，这两所高校是中国开设工业设计专业最早的院校。

无论怎样，在我看来，只要你考上任何一间"985"工程高校，我都觉得你是相当了不起了，至少你已经有了一个不错的起点和舞台。至于将来能否成事，一句话：尽人事听天命！

什么是"211"工程大学?

张躁
ZHANG ZAO

外师造化，中得心源。

如何评价"211"工程院校？与"985"工程院校不同的是，"211"工程是我国面向21世纪在全国范围内重点建设100所左右的高等学校和一批重点学科（截至2013年，全国共有112所高校，其中华北电力大学、中国石油大学、中国地质大学、中国矿业大学各拥有两个校区，实际高校数目为116所）；前者所要做的是办世界一流大学，后者则争做国内一流大学，区别仅在于此。另一种说法是，"985"工程院校是"211"工程院校精品中的精品，名校中的名校。确实是，"985"中的39所高校都是在"211"里精挑细选而出并互有交集的，若说两者之间区别何在，我看还是国家专项拨款经费的多与少了。（备注：所谓的"211"有两类，一类是国家重点打造的"211"，一类是省级重点打造的"211"，比如我毕业的学校即属于后一类，即广东省重点打造的十所大学。）

"211"工程大学名单		
	清华大学	北京大学	中国人民大学
	北京工业大学	北京理工大学	北京航空航天大学
	北京化工大学	北京邮电大学	对外经济贸易大学
	中国传媒大学	中央民族大学	中国矿业大学（北京）
北京（26所）	中央财经大学	中国政法大学	中国石油大学（北京）
	中央音乐学院	北京体育大学	北京外国语大学
	北京交通大学	北京科技大学	北京林业大学
	中国农业大学	北京中医药大学	华北电力大学（北京）
	北京师范大学	中国地质大学（北京）	
	复旦大学	华东师范大学	上海外国语大学
上海（9所）	上海大学	同济大学	华东理工大学
	东华大学	上海财经大学	上海交通大学
天津（3所）	南开大学	天津大学	天津医科大学
重庆（2所）	重庆大学	西南大学	

续表

"211"工程大学名单		
河北（2所）	华北电力大学(保定)	河北工业大学	
山西（所）	太原理工大学		
内蒙古（1所）	内蒙古大学		
辽宁（4所）	大连理工大学	东北大学	辽宁大学
	大连海事大学		
吉林（3所）	吉林大学	东北师范大学	延边大学
黑龙江（4所）	东北农业大学	东北林业大学	哈尔滨工业大学
	哈尔滨工程大学		
江苏（11所）	南京大学	东南大学	苏州大学
	河海大学	中国药科大学	中国矿业大学（徐州）
	南京师范大学	南京理工大学	南京航空航天大学
	江南大学	南京农业大学	
浙江(1所)	浙江大学		
安徽（3所）	安徽大学	合肥工业大学	中国科学技术大学
福建（2所）	厦门大学	福州大学	
江西（1所）	南昌大学		
山东（3所）	山东大学	中国海洋大学	中国石油大学（华东）
河南（1所）	郑州大学		
湖北（7所）	武汉大学	华中科技大学	中国地质大学（武汉）
	华中师范大学	华中农业大学	中南财经政法大学
	武汉理工大学		
湖南（3所）	湖南大学	中南大学	湖南师范大学
广东(4所)	中山大学	暨南大学	华南理工大学
	华南师范大学		
广西（1所）	广西大学		
四川(5所)	四川大学	西南交通大学	电子科技大学
	西南财经大学	四川农业大学	
云南（1所）	云南大学		
贵州（1所）	贵州大学		
陕西（7所）	西北大学	西安交通大学	西北工业大学
	陕西师范大学	西北农林科技大学	西安电子科技大学
	长安大学		
甘肃(1所)	兰州大学		
新疆(2所)	新疆大学	石河子大学	
海南(1所)	海南大学		
宁夏(1所)	宁夏大学		
青海(1所)	青海大学		
西藏(1所)	西藏大学		
军事系统(3所)	第二军医大学	第四军医大学	国防科学技术大学

"211" 工程有哪些值得考虑的高校？

苏轼 *SU SHI*

读书不多，画则不能进于雅；观理不清，则画不能规于正。

区域位置和经济实力较好的一般都集中在沿海沿江的省会城市；其次还要考察该"211"工程里面的高校所开办的艺术类专业其优势特点在哪（也就是它的王牌专业）；最后再看看自己到底喜不喜欢，愿不愿意为了梦想而"浪迹天涯"、"远走他乡"。

故此，从区域竞争力角度考虑，我首推的是北京、上海、天津和江苏地区，当然首选的自然还是我们广东省；其次是重庆、福建、四川和浙江地区；若你想去偏远地方体验一下异域风情与各民族的传统民俗风貌，则内蒙古、西藏和陕西或甘肃是一不错选择，也不妨考虑一下，虽说地方有些偏远，但在交通工具如此发达的今天，也不再像以往那样需要坐上三天两夜的火车了。现在就来说说我所了解的部分"211"工程院校。

北京高校我比较看重的是中国人民大学、北京工业大学、北京理工大学、北京交通大学、北京林业大学、中央民族大学、北京师范大学和中国传媒大学，因地处国际大都市的首都北京，只要你人还不错，懂得混，待在那里四年，所积累的这一块人脉资源也够你毕业后在北京生存了；再加上北京有那么多的高端资源，国内外信息发达，最主要是有各类型的讲座、展览、论坛、研讨会、文化艺术创意经济机构、美术馆、博物馆、独立书店、另类空间等等，这些都足以拓宽你的眼界，修补你的品味，锤炼你的审美能力，催生你的表达欲望，给你想要的，做你从来不敢想的，正所谓"世事洞明皆学问，人情练达即文章"，北京的好最主要是它提供了这样一种环境，让勇者越挫越勇，源于它的开放、包容、自由、竞争的城市性格。

北京就暂且说到这里，下面我们来看看上海有什么好学校。

一提上海两字，大概都会联想到"十里洋场"风花雪月的迷人情景，仿佛只要站在黄浦江畔，迎面而来的不是江风而是染上了"纸醉金迷"般的国际风。上海的高校好的比如说东华大学（服装专业）、同济大学（建筑专业）、上海大学（绘画类专业）、复旦大学（2013年上海视觉艺术学院成为13所参照独立设置本科艺术类院校之一）和华东师范大学（美术学类专业）。人人都说上海好，素有"东方巴黎"之称的上海确实有着其他城市所无法比拟的优势，据有关人士分析，在一二十年内上海必将超越中国香港、台湾甚至是日本东京和韩国首尔，成为东亚国家最具竞争力的国际大都会，届时将会重现19世纪末20世纪初的美国，成为全世界最最瞩目的金融中心。如果你对未来留在上海感兴趣，又希望在上海从事的是创意文化产业方面的工作，那不妨从现在开始，把自己不足的地方弥补上，好报考中国美术学院的上海分院（张江校区），当然每个省份都会有地区保护政策，就像我们广州美院一样省内外的录取比例是4：1，因此在文化和专业上你要有绝对领先优势才有机会进入该校就读。这让我想起比尔·盖茨说过的一句话，他说当一个人在没有成功之前是没有任何尊严可言的。

下面说说文人墨客爆棚的江苏。

江苏和浙江统称"苏浙一带"。江南地区自古以来就生产文化人、诗人、文学家、画家、音乐家、艺术家、政客、商人甚至是武将，因此在如此深厚的历史文化脉络簇拥下，人们对待教育的态度自然也是与其他地区不同的。江苏好的高校比如说苏州大学、东南大学、南京师范大学以及江南大学（前身是无锡轻工业大学，全国75所教育部直属高等学校之一，享有"轻工高等教育明珠"的美誉），尤其值得一说的是江南大学的设计学院和纺织服装学院，在美术高考圈子里，江大素有"小清华"之称，其招考要求可见难度不小。江大设计学院最好的是它的产品设计和服装设计专业，与该校创办人荣德胜先生有关，荣德胜先生是近代中国民族工商业的杰出代表之一，荣氏家族在当年所兴办的就是举世闻名的面粉工业和纺织工业；其次该校的知名校友分布在党政军界（遍布全国各省市的党委书记、省长、政协主席、厅长、局长等）、商界（如茅台集团、青岛啤酒、安徽古井贡酒、徐州维维食品、江苏双沟酒业、徐州卷烟厂等董事长）、学界（如广州美院副院长、南京艺术学院副院长、中央美术学院设计学院党总支书记、《中国美术家》报社社长、同济大学传播学院院长等）及其他，实在是太多太多了，数不胜数。

福建的福州大学和被誉为"中国最美的大学校园"的厦门大学这两所高校都非常不错，尤其是厦门大学，是中国近代教育史上第一所由华侨创办的大学，是中国最早开展研究生教育的三所大学之一，被誉为"南方之强"。湖北的武汉大学（设计学类专业）和中国地质大学武汉分校（产品设计中的珠宝首饰设计专业全国顶尖）。湖南的湖南大学（产品设计和工业设计专业）和湖南师范大学（美术学类专业）。四川则有四川大学（美术学类专业）和西南交通大学（产品设计专业）。古都西安有西安交通大学（工业设计）和长安大学（美术学类）。

好学校，好专业数不胜数，目不暇接，让有能力的人挑得眼花缭乱，却让成绩一般般的考生黯然神伤与望尘莫及。真心希望能有更多美术生知道，人的一生无论比什么，拼到最后一个人的文化底蕴，在高中阶段是文化课成绩，离开学校之后则是你的内在修养。况且"211"工程院校的文化课录取分数线并不比普通美院高多少，取个平均分值大约在400分以上即可。如果你觉得这个分数目前还有些遥远，那就说明你准备得还不够充足，何不趁现在还有时间，好好规划一下。每个人的时间都是平等的，每个人每一天都有24个小时，会学习的、能够掌握自己的人大多是优秀的，因为他比他人更懂得利用时间，明白在每一个时间点只做一件事，离预期的目标自然也就越来越近。俗语说得好，早起的鸟儿才有虫吃，也许就是这个道理。

我的人生信条是：成功是一种技术，可以通过某种规划来达到你想要的那种高度。差别只在于你是否能够持之以恒地坚持做一件事，日复日，年复年。

什么是教育部确定的31所独立设置本科艺术院校？

与"211"和"985"综合性大学不同，国家在艺术类专业方面另外设有独立的本科艺术院校——这一章节和下一章节我们将要谈到的"31所独立设置的本科艺术院校"和"13所参照独立设置艺术院校艺术类本科专业招生办法执行的高校"，其名单如下：

31所独立设置的本科艺术院校名单

中央美术学院、中央戏剧学院、中央音乐学院、中国音乐学院、北京电影学院、北京舞蹈学院、中国戏曲学院、天津音乐学院、天津美术学院、鲁迅美术学院、沈阳音乐学院、吉林艺术学院、上海音乐学院、上海戏剧学院、南京艺术学院、中国美术学院、景德镇陶瓷学院、山东艺术学院、山东工艺美术学院、湖北美术学院、武汉音乐学院、广州美术学院、星海音乐学院、广西艺术学院、四川美术学院、四川音乐学院、云南艺术学院、西安美术学院、西安音乐学院、新疆艺术学院、解放军艺术学院

说明：

31所独立设置的本科艺术院校大多都有招收美术生，除中央音乐学院、中国音乐学院、上海音乐学院、星海音乐学院、武汉音乐学院、西安音乐学院以外，沈阳音乐学院校本部虽然没有招收美术生，但是沈阳音乐学院艺术学院的戏剧影视美术设计专业有招收美术生，同样享受教育部赋予的权利。

真山水之川谷，远望以取其势，近看以取其质。宏观取大势，微观取实质。

郭熙 GUO XI

"31所"中有哪些值得考虑的院校？

石涛
SHI TAO

天地以生气成之，画以笔墨取之。

在综合类大学中全国最好的三所大学是北京大学、清华大学和复旦大学；在艺术类院校中全国最好的三所院校是中央美术学院、清华大学美术学院和中国美术学院，这三间美院其实就相当于是重点大学里的北大、清华和复旦，且在高考招考中都是按照提前批或第一批的录取原则来选择合适的考生。

在"31所"本科艺术本科院校中除音乐学院以外，其他的基本上考生都可以报考，比如中国八大美术学院和中国八大艺术学院（含山东工艺美术学院），如果你对戏剧与影视美术设计和舞台美术设计感兴趣，可以考虑全国最好的三间学校，上海戏剧学院（马伊琍、佟大为、陆毅、徐铮、胡歌、董卿、李冰冰、韩雪等都毕业于这所学院，著名文化人和散文大家余秋雨则担任过这所学院的院长，以及现在在国际上炙手可热的艺术家蔡国强也毕业于这所学校的舞台美术专业，和凭借《白日焰火》获得第64届柏林国际电影节最佳男演员奖的廖凡）、中国戏曲学院（冯小刚即毕业于这所学校）和中央戏剧学院（基本上中国大部分著名导演、编剧、一二线影视明星等都毕业于这所学校，像比较为大众熟悉的汤唯、文章、陈思成、邓超、章子怡、刘烨、夏雨、秦海璐、张静初、李亚鹏、胡军、巩俐、姜文、吴秀波、陈道明、蔡国庆等等，如果你能考上这所学校，说明你已经半个人踏进那个圈子了，因为那些人都是你的同门师兄师姐，而所谓的圈子就是这样一步步型塑完成的）。如果你对电影电视剧的编剧或导演或影视制作与创意拍摄，或者是商业摄影，又或者是艺术摄影怀有浓烈兴趣，北京电影学院则是每一个怀有电影梦的人心中的"麦加"。也许你从小就生活在一个传统的艺术大家庭里，父母刚好又爱好收藏陶瓷艺术品、民俗工艺品，如此除了清华大学美术学院和山东工艺美术学院以外，景德镇陶瓷学院必定是你逃不过去的一所院校。

至于中国人民解放军艺术学院，这所艺术学府不是普通人能够进得了的。2011年获得诺贝尔文学奖的莫言即毕业于这所高校，以及著名歌手韩红、谭晶等。

什么是教育部确定的13所参照独立设置本科艺术院校招生高校？

下面所列举出的13所艺术类院校，主要是依托各个院校强劲的学科背景，在参照31所独立设置的本科艺术院校的办学方针和教育方法与学科设置而发展出属于自己的优势学科和王牌专业，以及学校在旧有学科优势上强化出自己的特色，并向建设国内一流、世界高知名度研究型高校迈进。简单点说这13所院校的开办艺术类专业的模式（名校领导人头脑中的最初想法）是："综合类重点大学+艺术类专业院校=新的艺术教育。"暂且不论其想法是不是对的，但从世界整个发展潮流来看，这种交叉、混合、跨学科式的通才教育模式，背后所折射而出的是中国高等教育界目前最缺的——那就是"素质教育"。中国人喊是喊了很多年，但"只闻楼梯响，不见人下来"却是中国真实的写照。

13所参照独立设置艺术院校艺术类本科专业招生办法执行的高校名单

清华大学、中国传媒大学、中央民族大学、东华大学、江南大学、北京服装学院、天津工业大学、上海视觉艺术学院、浙江传媒学院（仅限播音与主持艺术、广播电视编导、摄影、录音艺术4个本科专业）、内蒙古大学（仅限音乐表演、表演、音乐学3个本科专业）、北京印刷学院（仅限视觉传达设计专业）、苏州大学（仅限视觉传达设计、环境设计、产品设计、服装与服饰设计4个本科专业）、浙江理工大学（仅限视觉传达设计、环境设计、产品设计、服装与服饰设计4个本科专业）

说明：

北京印刷学院、苏州大学、浙江理工大学等三所院校只有艺术设计本科专业享受教育部赋予的权利，其他美术专业不享受；上海视觉艺术学院是独立学院（即三本院校）。

用一根线条去散步。

保罗·克利
PAUL KLEE

"13 所" 中有哪些值得考虑的院校？

米开朗基罗·博那罗蒂
MICHELANGELO BUONARROTI

艺术家用脑，而不是用手去画。

学摄影的人要不去传媒学院，要不去美术学院，因此中国传媒大学和浙江传媒学院应该是你的首选目标。

学服装的人要不去北京服装学院、江南大学或东华大学，要不就选择苏州大学或浙江理工大学，除此以外我们广东服装专业比较出名的是广州美术学院、华南农业大学、华南理工大学和惠州学院。

学平面的人要不去清华大学美术学院，要不去北京印刷学院，若你想留在广东而联考分数刚好过了重本线，那么广美和汕大就是你必须二选一的。

从2013年始，上海视觉艺术学院从复旦大学划分出来，成为一所独立的艺术类本科院校，它的性质属于民办本科院校，但由于办学效果显著也逐渐受到考生家长的欢迎，再加上其校区是在上海市，这为它添了不少分。

31所独立设置与13所参照独立设置的本科艺术院校之间有何不同？

31所独立设置的本科艺术院校与13所参照独立设置本科艺术院校艺术类本科专业招生办法执行的高校相同点在于：这些高校都是国家教育部直属管理院校，都是艺术类专业当中国家重点发展的名牌高校，也是国家重点扶植的名牌专业；其次其都是面向全国而不分省份计划（部分高校在招生政策上对学校所在城市/省份会有些倾斜，实行定量定性招生模式）进行独立招生的；第三就是这些高校的录取分数线由学校单独制定，且都明文规定，若考生统考成绩没过该省划定的最低分数线（也就是我们常说的资格线），就不能报考该校，再加上每个省招办都有这方面的规定，只有统考过了才承认校考，若你统考不过，是不能投档的。切记！最后这些高校不受各省市批次录取分数线的限制。

那么"31所"和"13所"的不同在哪呢？这么说吧，"31所"是专业性极强的特色院校，其目的就是针对国情和社会发展需要，培养专门的、高端的、精英类创意文化产业方面的艺术人才，带有强烈的目的性色彩。而"13所"是在参照"31所"的教育模式和学科设置基础上，借助自己原有的完善而全面的院系配置，不仅能够让所需要培养的学生掌握高精尖艺术技能，还能为他们带来通才教育课程，为学生搭建一个全面发展的成才平台，弥补艺术类专业院校在学科构建上的不足，如信息科技、自然科学和人文社会科学方面的知识。

备注：考生如果在普通高考中文化课没有达到考生所在省份的本科录取控制分数线，仍然可以报考本科专业（不含征集志愿和补录情况）的情况只有一种，那就是考生以艺术类专业高考生的身份通过了以上学校的专业加试。所以，这些学校每年的报考率都如此之高，除了学校热门外，文化分数也是其中一个重要的原因！

我从来不急于画细节，我首先注意一幅画的整体和特征。

巴蒂斯特·卡米耶·柯罗
JEAN BAPTISTE CAMILLE COROT

专业特色较强的艺术类院校有哪些？

博巴
POPA

画素描是从我们看不见的东西开始，而以看见的东西结束。

艺术类专业（美术学科和设计学科）这几年发展得很快，部分地方院校就趁机钻政策的空隙，开始大刀阔斧地盲目扩大招生生源的数量（全然不顾教学质量如何，考生水平到底怎样，似乎不这样做学校就撑不下去），因此造成现在这种招不到生、就业过剩的尴尬局面；但也有一些为适应世界新技术的提前到来，突然间社会对某方面的人才需要量就特别的大，比如传媒专业的播音与主持艺术、戏剧与影视美术设计、文化产业管理专业和数字媒体艺术与动漫专业人才等，甚至出现供不应求的"到处挖人"、"高薪聘请"现象。

考生通过三年的辛勤努力从而练就了一身本领，但最后却没有一个好的归宿，为什么？原因有三种：高估自己能力、低估自己的潜能和马虎了事的懒散做派，受害的最终是自己。为了避免此种现象的再次发生，让自己过去的汗水、时间和精力不致付诸东流，那么你在选择院校上就必须精准到位，如此才不会做无用功。

若你的能力够不着顶尖八大美院、知名艺术院校、重点综合性大学（"985"、"211"）和著名师范院校，那你可以采取一种迂回战术，去报考专业特色较强却不为人熟知，或容易被忽视又或者是被低估的艺术院校：

比方说福建师范大学，目前已经建立了艺术学博士后流动站、美术学博士点、美术学国家人才培养基地，是福建省造型艺术最强的艺术院校。很多考生误以为这所学校的美术专业水平一般般，但实际情况是它的师承关系是和中国美术学院有血浓于水的那一层面关系存在，很多老教师和年轻一辈的专业教师都毕业于中国美术学院或是从中国美术学院直接调配过去任教的。

哈尔滨师范大学，是黑龙江省造型艺术最强的艺术院校，目前已建立艺术学博士一级学科授权，美术学、设计艺术学硕士点。很多考生都不太愿意去哈尔滨师大学，在东北三省本地学画画的或在北京求学的学生大多都选择东北林业大学、东北农业大学；而广东的考生自然是不会去的，一是学校太远，远水救不了近火，二是气候太冷，很多从小在南方温热湿润环境成长的人大多都受不了北方的冷和干燥。还有便是齐齐哈尔大学，也是黑龙江省美术比较强的大学，但也都是被考生所忽视掉的。

中国西北地区，有西安工程大学和陕西科技大学这两所设计强校，很多人以为，但凡没有"美术学院"、"艺术学院"字眼的学校都不是好学校，专业也肯定不好，天知道即使你学的是美术，但所学到的恰是最接地气的设计专业。学生对"31所"和"211"与"985"的盲目迷信，由此可见一斑。

北京的首都师范大学也是一间被很多考生低估的学校，据说在北京学画的学生宁愿选择北京化工大学、北京邮电大学、中央财经大学、北京工商大学也不选择首师大；但你知道吗，亲，首师大已经建立了艺术学博士后流动站、美术学博士学位授权一级学科，美术学国家重点培育学科、美术学北京市重点学科，因此其美术学在国内业界的知名度是相当高的，美术学专业都如此强劲，在理论带动下的绘画专业又怎么会差呢？同学们，你们想想，如今的广州美院到2010年才被广东省确定为博士点建设单位，才有博士学位的授权资格，就更别提它直至2005年才获准为国家首批艺术硕士（MFA）培养试点单位。你让首都师范大学、哈尔滨师范大学和福州师范大学这些高校情何以堪啊？！

安徽省、江西省、山西省最好的美术院校、造型艺术最强的都在安徽大学、江西师范大学和山西大学这三所院校里，若论安徽的设计教学哪所比较好？当推安徽工程大学，为什么？具有理工科背景的优势。

当我们把眼光转向西北地区，除了兰州大学这所强劲的对手以外，西北造型艺术最好的高校在西北师范大学，这些也许只有等你上了大学开阔了眼界之后才会知道，在中国美术界西北艺术群落大多集中在西北师范大学美术学院，其前身是敦煌艺术学院，当你听到"敦煌"这两个字，你会想到什么？呵呵，中国古代传统艺术瑰宝——敦煌莫高窟。而西北师范大学美术学院也是中国师范院校中最早设立美术专业的五所院校之一，首任系主任即是著名美术教育家吕斯百先生。

河南好的大学，造型艺术最强的是河南大学，设计最强的是郑州轻工业学院。郑州轻工业学院是一所容易被考生忽视的艺术类院校，其属性为省部共建高等院校，学校以工科为主，因此它最好的专业是工业设计和产品设计专业。

专业特色较好的还有武汉纺织大学的服装设计与服装工程专业、北京林业大学的环境艺术设计专业、大连工业大学的工业设计和产品设计专业等等，不胜枚举。

当我们了解完全国各地具有特色的专业院校以后，我们还需要了解这些专业特色较强的艺术院校的特点：第一，这些院校都是非国家教育部独立设置或参照设置的艺术院校；第二，这些院校在全国范围和专业领域业界内都具有一定知名度和影响力；第三，这些院校的综合办学实力较强，一点也不比牌子大的高校差。

最后，针对以上所讲，我想给考生一些建议：请不要盲目轻信"985"、"211"、省重点大学、顶尖美院、知名艺术院校和著名师范大学，这些大学虽然整体实力不错，教育资源也好，但所开设的专业未必所有都好，比如东北石油大学、华东交通大学、长春理工大学、江西财经大学、重庆邮电大学、河北大学、燕山大学、河北师范大学等等；考生在对待艺术类院校时首先要摈弃分别心，还要把固有的对待普通理工科的那一套价值观和看法搬弄到美术类高校身上，从艺术类专业角度考量，并非一本就一定比二本好，也并非"985"、"211"、顶尖美院、知名艺术院校和著名师范大学就比普通的省重点大学或二本院校要好，而是要看该校的专业实力到底是放在哪一块上，学校的定位是否准确，这和一个人对自己的认识其实是一样的。目前这个时代所讲究的不是传统的大而全就是好的，随着市场细分概念的普及，美术类院校在对待自己特色专业上也会从品牌角度来测度。

什么是民办大学？

由于国情不同，中国民办大学迟迟得不到社会的认可与尊重，因此在国内你一旦说你是民办大学毕业的，大多会产生几个疑虑：一是你的文凭是否得到国家认证、社会认可、企业及事业单位认同，社会大众是否接受；二是即使国家认可、社会接受了，人们也会认为这个文凭是你花钱买来的，弄虚作假水分多，不真；三是在民办大学里面学习根本学习不到什么真本事，毕业后估计能力也不怎么样，不好用。当你听到这些时心里是否觉得难受？花了三四年时间苦苦获得的一纸文凭却不受社会待见，那我当初就读的意义是什么？岂非花了冤枉钱不说，还浪费了青春。

确实真实的情形如上述所说那样，学生普遍认为就读民办大学没有希望，得不到他人的诚心认可，没有任何尊重可言。说是这样说，但你也不必悲观、失落至此。我相信你是有一身本领的，若你真是一个有才华、能做事、做好事的人，又何必在乎他人的指指点点呢？你只要心里有梦，即使这个梦想是被人所嘲笑，但就因为有那些在成长道路上，心里拥有被人嘲笑的梦想才得以成就最终成熟的自己。我不是安慰你，只是社会的现实既然如此我们就要学会接受它而不是浪费时间去埋怨它。大众的无知和愚昧自古以来皆是如此，他们也许不知道，中国的民办高校其实起步晚，但成就大，不像外国如欧美、日本等国家，好的大学基本上都是私人也就是民办的，比方说美国最早的私立大学之一的哈佛大学其历史就长达360多年，几乎就是一部美国国家发展与变革互相推进的历史，甚至比它还长久。比如创始于1701年的耶鲁大学，也是以生产美国总统和诺贝尔奖获得者著称。比如一向注重"实用教育"（这一点和中国的民办大学很相似，都注重培养应用型和技能型人才）的斯坦福大学。比如离我们比较近的早稻田大学，是日本最负盛名的私立大学之一，但你绝对难以想象在132年前的1882年，这所盛名在外的"民办大学"初创时是以日本旧式高中教育体系为基础而成立的仅有三个专业的学院。这就是国内外对待民办大学态度的差异。

许多艺术家的失败，仅仅是他们只接受一种画法，而指责其他所有的画法。必须研究一切画法，而且要不偏不倚地研究；只有这样才能保持自己的独特性，因为你将不会跟着某一个艺术家跑。应该做一切人的学生，而同时才能不是任何人的学生，应该把一切学到的功课，化为自己的财产。

欧仁·德拉克罗瓦 EUGÈNE DELACROIX

画室里到处都是铅笔末，所以里面的
空气对于她来说也是难以忍受的。

你当调色盘是
垃圾盖啊！！

你这个是
调色盘么？

到冬天，我每天洗一次调色盘都嫌多，
她却每天都洗N多次。

每天看着她
跑来跑去地
洗刷刷，却依
然能坚持学画。

原封不动

如果说这是上帝
的一个恶作剧，也许
连上帝自己看到了，也会大吃一惊吧。

中国的民办大学（即独立设置的民办普通高等学校）起步晚，至今也仅是30多年的历史，你若以历史观来看待，一个动不动上百年甚至300年的外国私立大学，一个只有30多年历史的中国民办大学，这样对比是否是一种短视和急功近利与浮夸郁躁的"酸葡萄心理"在作祟？中国这个正在发展的国家用了30多年的时间走过了欧美国家花了200年才走完的路子，成绩显然是傲人的，而我们的民办高校在2012年也迎来了一个新局面：作为民办高校的翘楚，包括北京城市学院在内的5所民办高校已经通过教育部审批，正式获得研究生招生资格，这是新中国成立以来，民办高校首次获得研究生教育资格，此举标志着民办高校学历培养层次进一步提升，打破了过去研究生招生由公办高校、科研院所独家垄断的局面。

什么是民办高校？民办高校指的是企业及事业组织、社会团体和其他社会组织与公民个人利用非国家财政性教育经费，面向社会举办的高等学校及其他教育机构，其办学层次分专科和本科，即民办专科院校与民办专科独立院校和民办本科院校与民办本科独立院校四种不同教育形式；其次，民办高等院校与公办高等院校不同，民办高等院校一般由院校所在省、市、自治区的教育厅或教委主管，公办高等院校则由院校所在省、市、自治区级政府主管；目前国内的民办大学分统招学历教育及非统招非学历教育两种，很多人会有这个疑问：那是否就是说民办大学学历证书，社会是不予认可，用人单位是不采纳的？中华人民共和国《民办教育促进法》第四章第三十三条明确规定："民办学校的受教育者在升学、就业、社会优待以及参加先进评选等方面享有与同级同类公办学校的受教育者同等权利。"

中国民办大学与公办大学的优劣势对比

民办大学历史由来已久，全世界各个国家、各个地区都有民办大学，所谓的民办大学顾名思义就是与国家认可的正统的公办大学所区分开来的一种办学形态。基本上全世界的民办大学都是由由社会团体、企业或个人发起成立的，在这些民办大学当中办得比较出名且在全球范围内具有较大影响力的民办大学包括前文所说的，如美国的哈佛大学和耶鲁大学，如日本的早稻田大学等。

由于国外教育体制比较完善，民办大学不存在国家认可不认可的问题，都是学校自发文凭，重点培养学生能力。而国内的民办大学必须要在国家教育部备案并获审批才能成立，所发学历只有在国家认证前提下才被国家认可；在中国人固定的思维里，凡是只有经过国家认证认可的学校才是承认的，这种重文凭教育，而轻能力培养的教育模式是一种根深蒂固的封建顽疾。

对比民办大学和普通大学，民办大学的劣势在于教育资源、师资力量和科研能力，优势则较明显，民办高校更注重于打造自身的办学特色，尊重学生的兴趣爱好；其次是民办高校主抓培养社会应用型和技能型中高端技术人才，兼具一定的文化素质，好处是学生毕业后不用经过上岗培训这关即可直接进入该校的合作企业工作。

随着中国对待民办高校政策的不断拓宽与开放，人们对待民办教育观念的不断改善，民办高校在提升自身学术科研方面的理论能力，辅佐已有的强劲的实践能力，未来民办高校也将伴随中国从大国向强国道路迈进，必将扩大民办高校培育人才的自主权，相信中国的民办大学必将会越办越好！

国内艺术类专业比较强劲的本科院校有哪些？

每年单考期间，部分考生都会遇到这样一个问题：国内艺术类专业比较强劲的本科院校有哪些？问完以后还会吞吞吐吐补充一句道：文化不要太高且专业不会太难考的，最好有自己的办学特色

骨气形似皆本于立意而归乎用笔。

张彦远 ZHANG YANYUAN

和某些学科专业较出名的，不要有英语和语文小分限制的。我想了想这部分学校还真的有，这些大学大部分名称都是这样写的：XX大学XX学院，没错，一般以这种称谓出现的院校都是独立学院，属民办性质。下面就为2015-2016届考生介绍一下：

美术类专业教育实力比较强劲的独立学院包括：
中国传媒大学南广学院、四川文化艺术学院、首都师范大学科德学院、浙江理工大学科技与艺术学院、景德镇陶瓷学院科技艺术学院、华中师范大学武汉传媒学院、郑州轻工业学院易斯顿国际美术学院、大连工业大学艺术与信息工程学院、云南艺术学院文华学院、成都理工大学广播影视学院、北京电影学院现代创意媒体学院、重庆人文科技学院、东北师范大学人文学院、天津体育学院运动与文化艺术学院、、湖北工业大学工程技术学院、湖北工业大学商贸学院、华中农业大学楚天学院（环境设计学院、动画学院、艺术设计与传播学院的前身是湖北美术学院艺术设计学院，由原湖北美术学院艺术设计学院与楚天学院艺术类专业合并组建而成）等。

美术类专业教学实力很强且为中外合作办学的本科院校包括：
郑州轻工业学院、大连工业大学、天津理工大学等。

美术类专业教学实力近几年倍受社会大众关注且获好评的民办艺术类本科院校包括：
吉林动画学院、大连艺术学院、河北美术学院、河北传媒学院、江西服装学院等。

还是一句话：无论你上的是民办大学、独立学院还是公办本科大学中的中外合作办学专业，或者是民办艺术类本科高校，只要你能考上其中任何一所大学，过往再怎么不懂事也好，只要你上了大学之后认认真真过好每一天，珍惜每一个眼前或大或小的机会，凭借自己的勤奋与努力，总有一天你也能够有机会超越那些名牌大学毕业的学生。毕竟，一流大学里面也有二三流的学生，二三流的大学里面也有一流的学生，优秀与否还看大学四年是如何度过的。天行健，君子以自强不息！

备受媒体关注的民办大学有哪些？

民办本科院校作为我国的应用型大学，肩负着实现中国高等教育"大众化教育"，培养国家、社会和行业需要的合格的应用型人才和技能型人才的重担。

2013年12月30日，中国校友会网发布了一份《2014中国大学评价研究报告》的报告，这是中国校友会网大学研究团队连续第12年发布的中国大学排行榜。报告显示，在中国校友会网最新公布的2014中国民办大学排名中，湖南涉外经济学院跃居中国校友会网2014中国民办大学排行榜榜首；北京城市学院下降一个名次，位居第二；山东英才学院名列第三；西安欧亚学院居第四；三亚学院名列第五；黄河科技学院上升一个位次，位居第六；仰恩大学下降一位，位列第七；吉林华桥外国语学院上升5个名次，名列第八；山东协和学院上升至第九；武汉东湖学院名列第十，且首次进入全国十强。

在中国校友会网最新发布2014中国民办大学排行榜中，西交利物浦大学、宁波诺丁汉大学、湖南涉外经济学院、北京城市学院、山东英才学院、西安欧亚学院、三亚学院、黄河科技学院、仰恩大学、吉林华桥外国语学院、山东协和学院和西京学院等院校跻身2014中国一流民办大学，荣膺"中国五星级民办大学"美誉。

另外广东的北京师范大学-香港浸会大学联合国际学院、武汉东湖学院、上海杉达学院、浙江树人学院、武昌理工学院、汉口学院、西安外事学院、江西科技学院、辽宁对外经贸学院、南昌理工学院、三江学院、西安翻译学院和黑龙江东方学院等入围2014中国高水平民办大学，荣膺"中国四星级民办大学"美誉。

武汉长江工商学院、上海建桥学院、宁波大红鹰学院、潍坊科技学院、郑州华信学院、安徽三联

王原祁
WANG YUANQI

神与心会，心与气合，行乎不得不行，止乎不得不止，绝无求工求意之意，而工处奇处斐然于笔墨之外。

学院、海口经济学院、安徽新华学院和黑龙江财经学院等院校入选2014中国知名民办大学，荣膺"中国三星级民办大学"美誉。

在本次评选当中，广东地区仅有一间北京师范大学–香港浸会大学联合国际学院入选"中国四星级民办大学"，另三间入选该榜单的民办大学是广东培正学院、广东白云学院和广东科技学院。广东的美术生要注意了，广东各地如广州、深圳、东莞、珠海、佛山等地都相继办起了性质不同的各类民办大学（专/本科、独专/独本科），如想要有个保障，最好还是选择媒体关注率高的民办大学。根据以往的经验，很多学生在没了解清楚所入读的民办大学到底如何的情况下就盲目就读，结果自然是追悔莫及，有些也就半途退学进入社会参加工作或选择继续复读了，可见在信息数字时代，一个人掌握信息量越大，对事情的判断越准，前车可鉴！

2015年中国民办大学100名(排名不分先后)

名次	学校名称	所在地区
1	湖南涉外经济学院	湖南
2	北京城市学院	北京
3	山东英才学院	山东
4	西安欧亚学院	陕西
5	三亚学院	海南
6	黄河科技学院	河南
7	仰恩大学	福建
8	吉林华桥外国语学院	吉林
9	山东协和学院	山东
10	武汉东湖学院	湖北
11	西京学院	陕西
12	上海杉达学院	上海
13	武昌理工学院	湖北
14	浙江树人学院	浙江
15	汉口学院	湖北
16	西安外事学院	陕西
17	江西科技学院	江西
18	辽宁对外经贸学院	辽宁
19	南昌理工学院	江西
20	三江学院	江苏
21	郑州华信学院	河南
22	宁波大红鹰学院	浙江
23	西安翻译学院	陕西
24	黑龙江东方学院	黑龙江
25	潍坊科技学院	山东

续表

名次	学校名称	所在地区
26	上海建桥学院	上海
27	青岛滨海学院	山东
28	武汉长江工商学院	湖北
29	安徽三联学院	安徽
30	海口经济学院	海南
31	安徽新华学院	安徽
32	黑龙江财经学院	黑龙江
33	郑州科技学院	河南
34	长沙医学院	湖南
35	辽宁财贸学院	辽宁
36	武汉生物工程学院	湖北
37	西安培华学院	陕西
38	大连东软信息学院	辽宁
39	烟台南山学院	山东
40	山东万杰医学院	山东
41	广东培正学院	广东
42	陕西国际商贸学院	陕西
43	西安思源学院	陕西
44	浙江越秀外国语学院	浙江
45	大连艺术学院	辽宁
46	广东白云学院	广东
47	河北传媒学院	河北
48	无锡太湖学院	江苏
49	天津天狮学院	天津
50	重庆人文科技学院	重庆
51	黑龙江外国语学院	黑龙江
52	宁夏理工学院	宁夏
53	吉林动画学院	吉林
54	江西服装学院	江西
55	沈阳工学院	辽宁
56	青岛黄海学院	山东
57	燕京理工学院	河北
58	南昌工学院	江西
59	四川传媒学院	四川
60	闽南理工学院	福建
61	南宁学院	广西
62	武昌工学院	湖北
63	郑州升达经贸管理学院	河南
64	上海视觉艺术学院	上海

续表

名次	学校名称	所在地区
65	广东科技学院	广东
66	长春光华学院	吉林
67	安徽文达信息工程学院	安徽
68	哈尔滨石油学院	黑龙江
69	商丘学院	河南
70	齐齐哈尔工程学院	黑龙江
71	大连财经学院	辽宁
72	哈尔滨华德学院	黑龙江
73	云南工商学院	云南
74	成都东软学院	四川
75	沈阳城市建设学院	辽宁
76	沈阳城市学院	辽宁
77	长春建筑学院	吉林
78	哈尔滨剑桥学院	黑龙江
79	陕西服装工程学院	陕西
80	青岛工学院	山东
81	长春科技学院	吉林
82	哈尔滨广厦学院	黑龙江
83	商丘工学院	河南
84	安徽外国语学院	安徽
85	河北科技学院	河北
86	郑州成功财经学院	河南
87	山西工商学院	山西
88	哈尔滨远东理工学院	黑龙江
89	广西外国语学院	广西
90	河北外国语学院	河北
91	辽宁何氏医学院	辽宁
92	河北美术学院	河北
93	大连科技学院	辽宁
94	福州外语外贸学院	福建
95	银川能源学院	宁夏
96	西交利物浦大学	江苏
97	宁波诺丁汉大学	浙江
98	北京师范大学－香港浸会大学联合国际学院	广东
99	上海纽约大学	上海
100	四川拓普信息技术职业学院	四川

省级统考没过线的考生该怎么办？

常言道：上有政策，下有对策。记得冯梦龙在《醒世恒言》有言，方知夜来所遇，真圣僧也。向佛前拜祷了一番，取了这锭银子，权为路费，径往长安。正是：人有逆天之时，天无绝人之路。翻译成白话文就是：人有做错事、不顺利的时候，老天却总是给人活路的。

联考的偶然性因素大于必然性因素，这是众所周知的事；然而每年都有大部分考生因为心态、心理素质不够硬而发挥失常，而导致联考成绩没过线或没考好。那么，对于这部分考生来说，联考没过线该怎么办？我认为，省级统考没过线的考生也大可不必那么心灰意冷。所谓天无绝人之路，只要把心一横，斩断所有后顾之虑，还是有一线希望的。这一线希望我将它归结为三个核心要点，任取其中一点你都有书可读，有学可念，除非你是个容易自我放弃的人。下面我们就来看看是哪三点：

一、认真分析考试政策，捕捉漏网之鱼

首先，各省教育考试院明确规定，凡报考省艺术统考涉及的本科专业，必须参加省艺术统考且成绩达到本科资格线，否则将不能录取到该专业；未经省招生办公布的校考专业一律不得招收校考考生。

其次，凡是考试科目为素描、色彩、速写两科或者三科的校考院校，考生必须达到省艺术统考本科资格线。言下之意，如果考试科目只是其中一科的校考院校则不按照美术类高考专业对待，考生即使没有获得省艺术统考本科合格证，仍可以报考该校。

二、部分校考院校要求考生必须参加省艺术统考

在第一时间得知自己联考不过线后，抓紧时间查看教育部特批的31所独立设置本科艺术院校和13

关山月
GUAN SHANYUE

着笔不宜一味熟，称心还常三分生。

所参照独立设置的本科艺术类院校当年的招生简章。这些独立设置的艺术院校具有招考自主权，其美术类专业可以不在统考合格基础上组织校考，甚至不参加省艺术统考都可以；在录取原则上，这些院校主要是根据考生的校考成绩来确定合格生源，此外并不考虑该考生的省美术统考成绩。需要提醒考生注意的是：教育部特批的这44所独立艺术院校中可能会有部分高校要求考生参加统考，考生在报考前一定要弄清楚高校的规定；如果高校要求参加统考，考生就一定要参加省艺术统考测试。这部分，各高校在当年的艺术类招生简章里会针对该问题进行详细说明，是否需要考生获得省美术统考合格证或者省美术统考需要过本科线。

三、部分院校不需要省美术统考合格证或者过本科线

部分院校（顶尖美院、知名艺术学院、著名师范院校、"211"和"985"及省重点大学、普通二三本类院校）的美术类专业，如动画专业、美术学（史论）、艺术设计学（史论）、摄影（商业、图片、媒体影像制作）、数字媒体艺术、学前教育、影视摄影与制作（照明艺术、数字电影技术等）、文化产业管理、服装与服饰设计（表演、模特、空乘等）、书法学、戏剧影视专业（影视策划与制片、动漫策划等）等是不需要省美术统考合格证或者过本科线的。

备注

1.部分院校的摄影专业、文化产业管理、学前教育、戏剧影视文学、影视摄影与制作、数字媒体艺术（照明艺术、数字电影技术等）、服装与服饰设计（服装设计与服装工程和服装打版、表演、模特、空乘）等高考专业（非美术类专业）都不需获得省美术联考合格证，因为凡是联考不涉及的考试专业都不需联考合格证。但是，这部分院校在组织专业课测试的时候，如摄影专业则需要考查考生的摄影基础和文艺常识（每一个院校不同，但大同小异）。如果你对摄影或其他不需要联考合格证的专业有兴趣，绝对是不错的选择：这些专业的考试内容不难，甚至有些是可以速成的，现在市场上有一些机构专门开设这方面的培训课程，也许快的话一个月就可以考上。

2.书法学、美术学（史论方向）、艺术设计学（史论方向）、戏剧影视文学、文化产业管理这些专业需要学习的周期性较长，且高考文化分较高，若你有意在这方面发展，可以在接受正规的、专业的高考美术培训课程的同时参加这方面的考试训练，做好两手准备。就我个人而言，随着中国创意经济的迅猛发展，未来社会急缺的是综合素质全面的文化产业人才，这部分留待下面再说。

3.有些文科成绩比较好的考生，出于兴趣或各方面原因，不妨在备考阶段多关注广播电视编导、戏剧影视文学、电影电视剧编剧、影视摄影与制作专业。这部分专业的考试科目虽不涉及常规的素描、色彩、速写而是笔试面试测试，但这些专业随着中国电影业的发展，从业人员队伍也将逐渐增大。其实这部分专业不仅需要扎实的技能技巧，若有一定的美术基础和审美能力，也许就能为你以后的跨界创作留下伏笔。

四、另辟蹊径，参加其他高校的艺术特长生招生考试

艺考生和艺术特长生不同：第一，艺术特长生无须参加联考和校考；第二，艺术特长生高考文化分比艺考生高；第三，报考时间、招生院校、录取原则等各方面都不同；第四，目前艺术类专业院校有近千所，而招收艺术特长生的高校却只有60所左右，如果你的文化课成绩特别的拔尖，随便考都能考上一本的话，这部分学生还可以选择一些名牌大学的艺术特长生招生。比方说华南理工大学的艺术特长生所考的科目是素描测试，中山大学的艺术特长生考的科目是书画类的，对外经济贸易大学的艺术特长生考的科目是绘画（书法）类的，电子科技大学的艺术特长生考的科目是美术创作类（油画方向）的，清华大学的艺术特长生考的科目是书画类（油画方向）的，中国人民大学的美术学（艺术管理与策划）为自主招考专业，哈尔滨工业大学的工业设计为自主招考专业，北京化工大学的艺术特长生考试科目是绘画类（中国画考生现场创作一幅作品，油画考生现场画一幅素描）……你若有这方面的打算可以针对以上线索在网上搜索一番就可以查找得到；第五，艺术特长生入学后所读专业并非艺术专业，入校后大多就读的是文、理、工、医等大学常设专业，其志愿将按普通类考生填报，测试合格的艺术特长生，在志愿填报时必须将指定高校填写在第一批本科A志愿位置。

五、放弃"艺术梦"，转战普通文化课高考

如果觉得自己一无是处，样样都不行而又对前途失去希望的话，若侥幸你的文化还不太差劲，针对这一类考生，我的建议是：艺考结束后好好学习文化课，以期能够在6月份的全国高考中，考上一个口碑不错的大专或三本院校，应该是不会太难的。

备注：以上内容仅供参考，请以考生所在省份招生办或者省招生考试院公布的当年的艺术类招生政策，以及以上各校当年的艺术类招生简章为准。如还有疑问，可致电各省招生办或者省招生考试院以及以上院校招生办。

2015年省外普通高校艺术类在粤招生校考专业一览表

院校代码	院校名称	校考专业	层次	考试科目	是否涉及省统考
10003	清华大学	美术学类	本科	色彩、速写、素描	是
		设计学类	本科	色彩、速写、素描	是
		艺术设计学（史论）	本科	文艺基础、素描	否
10005	北京工业大学	动画	本科	色彩、创意速写、素描	是
		设计学类（含视觉传达设计、环境设计、产品设计、服装与服饰设计）	本科	色彩、创意速写、素描	是
10012	北京服装学院	服装与服饰设计	本科	色彩、创意速写、素描	是
		设计学类	本科	色彩、创意速写、素描	是
		绘画	本科	色彩、创意速写、素描	是
		雕塑	本科	色彩、创意速写、素描	是
		公共艺术	本科	色彩、创意速写、素描	是
10013	北京邮电大学	数字媒体艺术	本科	素描、速写、色彩	是
10015	北京印刷学院	设计学类（含视觉传达设计、数字媒体艺术、绘画、动画、摄影专业）	本科	素描、速写、色彩	是
10022	北京林业大学	设计学类（环境设计、视觉传达设计、数字媒体艺术、动画）	本科	素描、速写、色彩	是
10028	首都师范大学	音乐学（师范、作曲、指挥和表演）	本科	声乐、钢琴、器乐、视唱练耳	是
		录音艺术	本科	音乐声学基础知识与录音作品分析、器乐、声乐、乐理、视唱	是
		舞蹈学	本科	形象与条件测试、表现力测试、舞蹈技能技巧组合、模仿、即兴、剧目表演	否
10029	首都体育学院	表演	本科	舞蹈、体育舞蹈、健美操	否
		舞蹈表演	本科	舞蹈、体育舞蹈、健美操	否
10043	北京体育大学	舞蹈表演	本科	健美操、体育舞蹈、舞蹈（三者择一）	否
10047	中央美术学院	造型艺术	本科	素描、速写、色彩、命题创作	是
		艺术设计	本科	素描、速写、色彩、创意设计	是
		中国画	本科	素描、默写、书法创作	是
		书法学	本科	书法创作、书法临摹	否
		建筑学	本科	素描、色彩、立体设计	是
		美术学	本科	网上提交资料	否
10049	中国戏曲学院	戏剧影视美术设计（戏曲舞台设计）	本科	素描头像写生、色彩静物默写	是
		戏剧影视美术设计（舞台灯光设计）	本科	素描头像写生、色彩静物默写	是
		戏剧影视美术设计（化妆造型设计）	本科	素描头像写生、色彩静物默写	是
		服装与服饰设计（戏曲服装设计）	本科	素描头像写生、色彩静物默写	是

续表

院校代码	院校名称	校考专业	层次	考试科目	是否涉及省统考
10050	北京电影学院	戏剧影视文学（电影创意与策划）	本科	电影艺术基础知识与综合素质、影片分析与写作、面试	否
		戏剧影视文学（电影剧作）	本科	电影艺术基础知识与综合素质、影片分析与写作、面试	否
		戏剧影视导演（电影导演）	本科	社会、文化常识、自由陈述、命题创作、面试	否
		表演（表演创作）	本科	朗诵、即兴表演、声乐、形体、台词、表演	否
		影视表演	专科	朗诵、即兴表演、声乐、形体、台词、表演	否
		影视摄影与制作（电影制作A类）	本科	综合素质考查、命题辩论或绘画写作、面试	否
		影视摄影与制作（电影制作B类）	本科	面试	否
		录音（电影录音）	本科	声音听辨、电影声音分析、面试	否
		录音（音乐录音）	本科	听写、电影音乐分析、音乐作品辨析与乐理、面试	否
		录音（电影音乐创作）	本科	听写、电影音乐分析、乐理旋律发展与写作、面试	否
		录音（数字媒体与游戏声音）	本科	声音听辨、面试	否
		戏剧影视美术设计（电影美术设计）	本科	素描、色彩（命题创作）、面试	是
		戏剧影视美术设计（电影（电视）特技设计）	本科	素描、色彩（命题创作）、面试	是
		戏剧影视美术设计（电影（电视）人物造型设计）	本科	素描、色彩（命题创作）、面试	是
		戏剧影视美术设计（电影（电视）虚拟空间设计）	本科	素描、色彩（命题创作）、面试	是
10073	天津美术学院	美术学类（含绘画类7个专业方向）	本科	色彩、素质测试、素描、速写	是
		设计学类（含设计类9个专业方向）	本科	色彩、素质测试、素描、速写	是
		美术学类（含史论类2个专业方向）	本科	色彩、素质测试、素描、速写	是
		书法学	本科	书法临摹、书法创作、速写、素质测试	否
		设计学类（中外合作办学）数字媒体艺术	本科	色彩、素质测试、素描、速写	是
10177	沈阳音乐学院	音乐学（五年制）	本科	专业、听音笔试、乐理	是
		音乐学（四年制）	本科	专业、听音笔试、乐理	是
		音乐学（乐音与健康），行进艺术教育形体表演指导类、艺术	本科	面试、笔试	否
		作曲与作曲技术理论（五年制）	本科	专业、听音笔试、乐理	是
		作曲与作曲基础理论（四年制）	本科	专业、听音笔试、乐理	是
		音乐表演	本科	专业、听音笔试、乐理	是
		舞蹈学	本科	舞蹈	否
		舞蹈表演	本科	舞蹈	否
		舞蹈编导	本科	舞蹈	否
		表演	本科	舞蹈	否
		播音与主持艺术	本科	面试	否
		广播电视编导	本科	面试	否

续表

院校代码	院校名称	校考专业	层次	考试科目	是否涉及省统考
10177	沈阳音乐学院	戏剧影视文学	本科	面试、笔试	否
		戏剧影视美术设计	本科	素描、色彩	是
		录音艺术	本科	专业、听音笔试、乐理	是
10178	鲁迅美术学院	中国画	本科	素描、色彩、速写	是
		绘画（版画）	本科	素描、色彩、速写	是
		绘画（水彩）	本科	素描、色彩、速写	是
		绘画（油画）	本科	素描、色彩、速写	是
		雕塑	本科	素描、色彩、速写	是
		摄影	本科	色彩、速写、摄影基础理论	是
		影视摄影与制作	本科	色彩、速写、摄影基础理论	是
		环境设计（环境艺术设计）	本科	素描、色彩、创意设计	是
		环境设计（城市规划与设计）	本科	素描、色彩、创意设计	是
		产品设计（工业设计）	本科	素描、色彩、创意设计	是
		产品设计（染织艺术设计）	本科	素描、色彩、创意设计	是
		产品设计（纤维艺术设计）	本科	素描、色彩、创意设计	是
		服装与服饰设计（服装艺术设计）	本科	素描、色彩、创意设计	是
		服装与服饰设计（服装设计）、服装制板（中日合作办学）	本科	创意设计	是
		美术学（美术史论）	本科	美术作品赏析文章	否
		美术学（文化传播与管理）	本科	美术作品赏析文章	否
		书法学	本科	楷书、行书、篆书、隶书、命题创作	否
		动画（动画）	本科	素描、色彩、设计	是
		视觉传达设计（视觉传达设计）	本科	素描、色彩、设计	是
		视觉传达设计（工艺美术）	本科	素描、色彩、设计	是
		视觉传达设计（数字媒体艺术）	本科	素描、色彩、设计	是
10183	吉林大学	音乐表演	本科	初试：钢琴演奏、声乐、音乐学常识；复试：音乐短评、乐理、声乐、钢琴	是
		音乐学	本科	初试：钢琴演奏、声乐、音乐学常识；复试：音乐短评、乐理、声乐、钢琴	是
		作曲与作曲技术理论	本科	初试：钢琴演奏、歌曲写作、声乐；复试：四部和声写作、主体发展、乐理、视唱练耳、声乐、钢琴	是
		绘画（国画、油画、水彩）	本科	素描、色彩、速写	是
		视觉传达设计	本科	素描、色彩、速写	是
		环境设计	本科	素描、色彩、速写	是
		产品设计	本科	素描、色彩、速写	是
		播音与主持艺术	本科	初试：面测、朗读指定稿件；复试：主持小栏目、即兴评述	否

续表

院校代码	院校名称	校考专业	层次	考试科目	是否涉及省统考
10183	吉林大学	广播电视编导	本科	笔试：影视作品分析与鉴赏； 面试：个人才艺特长展示、 故事构思与讲述	否
10209	吉林艺术学院	音乐学	本科	1. 演奏练习曲或乐曲一首； 2. 音乐常识及音乐简论；3. 听音与乐理	是
		音乐学（电子音乐制作与创作/戏曲音乐制作与创作）	本科	1. 钢琴或其他乐器演奏； 2. 电脑操作；3. 听音与乐理	是
		音乐学（流行音乐制作与创作）	本科	1. 钢琴或吉他等和声乐器演奏； 2. 单声部旋律发展与创作； 3. 四部和声写作；4. 听音与乐理	是
		音乐学（音乐教育）	本科	1. 练习曲一首或乐曲一首； 2. 歌曲一首；3. 听音与乐理	是
		作曲与作曲技术理论	本科	1. 基本乐理；2. 四部和声写作； 3. 旋律发展；歌曲写作；4. 听音	是
		音乐表演（民族乐器/戏曲音乐）	本科	1. 乐曲一首；2. 听音与乐理	是
		音乐表演（西洋管弦）	本科	1. 乐曲一首；2. 听音与乐理	是
		音乐表演（声乐）	本科	1. 歌曲一首；2. 听音与乐理	是
		音乐表演（钢琴）	本科	1. 乐曲一首；2. 听音与乐理	是
		音乐表演（合唱指挥）	本科	1. 钢琴演奏；2. 指挥合唱曲两首； 3. 听音与乐理	是
		音乐表演（现代器乐）	本科	1. 乐曲一首；2. 演唱歌曲一段； 3. 听音与乐理	是
		音乐表演（流行音乐演唱）	本科	1. 歌曲二首(其中清唱一首)；2. 节奏模仿； 3. 附加特长展示；4. 听音与乐理	是
		音乐表演（流行歌舞）	本科	1. 歌曲一首(自唱自跳)；2. 现代舞片段； 3. 听音与乐理	是
		舞蹈学（舞蹈教育）	本科	1. 舞蹈基本条件测试；2. 自选古典舞（民间舞）表演片段	否
		舞蹈编导	本科	1. 舞蹈基本条件测试；2. 自编古典舞表演片段或东北民间舞片段；3. 命题即兴编舞	否
		舞蹈表演	本科	1. 舞蹈基本条件测试；2. 自选古典舞（民间舞）表演片段	否
		表演（戏剧影视表演）	本科	初试：演唱/形体；复试：朗诵/双人小品	否
		表演（戏剧影视表导）	本科	初试：朗诵/回答问题；复试：即兴讲故事/命题小品	否
		播音与主持艺术（主持与播音）	本科	初试：朗诵；复试：即兴播音/即兴评述	否
		播音与主持艺术（采编播）	本科	初试：朗诵；复试：命题写作/现场报道	否
		播音与主持艺术（配音艺术）	本科	初试：朗诵；复试：演唱/台词演读	否
		广播电视编导（影视编导/戏曲编导）	本科	1. 回答问题；2. 文学艺术常识和命题作文	否
		服装与服饰设计（服装表演）	本科	1. 形体测量；2. 台步表现； 3. 才艺表演；4. 朗诵	否

院校代码	院校名称	校考专业	层次	考试科目	是否涉及省统考
10209	吉林艺术学院	数字媒体艺术（媒体应用策划）	本科	1. 创意思维（色彩表现）；2. 素描；3. 文案创意	是
		美术学	本科	1. 素描；2. 美术常识与艺术评论	否
		美术学（书法与篆刻）	本科	1. 书法临摹；2. 书法创作	否
		美术类［绘画、中国画、雕塑、美术学（美术教育）］	本科	1. 色彩；2. 素描	是
		设计类（视觉传达设计、环境设计、服装与服饰设计、产品设计、公共艺术、摄影、数字媒体艺术、动画、戏剧影视美术设计）	本科	1. 创意思维（色彩表现）；2. 素描	是
10255	东华大学	视觉传达艺术、环境设计、产品设计、服装与服饰设计、服装与服饰设计（中日合作）、数字媒体艺术、艺术与科技	本科	素描、色彩、基础设计	是
		表演	本科	测量、形体、台步、舞蹈、口试	否
		服装与服饰设计（服装表演）	本科	声乐、形体、台词、表演	否
10269	华东师范大学	美术学	本科	素描、色彩、速写	是
10270	上海师范大学	舞蹈学	本科	基训、模仿、舞蹈表演等	否
		表演	本科	声、台、形、表等	否
		播音与主持艺术	本科	朗诵、演唱、才艺、镜试	否
10279	上海戏剧学院	表演（戏剧影视）	本科	语言、演唱、形体、表演、面试	否
		表演（音乐剧）	本科	表演、演唱、舞蹈、语言、乐理、视唱练耳	否
		戏剧影视导演	本科	朗诵、才艺展示、命题集体小品、综合知识测试、命题编讲故事、作品分析或命题创作	否
		戏剧影视文学	本科	散文写作、故事写作、面试	否
		戏剧影视文学（教育戏剧）	本科	散文写作、故事写作、面试	否
		戏剧影视美术设计（舞台设计）	本科	素描、色彩画、命题创作、面试	是
		戏剧影视美术设计（灯光设计）	本科	素描、色彩画、命题创作、面试	是
		戏剧影视美术设计（服装与化妆设计）	本科	素描、色彩画、命题创作、面试	是
		视觉传达设计	本科	素描、色彩画、命题创作、视听艺术分析、综合知识测试	是
		数字媒体艺术	本科	素描、色彩画、命题创作、视听艺术分析、综合知识测试	是
		播音与主持艺术	本科	叙事散文朗诵、新闻故事讲述、指定文稿朗读、指定话题讲述、才艺展示、主持能力测试、综合素质测试	否
		广播电视编导	本科	散文写作、故事写作、综合能力测试	否
		影视摄影与制作	本科	影评、面试、才艺展示、现场表演小品、口述创作构思	否
		表演（京剧）	本科	基本功、唱念、视唱练耳、剧目片段、综合素质测试、角色创造（小品）、口试	否
		表演（木偶）	本科	语言、声乐、表演、形体、命题小品、命题朗诵、才艺展示、面试	否

续表

院校代码	院校名称	校考专业	层次	考试科目	是否涉及省统考
10279	上海戏剧学院	表演（京昆器乐与民乐）	本科	剧目、曲目或曲牌演奏、曲牌视奏、打击乐合奏、听音记谱、视唱、乐理、综合艺术素质测试	是
		戏剧影视导演（戏曲）	本科	才艺展示、朗诵、看图即兴讲述、命题编讲故事、命题小品、作品分析、面试	否
		作曲与作曲技术理论（戏剧戏曲音乐设计与制作）	本科	自选器乐曲目演奏、自选其他形式艺术表演、视唱、练耳、作品听辨、基础声学原理、戏曲音乐常识、命题音乐写作（含和声考题）	是
		舞蹈表演（芭蕾舞）	本科	基本条件、基本功、剧目表演、模仿、即兴、综合平衡	否
		舞蹈表演（中国舞）	本科	基本条件、基本功、剧目或组合片段表演、模仿、即兴、综合平衡	否
		舞蹈表演（国标舞）	本科	基本条件、基本功、剧目或组合片段表演、模仿、即兴、基本功、综合平衡	否
10285	苏州大学	视觉传达设计	本科	速写、素描、色彩	是
		环境设计	本科	速写、素描、色彩	是
		产品设计	本科	速写、素描、色彩	是
		服装与服饰设计	本科	速写、素描、色彩	是
		数字媒体艺术	本科	速写、素描、色彩	是
		美术学（师范）	本科	速写、素描、色彩	是
		美术学	本科	速写、素描、色彩	是
		艺术设计学	本科	速写、素描、色彩	是
		音乐学（师范）	本科	主项、加试、视唱、练耳、乐理	是
		音乐表演	本科	主项、视唱、练耳、乐理	是
		服装与服饰设计（时装表演与服装设计）	本科	形貌条件测试、综合能力测试	否
10295	江南大学	视觉传达设计	本科	素描、色彩、设计基础	是
		环境设计	本科	素描、色彩、设计基础	是
		产品设计	本科	素描、色彩、设计基础	是
		服装与服饰设计	本科	素描、色彩、设计基础	是
		公共艺术	本科	素描、色彩、设计基础	是
		动画	本科	素描、色彩、设计基础	是
		美术学（师范）	本科	素描、色彩、设计基础	是
10319	南京师范大学	绘画	本科	素描、色彩	是
		设计类	本科	素描、色彩	是
		动画	本科	素描、色彩	是
		产品设计	本科	素描、色彩、器皿造型设计（加试）	是
		书法学	本科	临帖、命题创作	否
		摄影	本科	摄影基础知识、作品赏析、平面广告设计	否

续表

院校 代码	院校名称	校考专业	层次	考试科目	是否涉及 省统考
10319	南京师范大学	音乐学（师范）	本科	视唱、练耳、专业技能	是
		音乐表演	本科	视唱、练耳、专业技能	是
		音乐学（钢琴制作与调律）	本科	专业技能、视唱、听音	是
		舞蹈学	本科	基本功测试、舞蹈作品表演、即兴创作表演	否
10327	南京财经大学	动画	本科	素描、色彩	是
10330	南京体育学院	表演（体育艺术表演）	本科	体育舞蹈、健美操、啦啦操、艺术体操	否
		舞蹈表演	本科	体育舞蹈、舞蹈、民族舞、古典舞、现代舞和街舞等	否
10331	南京艺术学院	绘画、公共艺术、环境设计、视觉传达设计、服装与服饰设计、产品设计、戏剧影视美术设计、动画、数字媒体艺术	本科	素描；色彩	是
10421	江西财经大学	视觉传达设计	本科	素描、色彩	是
		视觉传达设计（数码设计）	本科	素描、色彩	是
		环境设计	本科	素描、色彩	是
		环境设计（景观设计）	本科	素描、色彩	是
		产品设计	本科	素描、色彩	是
10523	湖北美术学院	环境设计（环境艺术设计）	本科	色彩、素描、速写	是
		风景园林	本科	色彩、素描、速写	是
		服装与服饰设计	本科	色彩、素描、速写	是
		服装与服饰设计（纤维艺术设计）	本科	色彩、素描、速写	是
		服装与服饰设计（服装表演与设计）	本科	服装表演基础	否
		戏剧影视美术设计	本科	色彩、素描、速写	是
		工业设计	本科	色彩、素描、速写	是
		产品设计	本科	色彩、素描、速写	是
		产品设计（展示设计）	本科	色彩、素描、速写	是
		美术学（美术教育）	本科	色彩、素描、速写	是
		艺术教育	本科	色彩、素描、速写	是
		艺术设计学	本科	美术作品审核	否
		美术学（史论）	本科	美术作品审核	否
		美术学（艺术管理）	本科	美术作品审核	否
10530	湘潭大学	视觉传达设计	本科	素描、色彩	是
		动画	本科	素描、色彩	是
		艺术设计学	本科	素描、色彩	是
10532	湖南大学	视觉传达设计	本科	素描、色彩	是
		环境设计	本科	素描、色彩	是
		产品设计	本科	素描、色彩	是
10537	湖南农业大学	产品设计	本科	素描、色彩	是

续表

院校代码	院校名称	校考专业	层次	考试科目	是否涉及省统考
10537	湖南农业大学	视觉传达设计	本科	素描、色彩	是
		环境设计	本科	素描、色彩	是
		表演	本科	基本形态、基本素质、专项技术、技术技巧等	否
10542	湖南师范大学	美术学、艺术设计学、绘画、工艺美术	本科	素描、色彩	是
		音乐学	本科	主专业（声乐、器乐任选）、视唱、练耳	是
		音乐表演	本科	主专业（声乐、器乐任选）、视唱、练耳	是
		舞蹈学	本科	成品舞；基本功	是
10595	桂林电子科技大学	产品设计	本科	素描、色彩	是
		视觉传达设计	本科	素描、色彩	是
		环境设计	本科	素描、色彩	是
		服装与服饰设计	本科	素描、色彩	是
		动画	本科	素描、色彩	是
10596	桂林理工大学	产品设计	本科	素描、色彩	是
		服装与服饰设计	本科	素描、色彩	是
		视觉传达设计	本科	素描、色彩	是
		环境设计	本科	素描、色彩	是
		动画	本科	素描、色彩	是
10602	广西师范大学	绘画	本科	素描、色彩	是
		绘画（商业插画方向）	本科	素描、色彩	是
		环境设计	本科	素描、色彩	是
		视觉传达设计	本科	素描、色彩	是
		动画	本科	素描、色彩	是
		产品设计	本科	素描、色彩	是
		服装与服饰设计	本科	素描、色彩	是
10603	广西师范学院	美术学	本科	素描、色彩	是
		绘画	本科	素描、色彩	是
		绘画（商业插画）	本科	素描、色彩	是
		环境设计	本科	素描、色彩	是
		视觉传达设计	本科	素描、色彩	是
		动画	本科	素描、色彩	是
		产品设计	本科	素描、色彩	是
		服装与服饰设计	本科	素描、色彩	是
10606	玉林师范学院	舞蹈学	本科	基本功测试、成品舞蹈展示、即兴表演	否
10607	广西艺术学院	艺术设计学、美术学（美术史论）、美术学（美术理论与批评）	本科	命题写作	否

续表

院校代码	院校名称	校考专业	层次	考试科目	是否涉及省统考
10607	广西艺术学院	美术学（美术教育、文化艺术管理）、绘画（中英校际交流2+2项目、中美校际交流2+2项目）、绘画（油画、版画、水彩、装帧插图、电脑绘画、多媒体综合艺术、数字印刷艺术）、绘画（壁画、装饰绘画）、雕塑（雕塑艺术、数字雕塑）、绘画（风景绘画）	本科	色彩、速写	是
		中国画、中国画（山水画）、戏剧影视美术设计（场景设计、人物形象设计）、影视摄影与制作、摄影、动画、动画（新媒体艺术设计、中国画与水墨动画设计）、动画（中英校际交流2+2项目）、视觉传达设计（中英校际交流2+2项目、中美校际交流2+2项目）、视觉传达设计（品牌形象设计、装潢艺术设计、装帧艺术设计、商业美术插画设计、广告创意设计、互动广告设计）、产品设计（中国民艺设计应用、旅游品艺术设计、陈设艺术品设计）、服装与服饰设计（服装艺术设计、服装与形象设计）、工艺美术、环境设计（建筑环境设计、室内艺术设计、景观设计、商业展示设计、园林建筑设计、家具设计）、艺术与科技（会展策划与设计、会展艺术与技术）、公共艺术（公共空间艺术设计、软装艺术设计、家饰艺术设计）、风景园林	本科	色彩、素描	是
		书法学	本科	书法临摹、书法创作	否
10610	四川大学	美术学	本科	1. 赏析作文（笔试）；2. 中外美术史常识（笔试）	否
		绘画（油画）、绘画（国画）、动画、视觉传达设计、环境设计	本科	1. 素描造型（人物照片写生或默写）；2. 色彩（照片写生或默写）	是
		绘画（书法）	本科	1. 临帖（校方提供范本，临写古代书法字体两种），四尺整张；2.创作（将指定文字写成书法作品），四尺整张	否
10611	重庆大学	表演	本科	语言、集体表演小品、声乐、形体、命题小品表演、才艺展示及综合素质考查	否
		播音与主持艺术	本科	朗读指定文学作品、播读指定新闻稿件、话题评述、即兴主持、才艺展示及综合素质考查	否
		戏剧影视导演	本科	命题编演小品、命题编讲故事、回答提问、影片分析	否
		广播电视编导	本科	叙事散文命题写作、影视作品分析、回答提问	否
		影视摄影与制作	本科	回答提问、摄影作品分析、命题创作、影片分析	否
		戏剧影视文学	本科	命题故事写作、电影作品分析、回答提问	否
		戏剧影视美术设计（数字影视舞美设计方向、人物造型设计方向）	本科	素描、速写、色彩	是
		音乐表演	本科	声乐演唱、视唱、练耳（笔试）、乐理（笔试）	是

续表

院校代码	院校名称	校考专业	层次	考试科目	是否涉及省统考
10611	重庆大学	舞蹈表演	本科	专业基本条件、专业基本能力、技能、技巧；动作模仿、舞蹈组合或剧目表演、口试	否
10613	西南交通大学	设计学类	本科	素描、色彩	是
		绘画	本科	素描、色彩	是
10635	西南大学	音乐学	本科	声乐、钢琴（器乐）、视唱、练耳、乐理、面试	是
		音乐表演	本科	主科（声乐、钢琴或器乐）、视唱（或视奏）、面试	是
		舞蹈学	本科	基本功、组合或剧目、面试	是
		美术学（师范）	本科	素描、速写、色彩	是
		绘画	本科	素描、速写、色彩	是
		视觉传达设计	本科	素描、速写、色彩	是
10654	四川音乐学院	艺术史论	本科	声乐演唱或器乐演奏、艺术理论常识	否
		视唱练耳	本科	视唱练耳（一）、和声知识、钢琴演奏	是
		作曲与作曲技术理论	本科	视唱练耳及乐理（二）、和声知识、乐器演奏、歌曲创作、器乐曲创作	是
		乐队指挥与合唱指挥	本科	视唱练耳及乐理（二）、和声知识、钢琴演奏、指挥法	是
		录音艺术与电脑音乐、音乐制作与录音工程	本科	视唱练耳及乐理（二）、乐器演奏、歌曲创作	是
		音乐学（理论）、音乐新闻与评论、音乐治疗、音乐传媒	本科	视唱练耳及乐理（二）、声乐演唱或器乐演奏、中外音乐知识	是
		钢琴调律	本科	视唱练耳及乐理（二）、乐器演奏、钢琴与钢琴调律基本知识	是
		提琴制作	本科	视唱练耳及乐理（二）、乐器演奏、提琴与提琴制作基本知识	是
		公共事业管理（文化事业管理、演艺策划与制作、文化产业管理、公共艺术管理、文化创意产业）	本科	视唱练耳及乐理（二）、声乐演唱或器乐演奏	否
		音乐教育	本科	视唱练耳及乐理（二）、声乐演唱、钢琴演奏	是
		音乐舞蹈	本科	视唱练耳及乐理（二）、声乐演唱或钢琴演奏、舞蹈表演、形体	否
		管乐教育	本科	视唱练耳及乐理（二）、声乐演唱或钢琴演奏、管乐演奏	是
		声乐（美声、民族唱法）	本科	视唱练耳及乐理（二）、声乐演唱	是
		歌剧表演、合唱	本科	视唱练耳及乐理（二）、声乐演唱	是
		民乐（二胡、笙、唢呐、竹笛、琵琶、扬琴、柳琴、古筝、古琴、中阮、民族低音）	本科	视唱练耳及乐理（二）、乐器演奏	是
		钢琴、钢琴伴奏	本科	视唱练耳及乐理（二）、钢琴演奏	是
		手风琴（古典手风琴、现代手风琴）	本科	视唱练耳及乐理（二）、手风琴演奏	是

续表

院校代码	院校名称	校考专业	层次	考试科目	是否涉及省统考
		双排键电子琴、电子钢琴	本科	视唱练耳及乐理（二）、乐器演奏	是
		管乐（长笛、单簧管、双簧管、大管、圆号、小号、长号、大号、木笛、萨克斯）、管乐修造	本科	视唱练耳及乐理（二）、乐器演奏	是
		弦乐（小提琴、中提琴、大提琴、低音提琴、竖琴、古典吉他）	本科	视唱练耳及乐理（二）、弦乐演奏	是
		打击乐	本科	视唱练耳及乐理（二）、乐器演奏	是
		音乐剧	本科	视唱练耳及乐理（二）、声乐演唱、舞蹈片段、语言	是
		声乐（通俗唱法）、流行舞蹈	本科	视唱练耳及乐理（二）、声乐演唱	是
		流行器乐（电吉他、电贝司、民谣吉他、爵士（古典）吉他、爵士鼓、萨克斯管、流行键盘）	本科	视唱练耳及乐理（二）、乐器演奏	是
		流行音乐表演与教育	本科	视唱练耳及乐理（二）、声乐演唱或器乐演奏	是
		影视表演、戏剧影视表演	本科	语言、声乐、形体、表演	否
		电影电视配音	本科	语言表达、演唱、声音塑造、角色体验	否
		播音与主持、双语（英、汉）播音与主持	本科	朗诵、普通话水平、命题即兴评述	否
10654	四川音乐学院	中国舞表演、中国舞表演与教育、中国古典舞表演与教育	本科	面试、基本功测试、艺术素质、艺术表现力	否
		舞蹈编导	本科	自编舞蹈小品表演、音乐即兴编舞、命题舞蹈创编与表演、音乐舞蹈	否
		国际标准舞表演与教育	本科	面试、基本功测试、摩登舞竞技组合、摩登舞表演组合	否
		现代流行舞蹈	本科	面试、基本功测试、艺术素质、艺术表现力	否
		专题节目编辑与制作、文艺节目编辑与制作、电视剧制作、影视导演、文艺新闻、影视制片管理、影视编辑、非线编辑与特技合成、戏剧影视文学	本科	编写故事、编导创意	否
		雕塑	本科	素描、色彩、速写	是
		绘画（中国画、油画）	本科	素描、色彩、速写	是
		数字媒体艺术	本科	素描、色彩、速写	是
		环境设计	本科	素描、色彩、速写	是
		视觉传达设计	本科	素描、色彩、速写	是
		公共艺术	本科	素描、色彩、速写	是
		产品设计	本科	素描、色彩、速写	是
		工业设计	本科	素描、色彩、速写	是
		动画（含二维动画设计、三维动画设计、数字插画设计）	本科	素描、色彩、速写	是
		动画（含影视电脑动画、影视化妆造型、影视美术）	本科	素描、色彩、速写	是
		动画（含游戏设计与制作、新媒体（音频与视频）设计与制作、计算机插图设计与制作、数字空间规划与场景设计）	本科	素描、色彩、速写	是

续表

院校代码	院校名称	校考专业	层次	考试科目	是否涉及省统考
10654	四川音乐学院	戏剧影视美术设计	本科	素描、色彩、速写	是
10655	四川美术学院	中国画	本科	素描、色彩、命题人物组合	是
		绘画	本科	素描、色彩、命题人物组合	是
		雕塑	本科	素描、色彩、命题人物组合	是
		动画	本科	素描、色彩、命题人物组合	是
		戏剧影视美术设计	本科	素描、色彩、命题人物组合	是
		影视摄影与制作	本科	素描、色彩、命题人物组合	是
		广播电视编导	本科	素描、色彩、命题人物组合	是
		艺术教育	本科	素描、色彩、命题人物组合	是
		摄影	本科	素描、色彩、命题人物组合	是
		建筑学	本科	素描、色彩、设计基础	是
		风景园林	本科	素描、色彩、设计基础	是
		视觉传达设计	本科	素描、色彩、设计基础	是
		数字媒体艺术	本科	素描、色彩、设计基础	是
		服装与服饰设计	本科	素描、色彩、设计基础	是
		产品设计	本科	素描、色彩、设计基础	是
		工艺美术	本科	素描、色彩、设计基础	是
		环境设计	本科	素描、设计基础、色彩	是
		公共艺术	本科	素描、色彩、设计基础	是
10690	云南艺术学院	舞蹈学（舞蹈教育）	本科	舞蹈素质测试、舞蹈自选片段、舞蹈基础理论	否
		舞蹈编导	本科	自创舞蹈片段、即兴表演、命题创作	否
		舞蹈表演	本科	舞蹈素质测试、舞蹈自选片段、舞蹈即兴模仿	否
		艺术教育	本科	舞蹈基本素质测试、音乐基本素质测试、舞蹈自选片段、声乐演唱	否
		美术学（史论）、绘画（中国画、油画、版画、壁画、插画）、雕塑、摄影（艺术摄影）、艺术设计学、视觉传达设计、环境设计（室内设计、景观艺术设计）、产品设计（民间艺术与现代设计）、服装与服饰设计、数字媒体艺术、动画、视觉传达设计（技术与应用）	本科	素描、色彩	是
10718	陕西师范大学	音乐学（非师范）	本科	请查阅学校招生信息网简章	是
		音乐表演（非师范）	本科	请查阅学校招生信息网简章	是
		舞蹈学（非师范）	本科	请查阅学校招生信息网简章	否
		广播电视编导	本科	请查阅学校招生信息网简章	否
		播音与主持艺术	本科	请查阅学校招生信息网简章	否
10728	西安音乐学院	文化产业管理	本科	命题写作、专业面试、基本乐科	是
		音乐表演	本科	器乐演奏、声乐演奏、基本乐科	是

院校代码	院校名称	校考专业	层次	考试科目	是否涉及省统考
10728	西安音乐学院	音乐学	本科	命题写作、专业面试、音乐基础知识、基本乐科	是
		音乐学（音乐教育）	本科	声乐演唱、器乐演奏、基本乐科	是
		作曲与作曲技术理论（作曲）	本科	声乐器乐曲创作、专业面试、和声、基本乐科	是
		作曲与作曲技术理论（指挥）	本科	乐队、合唱指挥、专业面试、基本乐科	是
		作曲与作曲技术理论（视唱练耳）	本科	专业听写、专业面试、和声、基本乐科	是
		作曲与作曲技术理论（电子音乐作曲）	本科	声乐曲创作、专业面试、和声、基本乐科	是
		舞蹈表演	本科	自选舞、基本功、其他才艺展示	否
		舞蹈编导	本科	自选舞、基本功、即兴舞、命题舞	否
		录音艺术	本科	综合能力测试、专业面试、和声、基本乐科	是
		艺术与科技（电子音乐制作）	本科	声乐曲创作、专业面试、和声、基本乐科	是
		艺术与科技（钢琴演奏调修）	本科	拍音听辨、钢琴演奏、专业面试、基本乐科	是
		艺术与科技（音乐数字媒体）	本科	音乐基础理论、音乐片段绘画、专业面试、基本乐科	是
10729	西安美术学院	艺术史论	本科	不参加专业考试，现场确认时需交验审查资料及相关材料	否
		戏剧影视美术设计	本科	素描、速写、色彩	是
		动画	本科	素描、速写、色彩	是
		美术学	本科	不参加专业考试，现场确认时需交验审查资料及相关材料	否
		绘画	本科	素描、速写、色彩	是
		雕塑	本科	素描、速写、色彩	是
		摄影	本科	素描、速写、色彩	是
		中国画	本科	素描、速写、色彩	是
		艺术设计学	本科	不参加专业考试，现场确认时需交验审查资料及相关材料	否
		视觉传达设计	本科	素描、速写、色彩	是
		环境设计	本科	素描、速写、色彩	是
		产品设计	本科	素描、速写、色彩	是
		服装与服饰设计	本科	素描、速写、色彩	是
		公共艺术	本科	素描、速写、色彩	是
		工艺美术	本科	素描、速写、色彩	是
		数字媒体艺术	本科	素描、速写、色彩	是
		艺术与科技	本科	素描、速写、色彩	是
10768	新疆艺术学院	绘画	本科	素描、色彩	是
		雕塑	本科	素描、速写	是

续表

院校代码	院校名称	校考专业	层次	考试科目	是否涉及省统考
10768	新疆艺术学院	美术学（美术教育）	本科	素描、色彩	是
		美术学（美术史论）	本科	面试、笔试	否
		动画	本科	素描、色彩	是
		视觉传达设计	本科	素描、色彩	是
		产品设计	本科	素描、色彩	是
		环境设计	本科	素描、色彩	是
		广播电视编导	本科	面试、笔试	否
		摄影	本科	面试、素描、笔试	否
		戏剧影视美术设计（舞台美术）	本科	面试、素描、色描	是
		文化产业管理	本科	面试、笔试	否
10846	江西科技学院	广播电视编导	本科	面试（即兴评述）、笔试	否
		音乐学（空中乘务）	本科	身体初检、才艺展示	否
		舞蹈学	本科	基本素质测试、舞蹈作品	否
		服装与服饰设计	本科	设计基础	否
10920	湖北理工学院	视觉传达设计	本科	素描、色彩	是
		环境设计	本科	素描、色彩	是
		服装与服饰设计	本科	素描、色彩	是
		动画	本科	素描、色彩	是
		音乐学（音乐舞蹈教育）	本科	目测外形、基本功测试、舞蹈片段、即兴创编	否
		音乐学（双语播音主持）	本科	目测外形、中文诵读、英文朗读、命题评述	否
		音乐学（综艺主持与编导）	本科	目测外形、朗诵、才艺展示、命题评述	否
11062	厦门理工学院	视觉传达设计	本科	素描、色彩	是
		环境设计	本科	素描、色彩	是
		产品设计	本科	素描、色彩	是
		服装设计与工程	本科	素描、色彩	是
		艺术与科技（数字媒体）	本科	素描、色彩	是
		艺术与科技（数码动画）	本科	素描、色彩	是
		服装与服饰设计（服装设计与表演）	本科	初试、复试	否
		服装与服饰设计（广告模特与空乘）	本科	初试、复试	否
		播音与主持艺术	本科	初试、复试	否
		艺术与科技（编导）	本科	笔试	否
11072	江汉大学	美术学类（美术学、绘画）	本科	创作	是
		设计学类（视觉传达设计、产品设计、环境设计、服装与服饰设计）	本科	设计	是
11075	三峡大学	环境设计	本科	色彩基础、造型基础	否

续表

院校代码	院校名称	校考专业	层次	考试科目	是否涉及省统考
11075	三峡大学	艺术传达设计	本科	色彩基础、造型基础	否
11318	江西科技师范大学	音乐学	本科	主项技能测试、听音模唱	是
		音乐表演	本科	主项技能测试、听音模唱	是
		舞蹈编导	本科	剧目展示和基本功测试	否
		视觉传达设计	本科	色彩、素描	是
		环境设计	本科	色彩、素描	是
		动画设计	本科	色彩、素描	是
		产品设计	本科	色彩、素描	是
		服装设计与工程	本科	色彩、素描	是
		服装与服饰设计	本科	色彩、素描、面试	是
		美术学	本科	色彩、素描	是
11400	西安培华学院	播音与主持艺术	本科	初试：自我介绍、指定稿件朗读、才艺展示；复试：自备稿件朗读、即兴评述	否
		戏剧影视文学	本科	面试：自我介绍、现场抽题编小故事笔试：命题作文、观看20~30分钟影视短片写评论	否
		广播电视编导	本科	面试：自我介绍、命题讲演（规定题目）；笔试：电视作品分析、散文写作	否
11417	北京联合大学	表演	本科	声乐、台词、形体、表演	否
11418	北京城市学院	表演（影视表演）	本科	初、复试综合考试	否
		表演（社会工作）	本科	初、复试综合考试	否
		表演（主持与配音）	本科	初、复试综合考试	否
		表演（舞蹈）	本科	初、复试综合考试	否
		表演（模特）	本科	初、复试综合考试	否
		广播电视编导（影视编导）	本科	初、复试综合考试	否
		摄影	本科	初试：面试；复试：笔试	否
		书法学	本科	临帖、创作、中国古代书法常识测试	否
11535	湖南工业大学	艺术设计学	本科	素描、色彩	是
		动画	本科	素描、色彩	是
		产品设计	本科	素描、色彩	是
		数字媒体艺术	本科	素描、色彩	是
		视觉传达设计	本科	素描、色彩	是
		服装与服饰设计	本科	素描、色彩	是
		环境设计	本科	素描、色彩	是
		音乐学（表演）	本科	自选歌曲、视唱（其中：键盘器乐方向另试独奏）	是
		音乐学（舞蹈）	本科	自选舞蹈作品、基本功、即兴表演	否

续表

院校代码	院校名称	校考专业	层次	考试科目	是否涉及省统考
11647	浙江传媒学院	播音与主持艺术	本科	详见学校招生网（zsw.zjicm.edu.cn）公布的《2014年招生简章》	否
		播音与主持艺术（影视配音）	本科	详见学校招生网（zsw.zjicm.edu.cn）公布的《2014年招生简章》	否
		播音与主持艺术（礼仪文化）	本科	详见学校招生网（zsw.zjicm.edu.cn）公布的《2014年招生简章》	否
		播音与主持艺术（英汉双语播音）	本科	详见学校招生网（zsw.zjicm.edu.cn）公布的《2014年招生简章》	否
		播音与主持艺术（法汉双语播音）	本科	详见学校招生网（zsw.zjicm.edu.cn）公布的《2014年招生简章》	否
		播音与主持艺术（日汉双语播音）	本科	详见学校招生网（zsw.zjicm.edu.cn）公布的《2014年招生简章》	否
		广播电视编导	本科	详见学校招生网（zsw.zjicm.edu.cn）公布的《2014年招生简章》	否
		广播电视编导（文艺编导）	本科	详见学校招生网（zsw.zjicm.edu.cn）公布的《2014年招生简章》	否
		广播电视编导（媒体创意）	本科	详见学校招生网（zsw.zjicm.edu.cn）公布的《2014年招生简章》	否
		广播电视编导（电视节目制作）	本科	详见学校招生网（zsw.zjicm.edu.cn）公布的《2014年招生简章》	否
		影视摄影与制作（电视摄像）	本科	详见学校招生网（zsw.zjicm.edu.cn）公布的《2014年招生简章》	否
		影视摄影与制作（照明艺术）	本科	详见学校招生网（zsw.zjicm.edu.cn）公布的《2014年招生简章》	否
		影视摄影与制作（电影制作）	本科	详见学校招生网（zsw.zjicm.edu.cn）公布的《2014年招生简章》	否
		摄影	本科	详见学校招生网（zsw.zjicm.edu.cn）公布的《2014年招生简章》	否
		录音艺术	本科	详见学校招生网（zsw.zjicm.edu.cn）公布的《2014年招生简章》	否
		表演	本科	详见学校招生网（zsw.zjicm.edu.cn）公布的《2014年招生简章》	否
		数字媒体艺术	本科	详见学校招生网（zsw.zjicm.edu.cn）公布的《2014年招生简章》	否
		戏剧影视文学	本科	详见学校招生网（zsw.zjicm.edu.cn）公布的《2014年招生简章》	否
		戏剧影视文学（编剧与策划）	本科	详见学校招生网（zsw.zjicm.edu.cn）公布的《2014年招生简章》	否
		动画	本科	详见学校招生网（zsw.zjicm.edu.cn）公布的《2014年招生简章》	是
		动画（漫插画）	本科	详见学校招生网（zsw.zjicm.edu.cn）公布的《2014年招生简章》	是

续表

院校代码	院校名称	校考专业	层次	考试科目	是否涉及省统考
11647	浙江传媒学院	视觉传达设计	本科	详见学校招生网（zsw.zjicm.edu.cn）公布的《2014年招生简章》	是
		环境设计	本科	详见学校招生网（zsw.zjicm.edu.cn）公布的《2014年招生简章》	是
		服装与服饰设计（中外合作办学）	本科	详见学校招生网（zsw.zjicm.edu.cn）公布的《2014年招生简章》	是
		戏剧影视美术设计	本科	详见学校招生网（zsw.zjicm.edu.cn）公布的《2014年招生简章》	是
		戏剧影视美术设计（人物形象设计）	本科	详见学校招生网（zsw.zjicm.edu.cn）公布的《2014年招生简章》	是
11658	海南师范大学	绘画	本科	素描、色彩、速写	是
		视觉传达设计	本科	素描、色彩、速写	是
		环境设计	本科	素描、色彩、速写	是
		产品设计	本科	素描、色彩、速写	是
		服装与服饰设计	本科	素描、色彩、速写	是
11799	重庆工商大学	环境设计	本科	素描、色彩	是
		产品设计	本科	素描、色彩	是
		视觉传达设计（中外合作）	本科	素描、色彩	是
		环境设计（景观与室内设计）	本科	素描、色彩	是
		动画	本科	素描、色彩	是
11834	黄河科技学院	播音与主持艺术	本科	自我介绍、自备稿件、指定稿件、即兴评述	否
		广播电视编导	本科	面试（文艺常识、即兴评述）；笔试（影视作品评论）	否
		影视表演	本科	声乐、台词、形体、表演	否
12308	海口经济学院	舞蹈学	本科	舞蹈基本功、软开度、技术技巧、自选舞蹈片段或舞蹈组合表演，根据制定音乐即兴舞蹈	否
		播音与主持艺术	本科	自备稿件、指定稿件、才艺展示、回答考官提问、命题说话	否
		播音与主持艺术（广播电视编导）	本科	自我介绍、回答考官提问、才艺展示、影视作品分析及命题编故事	否
12310	武昌理工学院	播音与主持艺术	本科	自备稿件朗诵、指定稿件朗诵、模拟主持	否
12713	西安外事学院	广播电视编导	本科	基础文艺常识、编写故事	否
		音乐表演	本科	演唱或演奏声乐器乐作品、形体素质、艺术特长展示	否
		表演	本科	朗诵、表演、形体、艺术特长展示	否
		主持与播音	专科	自备稿件朗诵、指定稿件播读、即兴评述或模拟主持	否

续表

院校代码	院校名称	校考专业	层次	考试科目	是否涉及省统考
12714	西安翻译学院	播音与主持艺术	本科	指定稿件播报、即兴评述、才艺展示	否
		播音与主持艺术（编导方向）	本科	编讲故事、命题演讲、才艺展示、影评	否
12784	河北传媒学院	表演	本科	朗读、形体考查、命题小品、声乐一首	否
		表演（体育表演）	本科	形象考查、专项考查、才艺展示、考官问答	否
		播音与主持艺术	本科	艺术潜质、指定文艺作品、指定新闻播报、模拟主持	否
		广播电视编导	本科	论述题、编写故事、影片分析	否
		摄影	本科	论述题、摄影创作、图片分析	否
		影视摄影与制作	本科	论述题、影视命题创作、影片片段分析	否
		戏剧影视文学	本科	文学常识、故事编创、写作	否
12795	南昌理工学院	产品设计	本科	静物素描、设计基础	否
		广播电视编导	本科	笔试：文学影视常识、故事写作、影视作品分析 面试：自我介绍、命题编讲故事、考官提问、才艺展示	否
		播音与主持艺术	本科	自我介绍、自备稿件、新闻播报、即兴口语表达、才艺展示	否
		表演	本科	无实物表演、台词朗诵、形体展示、才艺展示	否
		表演（空中乘务方向）	本科	形象考查、普通话口试、英语口试、体检、体能测试、才艺展示	否
		表演（体育表演）	本科	形象考查、专项、才艺展示、考官问答	否
13075	河北美术学院	书法学	本科	临摹、创作、速写	否
		广播电视编导	本科	笔试、面试	否
		艺术设计（书法篆刻）	专科	临摹、创作、速写	否
		电视节目制作	专科	笔试、面试	否
13241	武昌工学院	摄影类	本科	笔试	否
13418	江西服装学院	数字媒体艺术	本科	创意表达、设计基础	否
		视觉传达艺术	本科	创意表达、设计基础	否
		广播电视编导	本科	基础素养、命题创作	否
		表演	本科	形体测试、才艺表演、T台展示	否
		艺术设计（视觉传达设计）	专科	创意表达、设计基础	否
		广播电视技术（广播电视编导）	专科	基础素养、命题创作	否
13607	吉林动画学院	播音与主持艺术	本科	自我介绍、自备散文作品朗读、指定新闻稿件播报、即兴话题评述	否
		表演	本科	朗诵、声乐演唱、形体、命题2人小品	否
		广播电视编导	本科	统一考试。笔试：文艺常识、条件作文	否
		戏剧影视文学	本科	统一考试。笔试：文艺常识、条件作文	否

续表

院校代码	院校名称	校考专业	层次	考试科目	是否涉及省统考
13607	吉林动画学院	影视摄影与制作	本科	文艺常识、摄影基础、影视作品评析	否
		摄影	本科	文艺常识、摄影基础、影视作品评析	否
13629	首都师范大学科德学院	艺术设计学（新媒体艺术与动画、会展艺术设计、建筑景观艺术设计、公共装饰艺术设计、影视与舞台美术设计）	本科	图形创意、装饰画	否
		广播电视编导（新闻编导、文艺编导）	本科	基础知识测试、影片分析	否
		播音与主持艺术（新闻节目主持、综艺节目主持）	本科	自我介绍、指定作品播读、即兴回答问题	否
		摄影（图片摄影、影视摄影）	本科	摄影基础知识、摄影作品评析	否
		表演（影视表演）	本科	声、台、形、表	否
		表演（歌舞剧表演）	本科	声、台、形、表	否
		表演（社会舞蹈与传播）	本科	自我介绍、作品展示（不限舞种）、才艺可加分	否
		表演（音乐表演）	本科	以表演（即兴练习）及声乐（唱歌）或形体（舞蹈）为主要项目考试；朗诵及才艺展示（各种乐器、主持、体操、武术、摄影等均可）自愿选择，可作为加分项目	否
		表演（演出制作管理）	本科	笔试：文艺常识，戏剧影视评论	否
13632	上海视觉艺术学院	环境设计（建筑艺术设计siva-德稻实验班）	本科	面试笔试	是
		产品设计（siva-德稻实验班）	本科	面试笔试	是
		动画（siva-德稻实验班）	本科	面试笔试	是
		摄影	本科	面试笔试	否
		广播电视编导（影视编导）	本科	初试复试三试	否
		广播电视编导（文学策划与创作）	本科	初试复试三试	否
		播音与主持艺术	本科	初试复试三试	否
		表演（时尚表演与推广）	本科	量体、台步/节奏、才艺展示	否
		表演（音乐剧、话剧与影视表演）	本科	初试复试三试	否
		文化产业管理（文化策划与管理）	本科	面试笔试	否
		文化产业管理（公共文化服务与管理）	本科	面试笔试	否
		文化产业管理（高尔夫运动管理）	本科	面试笔试	否
13640	广西民族大学相思湖学院	播音与主持艺术	本科	自备和指定稿件播读、即兴评述、才艺展示	否
		广播电视编导	本科	综合知识、故事写作、影视作品分析	否
13659	天津体育学院运动与文化艺术学院	舞蹈表演	本科	面试、基本功、自备剧目、模仿	否
		舞蹈学	本科	面试、基本功、自备剧目、即兴表演	否
		表演	本科	台词、声乐、形体、表演	否
		戏剧影视文学	本科	文学常识、故事创作、作品分析	否
		广播电视编导	本科	艺术常识、故事创作、影视分析	否

续表

院校代码	院校名称	校考专业	层次	考试科目	是否涉及省统考
13659	天津体育学院运动与文化艺术学院	播音与主持艺术	本科	自我介绍、自备稿件、指定稿件、即兴评述	否
13669	四川传媒学院	播音与主持艺术	本、专科	初试：1. 指定作品朗读；2. 即兴命题评述复试：1. 自备文学作品朗诵；2. 命题辩论	否
		播音与主持艺术（英汉双语播音）	本科	初试：1. 指定作品朗读；2. 即兴命题评述复试：1. 自备英语作品朗诵；2. 英语命题评述	否
		录音艺术专业	本科	初试：1. 视唱练耳；2. 音乐特长展示复试：乐理和音乐常识（笔试）	否
		表演	本、专科	初试：1. 目测；2. 自我介绍、自备作品朗诵；3. 形体展示。复试：1. 声乐；2. 表演（命题即兴小品）	否
		表演（影视配音）	本、专科	初试：1. 目测；2. 自我介绍、自备作品朗诵；3. 形体展示。复试：1. 命题语言表演（译制片、动画片），现场配音；2. 声乐	否
		表演（空乘与地面服务）	本、专科	初试：1. 目测；2. 自我介绍、自备作品朗诵；3. 形体展示。复试：1. 综合面试；2. 朗读中英文指定稿件；3. 体检	否
		表演（服装表演与设计）	本、专科	初试：1. 目测；2. 自我介绍、自备作品朗诵；3. 形体展示。复试：1. 基本功测试；2. 艺术素质；3. 艺术表现力	否
		广播电视编导	本、专科	面试：形象考查；自我介绍；编导创意（含节目策划、广告创意和声画组合）笔试：编写故事	否
		广播电视编导（文艺编导）	本、专科	面试：形象考查；自我介绍；才艺展示笔试：编写故事	否
		数字媒体艺术	本、专科	面试：形象考查；自我介绍；回答主考官提问。笔试：命题故事、命题创意	否
		戏剧影视文学	本科	面试：回答主考教师的提问；笔试：写作	否
		戏剧影视导演	本科	初试：形象考查，回答主考官提问（影视常识）和编讲故事；小品表演复试：故事类短片分析（笔试）	否
		戏剧影视导演（导表）	本科	初试：形象考查，回答主考官提问（影视常识）和编讲故事；小品表演。复试：朗诵	否
		电影学	本科	面试：自我介绍，常识回答；笔试：片段构思	否
		摄影	本、专科	笔试：1. 艺术常识；2. 画面组合；3. 摄影作品分析	否
		影视摄影与制作	本科	笔试：1. 影视艺术常识；2. 命题故事；3. 摄影作品分析	否
		雕塑	本科	基础造型、色彩搭配	否

续表

院校代码	院校名称	校考专业	层次	考试科目	是否涉及省统考
13671	四川师范大学文理学院	广播电视编导	本科	笔试：影视作品赏析、编写故事、广告创意	否
		视觉传达设计	本科	素描、命题设计、线描	否
		环境设计	本科	素描、命题设计、线描	否
		表演（影视戏剧表演）	本科	面试：语言、形体、声乐、命题表演	否
13672	四川师范大学成都学院	舞蹈表演（国际标准舞）	本科	面试（语言表达）、基本功（技巧）、艺术素质、剧目（音乐、舞蹈、才艺）	否
		舞蹈表演（民族民间舞）	本科	面试（语言表达）、基本功（技巧）、艺术素质、剧目（音乐、舞蹈、才艺）	否
		舞蹈表演（现代舞）	本科	面试（语言表达）、基本功（技巧）、艺术素质、剧目（音乐、舞蹈、才艺）	否
		舞蹈学（表演与教育）	本科	面试（语言表达）、基本功（技巧）、艺术素质、剧目（音乐、舞蹈、才艺）	否
		舞蹈学（舞蹈编导）	本科	面试（语言表达）、基本功（技巧）、艺术素质、剧目（音乐、舞蹈、才艺）	否
		舞蹈学（舞台设计）	本科	面试（语言表达）、基本功（技巧）、艺术素质、剧目（音乐、舞蹈、才艺）	否
		音乐学（学前音乐及舞蹈教育）	本科	面试（语言表达）、基本功（技巧）、艺术素质、剧目（音乐、舞蹈、才艺）	否
		音乐学（音乐舞蹈）	本科	面试（语言表达）、基本功（技巧）、艺术素质、剧目（音乐、舞蹈、才艺）	否
13678	西北大学现代学院	播音与主持艺术	本科	自我介绍、自备稿件、即兴评述、才艺	否
		广播电视编导	本科	编写故事、影视赏析	否
		戏剧影视文学	本科	文学常识、影视赏析	否
		表演	本科	自备稿件、小品表演、才艺	否
		摄影	本科	摄影基础常识、文艺常识、图片分析	否
13686	华中师范大学武汉传媒学院	播音与主持艺术	本科	面试：自我介绍；指定稿件播读；模拟主持或主题讨论；才艺展示；考官提问	否
		广播电视编导	本科	面试：自我介绍；回答考官提问 笔试：文艺常识；影视作品分析	否
		摄影	本科	面试：综合素质考查；考官提问 笔试：摄影理论知识、文艺理论常识；图片分析	否
		表演（影视表演方向）	本科	面试：演唱；自备稿件朗诵；形体；命题小品	否
		表演（演艺主持方向）	本科	面试：自备稿件；命题小品；即兴主持；才艺展示	否
		音乐表演（舞蹈表演方向）	本科	面试：舞蹈基本功能力测试；自备剧目（片段）表演；即兴表演能力测试	否
13687	中国传媒大学南广学院	广播电视编导（电视编导）	本科	面试：1.自我介绍；2.回答考官提问（高中所学知识）；3.根据考场提供的背景资料发表自己的观点和看法。注：文艺编导专业加试"特长展示"。笔试：电视作品分析。	否

续表

院校代码	院校名称	校考专业	层次	考试科目	是否涉及省统考
13687	中国传媒大学南广学院	广播电视编导（文艺编导）	本科	面试：1. 自我介绍；2. 回答考官提问（高中所学知识）；3. 根据考场提供的背景资料发表自己的观点和看法。注：文艺编导专业加试"特长展示"。笔试：电视作品分析	否
		广播电视编导（影视制片）	本科	面试：1. 自我介绍；2. 回答考官提问(文学、历史和艺术常识知识问答)；3. 才艺特长展示；4. 命题辩论（根据考官提供的题目，分组进行自由辩论）。笔试：电视作品分析	否
		播音与主持艺术	本科	1. 自我介绍（包括姓名、考号、身高）；2. 朗读指定新闻稿件；3. 话题即兴评述（视考试具体情况，由考官现场决定）；4.才艺展示（以语言艺术类为主，包括朗诵、表演、声乐、舞蹈等，器乐类只需提供考级证书）	否
		播音与主持艺术（汉英双语播音主持）	本科	面试：1. 中文自我介绍（包括姓名、考号、身高）；2.指定英文稿件播读；3. 回答考官提问（视考试具体情况，由考官现场提问，要求用英文回答）；4.指定中文稿件朗读（该项将视考试具体情况，由考官现场选考）。笔试：英语能力测试	否
		播音与主持艺术（英语、法语、西班牙语、日语节目主持）	本科	1.英文自我介绍；2.朗读英语单词和文章段落；3.英语看图说话；4.朗读指定中文稿件	否
		e数字媒体艺术	本科	面试：1.自我介绍（可以有简短的个人才艺展示）；2.回答考官提问（综合文艺常识）。笔试：综合能力考试（考试中可能带有基础绘画的小测试，要求自带可以上色的绘画工具）	否
		影视摄影与制作（数字电影技术）	本科	面试：1.自我介绍（可以有简短的个人才艺展示）；2.回答考官提问（综合文艺常识）。笔试：综合能力考试（考试中可能带有基础绘画的小测试，要求自带可以上色的绘画工具）	否
		表演（服装表演）	本科	1. 形体测量；2. 台步展示：通过泳装、自选装环节对考生形体条件进行综合评定，测试考生的包括步态、表现力、造型、乐感等；3. 自我介绍、回答考官提问；4. 才艺展示：测试考生形体协调性、韵律感、艺术感染力（请考生自备服装及才艺展示伴奏带）	否
		表演	本科	1. 朗诵（朗诵自备作品，题材不限，限时3分钟）；2.声乐（无伴奏，唱法不限）；3.形体（舞蹈、戏曲身段、武术等；自备服装、伴奏等）；4.表演（即兴或命题小品、练习）；5.艺术特长展示（自备各种辅助用品）；6.回答考官提问	否
		摄影	本科	面试：1.自我介绍；2.回答考官提问（高中所学知识、摄影基础知识）；3.图片摄影作品分析。笔试：影视作品分析	否
		影视摄影与制作（照明艺术）	本科	面试：1.自我介绍；2.回答考官提问（高中所学知识、摄影基础知识）；3.图片摄影作品分析。笔试：影视作品分析	否
		影视摄影与制作（电视摄影）	本科	面试：1.自我介绍；2.回答考官提问(高中所学知识、摄影基础知识)；3.图片摄影作品分析。笔试：影视作品分析	否

续表

院校 代码	院校名称	校考专业	层次	考试科目	否涉及 省统考
13687	中国传媒大学 南广学院	戏剧影视文学	本科	面试：1. 自我介绍；回答考官提问（高中所学知识）； 2. 命题故事（根据考场提供的资料进行故事讲述，时间 3~5分钟）。笔试：影视作品分析	否
		戏剧影视导演	本科	面试：1. 自我介绍（可进行才艺展示）；2. 回答考官 提问（高中所学知识）；3. 图片组合叙事（根据考场 提供的图片进行排列组合、然后讲述故事，时间3~5 分钟）。笔试：影视作品分析	否
13747	上海电影艺术 职业学院	影视表演	专科	集体小品、双人小品、台词、才艺展示（形体或声乐）	否
		主持与播音	专科	自选材料朗读、指定材料朗读、现场命题模拟主持	否
		编导	专科	艺术常识、命题创作及故事板创作、影视剧评论	否
		舞蹈表演	专科	舞蹈基本功测试、个人舞蹈作品展示	否
13767	厦门演艺 职业学院	影视表演	专科	形体展示、自备朗诵、才艺表演	否
		舞蹈表演	专科	综合素质测试、即兴舞蹈表演、独立舞蹈作品	否
		编导	专科	影视艺术作品分析、话题评述	否
13892	三亚学院	播音与主持艺术	本科	表演特长、自备稿件播读、模拟主持或评述	否
13903	四川大学 锦城学院	播音与主持艺术	本科	朗诵、普通话水平测试、即兴命题评述	否
		表演	本科	语言、声乐、形体、表演	否
		广播电视编导	本科	综合素质测试、编导创意、编写故事	否
14039	四川大学 锦江学院	广播电视编导（电视编辑、文艺编导）	本科	编导综合（含文艺常识、编剧创作）	否
		广播电视编导（影视动漫编导制作）	本科	编导综合（含文艺常识、编剧创作）	否
14043	四川音乐学院 绵阳艺术学院	舞蹈学	本科	面试、基本功测试、技巧展示、艺术表现力	否
		舞蹈表演	本科	面试、基本功测试、技巧展示、艺术表现力	否
		表演（影视表演）	本科	语言、才艺展示、命题表演	否
		表演（服装表演）	本科	面试、才艺展示、服装表演	否
		戏剧影视文学	本科	编写故事、影视剧常识及分析	否
		戏剧影视美术设计	本科	绘画、综合知识测试	否
		广播电视编导	本科	编写故事、影视剧常识及分析	否
		录音艺术	本科	文化常识、音乐基础与音响知识测试	否
		播音与主持艺术	本科	朗诵、指定作品朗读、命题即兴评述	否
		动画	本科	单色描绘、色彩综合表现	否
		摄影	本科	影视作品分析、文艺常识	否
		文化产业管理	本科	文艺常识、艺术评论	否
14327	北京电影学院 现代创意媒体 学院	戏剧影视文学	本科	初试：影视作品赏析；复试：面试	否
		广播电视编导	本科	初试：影视作品赏析；复试：面试	否
		戏剧影视导演	本科	面试：导演构思小品；笔试：影片分析	否
		表演	本科	语言、声乐、形体（一试）表演（二试）	否
		影视摄影与制作	本科	初试：综合常识；复试：绘画或剧本创作	否

教育部提醒：艺考招生骗术多，不轻信才能不上当

每年艺术专业考试中，有人以"可以'通关系'让考生得高分、上名校"为名，向考生家长索要钱财。教育部提醒广大考生和家长，切勿相信任何非官方渠道的虚假宣传，绝不参与不法分子、中介机构的欺诈行径。当遭遇诈骗行为时，应向纪检监察等主管部门如实举报。

诈骗伎俩一："通关系得高分"型

不法分子向考生和家长许诺："只要给点钱，可以'通关系'找考场评委让考生通过专业考试，得高分。"

警示：首先，普通高考艺术类专业考试的评委，是按教育部和省招考委的有关规定，经过严格的条件审核和筛选后确定的；第二，考试过程中，哪几个评委在哪个考场主持考试，是随机打乱编排的；第三，所有考场都安装了手机信号屏蔽仪，且所有评委在考试过程中都必须上缴手机等通信工具，断绝了评委与外界的联系。因此，"勾兑考场评委得高分"是骗人的幌子。

诈骗伎俩二："非法中介诈骗得手即跑路"型

非法中介吹嘘：有这样那样的"关系"，可以让考生既顺利通过专业考试，又能录取到好学校、好专业，但考生家长要付"定金"，以便"打点"、"运作"，录取成功再付"尾款"。这类非法中介的伎俩是，收了钱后，要么遮遮掩掩、推三拖四，用一些似真似假的信息慢慢忽悠考生家长，要么不断找着理由要考生家长加钱才能办好……等他们一旦收足了钱后便玩"消失"，或者谎称钱交给XXX，而XXX人不见了。

警示：普通高考艺术类专业统考和录取，是由教育主管部门和招生考试机构全省统一组织实施的，不会也从来没有委托任何社会中介机构组织参与专业考试和录取，更不会违规向考生、家长收费。

迟轲 CHI KE

所谓名牌大学，首先是由著名的教授组成的，所以说，"好的教授就是好的大学"。

考生和家长不要轻信网络上或小广告上的宣传，也不要轻信个别培训机构人员提供的虚假宣传，更不要轻易将考生身份证号、准考证号等信息提供给他人，以防非法中介将经过正常程序通过考试和录取的结果，吹嘘成通过"关系"才"搞定"的，向考生家长邀功请赏。

教育部提醒，普通高考艺术类专业考试招生工作有严格的政策规定，有严密的工作流程和工作规则，高等学校招生考试和录取的有关信息按规定都要及时向社会公开。广大考生和家长切勿相信任何非官方渠道的虚假宣传，绝不参与不法分子、中介机构的欺诈行径，共同维护公正的招生考试和录取。当遭遇诈骗行为时，应向纪检监察等主管部门如实举报。

联考之后，如何选择适合自己的单考院校？

艺术类高校按层次和级别划分，由高到低依次是中国八大美院、31所独立设置本科艺术院校、13所参照独立设置的本科艺术类院校、"985"工程院校、"211"工程院校、省市重点大学、省市公办普通二本高校、省市公办普通三本高校、省市民办普通本科高校或独立学院、省市公办普通专科院校、省市民办普通专业院校，等等。

考生如何在众多不同层次的院校间找出适合自己报考的高校，这是一门有迹可循的技术活儿。我把这门技术归纳为一句话：理性推敲，感性选择。

何谓理性推敲、感性选择？即区域位置、学校名气、自身能力、就业优势、个人兴趣这五个方面先做一番理性推敲，凡事只有经过理性思维这一关后，才能得出较准确的答案，你所判断的事物出错的概率就较低。那么就先来说说它们各自的优势：

第一，区域位置问题。

一般高校地点在东部或华东沿海沿江地区及一线城市或省会城市，学生所获得的学习资源无论是来自高校的教育资源还是来自该地区的社会资源还是来自自身周边的人际资源，在毕业后若你没有离开所在的高校城市，这些在校期间所积攒起的各类资源在未来职业生涯中或多或少都会为你带来某种帮助，这些就是你最大的人力资本；若你所就读的是偏远地区，一旦你毕业离开当地而走向其他城市谋生，那你就得从头来过，一切从零开始编织你的人脉圈子以及所有，这是一个特别现实的问题。

第二，学校名气问题。

另一比较现实的问题是：你毕业于哪里？

郑板桥 ZHENG BANQIAO

咬定青山不放松，立根原在破岩中。千磨万击还坚劲，任尔东西南北风。

这是我们最常被问到的一句话，你毕业于哪里？你想想看，当你突然间被一个刚刚认识没多久的人问你的"出身"时，你会怎么答？如果你所毕业的学校是名牌大学，自然没有这方面的烦恼；退而求其次，你读的是一所普通本科院校，也还是能说得过去，至少还是个本科生；但一旦你说你念的是一所大专学校或甚至是你连大学也没上，人家立马会投来诧异的眼光，然后在心里拼命疏远你。是的，不用问你知不知道，社会就是这么现实和赤裸裸，在一个标榜物竞天择和弱肉强食的强权社会里混，你头上没有个耀眼光环，手里没有个拿得出手的本领，要想别人瞧得起你，这简直就是一厢情愿。年青人最不能有的就是"酸葡萄心理"，看到别人有而自己没有就拼了命为自己找种种借口，利用各种理由来推搪或安慰自己，殊不知，这是一种不成熟和内心懦弱的体现。确实你上的是否是名牌大学与你日后是否飞黄腾达没有半毛钱的关系，但是你可能不知道的是，一个北大清华的学生，在那样的环境和氛围激发之下，可以每天六点钟起床开始学习，而你却还在睡懒觉，试问你在输了学历和起跑线之余，是否连自我教育、自我学习与自我约束的能力都输掉了，一旦你连这些都统统输掉了，你又拿什么来和别人竞争呢？要知道的是那些顶着"成功"光环的人无时无刻不在学习、努力中，天下没有免费的午餐，你越早懂得这个道理对你的人生越有帮助！

第三，自身能力。

自身能力分为文化专业好的、文化好专业不好的、专业好文化不好的、文化和专业一般般的、文化一般专业很好的、文化很好专业一般的、文化和专业不好的以及文化和专业没有救的。你属于哪一种呢？

顶尖美院、著名艺术学院这些以学生专业能力论成败的艺术高校，看重的首先是学生的专业成绩，其次才是文化成绩，虽然专业和文化录取比例是看综合分数由高到低录取，比如专业占70%、文化占30%，但随着参加美术高考的学生愈来愈多，这些院校的录取原则也将发生改变——文化分，即使你文化和专业都过线了，拼到最后的还是看你的文化分（像清华、央美、国美等就有英语和语文单科高考分数限制），除非你的专业成绩排名在前10名才有加分的可能。

"985"工程、"211"工程类院校看重的是一个学生的综合能力，但首要的还是考生的文化成绩，录取原则和专业艺术类院校不同，只要你专业成绩过了学校专业资格线，决定你最终是否被录取的则是你的文化成绩，高校是按考生的文化分由高到低进行录取的，除非你的专业能够进入高校专业课成绩的前3名。

省市重点大学及普通公办本科院校招考分为校考和联考两种，有省内和省外之分。参加广东省美术联考的美术高考生只要专业课成绩过了省联考划定的本科资格线，而高考文化分又达到广东省的本科文化线，一般情况下都能被录取得到。

普通民办本科院校、独立学院及普通公办专科院校和民办专科院校，无论在专业课还是文化课的考学难度上都要大大低于以上所说的高校，需要特别注意的是有些高校即使性质上是本科院校，但其教学能力和教学质量却比一些专业院校要差，比如说广东轻工业学院（简称广轻）即使是一所普通公办大专院校，但是论学科设置和专业实力及学生水平却是得到业界首肯和认可的。因此若你很不幸要在这些高校中做抉择，站在实用主义观点，最好的办法就是选择那些专业实力很好、注重学生实际能力的专业院校，因为掌握一门实用的技能远比那一纸文凭重要。

第四，就业优势。

未来有两个产业将伴随中国综合实力发展而发展：一是以互联网与移动互联网为代表的新兴科技型产业，与之匹配的专业比如有数字媒体艺术、界面交互设计、信息艺术设计等；二是以电影电视娱乐产业为主的创意文化产业，匹配的专业比如有戏剧影视美术设计、文化产业策划与管理、新媒体与网页设计、动画与网络游戏设计等等。据有关专家分析，上海在数字媒体方面的专业人才数量上缺口十万，这一部分人才未来将对传统的设计行业带来新的冲击，而以往的环境艺术设计、平面设计等等将不再具有任何竞争力，随着中国房地产业的停滞，室内设计、建筑设计、景观设计、园林设计甚至是城市规划设计专业毕业的学生，都将面临严峻的就业形势。而传统的纯艺术绘画造型专业如国油版雕四大类美术毕业的学生，也将面临着一个难题"一毕业就失业"，就业困难已成为当今一大社会现象。2013年全国毕业生人数高达699万人，2014年将达到历史新高的727万人。因此考生在如何选择适合自己的单考院校这个问题上，最好的答案是：把目光看向未来，未来社会最缺什么，跟着整个时代的趋势去走，个人的发展空间也会比较大。

第五，个人兴趣。

兴趣是最好的老师。很多时候，当我们说一个人很有毅力，一件事能坚持做那么久，很有可能他的坚持是来自于他的兴趣而不是其他，所以他的内心并不觉得苦，而是快乐的、充实的。是的，你的动力和你的目标并不来自于外在他人的认可和赞美，而来源于最简单的快乐，你做这件事它带给你快乐，从而让你持续不断地去做，那么你就不会再那么地纠结于最终的结果是不是美院还是其他，因为无论你在哪里，只要你所学的是你已经在学的，你就已经走在成功的道路上。在如何选择单考院校这个问题上，我觉得最重要的还是回归到自己的内心，问自己：我想要什么？我想看到这里，你的心里已经有自己的答案了！

附件

2015年在广东省设点组织艺术类专业校考的高等学校名单

考点名称	考点地址及联系电话	院校代码	院校名称	办学性质	校考层次	校考科类	校考专业	考试时间
广州美术学院	广州市番禺区广州大学城外环西路168号020-84017740	10523	湖北美术学院	公办	本科	美术类	书法学(书法学),美术学(艺术管理),艺术设计学(艺术设计学),服装与服饰设计(服装表演与设计),绘画(版画),绘画(壁画与综合材料绘画),绘画(水彩画),动画(中外联合办学),数字媒体艺术(数字媒体艺术),服装与服饰设计(服装与服饰设计),环境设计(环境艺术设计),影视摄影与制作(影视摄影与制作),摄影(摄影),视觉传达设计(印刷图形设计),视觉传达设计(工艺美术),视觉传达设计(视觉传达设计),雕塑(陶瓷艺术),雕塑(雕塑),中国画(中国画),美术学(美术教育),产品设计(展示设计),产品设计(产品设计),戏剧影视美术设计(戏剧影视美术设计),服装与服饰设计(纤维艺术设计),动画(影像媒体艺术),动画(动画),公共艺术(公共艺术),绘画(插画艺术),绘画(油画),美术学(史论)	3月21日
星海音乐学院	广东省广州市大学城外环西路398号020-39363636	10285	苏州大学	公办	本科	音乐类	音乐表演,音乐学(师范)	3月5日-6日
		10319	南京师范大学	公办	本科	音乐类	舞蹈学	3月5日
							音乐表演,音乐学(师范),音乐学(钢琴制作与调律)	3月5日-6日
		10403	南昌大学	公办	本科	音乐类	音乐学(声乐),音乐学(器乐)	3月3日-4日
		10542	湖南师范大学	公办	本科	音乐类	戏剧影视文学	3月4日
							音乐学,舞蹈学,音乐表演	3月4日-5日
		10566	广东海洋大学	公办	本科	音乐类	音乐学(声乐、音乐教育),舞蹈编导(艺术模特),音乐学(器乐),表演(影视表演、节目主持),舞蹈编导(民族民间舞、舞蹈编导、舞蹈教育、国际标准舞)	3月6日-8日
		10602	广西师范大学	公办	本科	音乐类	舞蹈学,音乐学(音乐教育)	3月3日-4日
		10635	西南大学	公办	本科	音乐类	音乐表演(钢琴),音乐学,音乐表演(声乐),舞蹈学,音乐表演(通俗),音乐表演(器乐)	3月7日-8日
		11349	五邑大学	公办	本科	音乐类	舞蹈学(社会舞蹈教育)	3月3日
华南师范大学	中山大道西55号华南师范大学石牌校区020-85211338	10003	清华大学	公办	本科	美术类	设计学类,美术学类	3月1日
		10047	中央美术学院	公办	本科	美术类	美术学类(造型艺术),中国画,设计学类(艺术设计)	3月7日-8日
		10355	中国美术学院	公办	本科	美术类	所有校考专业待定,具体请留意院校网站通告	2月26日-28日
		10487	华中科技大学	公办	本科	美术类	环境设计,产品设计	2月26日
广东省外语艺术职业学院	广州市天河区燕岭路495号020-38458635	10406	南昌航空大学	公办	本科	美术类	视觉传达设计,服装与服饰设计,产品设计,动画,环境设计	3月7日
		10421	江西财经大学	公办	本科	美术类	视觉传达设计,产品设计,环境设计(景观设计),环境设计,视觉传达设计(数码设计)	3月21日
		10495	武汉纺织大学	公办	本科	美术类	设计学类	3月22日
		10530	湘潭大学	公办	本科	美术类	视觉传达设计,艺术设计学,动画	3月6日

续表

考点名称	考点地址及联系电话	院校代码	院校名称	办学性质	校考层次	校考科类	校考专业	考试时间
广东省外语艺术职业学院	广州市天河区燕岭路495号 020-38458635	10579	湛江师范学院	公办	本科	音乐类	音乐表演(器乐),音乐表演(声乐),舞蹈学(师范)	3月3日-5日
		10596	桂林理工大学	公办	本科	美术类	环境设计,动画,服装与服饰设计,工艺美术,产品设计,视觉传达设计	3月29日
		10920	湖北理工学院	公办	本科	音乐类	音乐学(综艺主持与编导方向),音乐学(双语播音主持方向),音乐学(音乐舞蹈教育方向)	3月21日
						美术类	视觉传达设计,服装与服饰设计,动画,环境设计,产品设计	3月21日
		11072	江汉大学	公办	本科	美术类	设计学类,美术学类	3月7日
		12961	广东亚视演艺职业学院	民办	专科	音乐类	电视节目制作,主持与播音,编导,影视表演,舞蹈表演	3月6日
						美术类	摄影	3月6日
		13599	大连艺术学院	民办	本科	音乐类	表演(影视表演),广播电视编导,播音与主持艺术	3月7日
		13629	首都师范大学科德学院	民办	本科	音乐类	表演(声乐表演),表演(演出艺术管理),表演(社会舞蹈与传播),摄影(图片摄影、影视摄影),广播电视编导(文艺编导、新闻编导),播音与主持艺术(文艺节目主持、新闻节目主持、语言传播),表演(影视表演),表演(歌舞剧表演)	3月22日
						美术类	艺术设计学(新媒体、会展、影视舞台、建筑)	3月22日
		13684	吉林大学珠海学院	民办	本科	音乐类	舞蹈编导	3月6日-8日
		14043	四川文化艺术学院	民办	本科	音乐类	表演(影视表演),录音艺术,舞蹈编导,舞蹈学,舞蹈表演(现代流行舞),播音与主持艺术,戏剧学,广播电视编导,戏剧影视文学,表演(服装表演)	3月22日
						美术类	戏剧影视美术设计,摄影	3月22日-23日
广州市美术中学	广州市东风东路580号 020-83838408	10595	桂林电子科技大学	公办	本科	美术类	产品设计,动画,环境设计,视觉传达设计,服装与服饰设计	3月21日
		10613	西南交通大学	公办	本科	美术类	绘画,设计学类	3月7日
		10654	四川音乐学院	公办	本科	美术类	视觉传达设计,戏剧影视美术设计(戏剧影视美术设计、戏剧影视服装化妆设计),绘画(中国画、油画),动画(动画设计、游戏美术设计等),产品设计(产品设计、展示设计),雕塑,数字媒体艺术(数码影视设计、网络传播设计、数字游戏设计),环境设计(室内设计、风景园林设计、景观规划设计、建筑与环境设计),公共艺术(现代城市壁画设计、室内装饰陈设设计)	3月6日
		10655	四川美术学院	公办	本科	美术类	中国画,雕塑,动画,美术学(美术教育),绘画,戏剧影视美术设计,摄影,影视摄影与制作	2月28日
							风景园林,数字媒体艺术,服装与服饰设计,视觉传达设计,产品设计,环境设计,公共艺术,工艺美术	3月1日
		13075	河北美术学院	民办	本科	音乐类	广播电视编导	3月22日
						美术类	书法学	3月22日
					专科	音乐类	电视节目制作	3月22日
						美术类	艺术设计(书法篆刻方向)	3月22日

续表

考点名称	考点地址及联系电话	院校代码	院校名称	办学性质	校考层次	校考科类	校考专业	考试时间
深圳市行知职业技术学校	深圳市罗湖区北斗路20号（文华花园内）0755-25114678	10050	北京电影学院	公办	本科	音乐类	戏剧影视文学(动漫策划),录音艺术(音乐录音),录音艺术(电影录音),录音艺术(数字媒体与游戏声音方向)	2月26日
						美术类	动画(漫画),动画(动画艺术),动画(游戏设计),动画(电脑动画)	2月26日
		10295	江南大学	公办	本科	美术类	视觉传达设计,服装与服饰设计,公共艺术,环境设计,数字媒体艺术,美术学(师范),产品设计	3月7日
		10486	武汉大学	公办	本科	美术类	设计学类(环境设计、产品设计)	3月21日
		10511	华中师范大学	公办	本科	美术类	美术学类(美术学、环境设计、视觉传达设计、动画、绘画)	2月28日
		10577	惠州学院	公办	本科	音乐类	服装与服饰设计(服装表演与策划)	3月4日
		10729	西安美术学院	公办	本科	美术类	摄影,雕塑,戏剧影视美术设计,环境设计,视觉传达设计,动画,中国画,产品设计,艺术史论,艺术设计学,美术学,绘画,艺术与科技,数字媒体艺术,工艺美术,公共艺术,服装与服饰设计	3月10日
		10768	新疆艺术学院	公办	本科	美术类	视觉传达设计,摄影,文化产业管理,戏剧影视文学,美术学(美术史论),广播电视编导,影视摄影与制作,绘画(国画、油画、版画),数字媒体艺术,美术学(美术教育),雕塑,戏剧影视美术设计(戏剧影视化妆设计),动画,产品设计(玉雕设计与工艺),环境设计	3月9日
		11647	浙江传媒学院	公办	本科	音乐类	播音与主持艺术,播音与主持艺术(英汉双语播音),播音与主持艺术(影视配音),广播电视编导,影视摄影与制作(电视节目制作),影视摄影与制作(电视摄像),录音艺术,播音与主持艺术(礼仪文化),广播电视编导(文艺编导),播音与主持艺术(法汉双语播音),播音与主持艺术(日汉双语播音),表演,戏剧影视文学(编剧与策划),戏剧影视文学,影视摄影与制作(照明艺术),影视摄影与制作(电影制作),广播电视编导(媒体创意)	2月26日-3月4日
						美术类	摄影,数字媒体艺术	2月26日-3月4日
							动画(漫插画),视觉传达设计,环境设计,设计学类(服装与服饰设计（中外合作办学）),动画,戏剧影视美术设计(人物形象设计),戏剧影视美术设计,产品设计	3月1日
		12784	河北传媒学院	民办	本科	音乐类	表演,戏剧影视美术设计,动画,播音与主持艺术,数字媒体艺术,摄影,录音艺术,影视摄影与制作,广播电视编导,表演(体育表演),戏剧影视文学	3月21日-23日
		13607	吉林动画学院	民办	本科	音乐类	表演,摄影,广播电视编导,播音与主持艺术,戏剧影视文学	3月16日-18日
		13669	四川传媒学院	民办	本科	音乐类	摄影,数字媒体艺术,录音艺术,戏剧影视导演(导表),戏剧影视导演,戏剧影视文学,广播电视编导(文艺编导),广播电视编导,表演(服装表演与设计),表演(空乘与地面服务),表演(影视配音),表演,影视摄影与制作,播音与主持艺术(双语播音),播音与主持艺术	3月5日-6日
						美术类	雕塑	3月5日-6日

续表

考点名称	考点地址及联系电话	院校代码	院校名称	办学性质	校考层次	校考科类	校考专业	考试时间
深圳市行知职业技术学校	深圳市罗湖区北斗路20号（文华花园内）0755-25114678	13687	中国传媒大学南广学院	民办	本科	音乐类	播音与主持艺术,戏剧影视文学,播音与主持艺术(汉英双语播音主持),表演(服装表演),表演,戏剧影视导演,广播电视编导(影视制片),数字媒体艺术,播音与主持艺术(英语、法语、西班牙语节目主持),广播电视编导(电视编导),广播电视编导(文艺编导)	3月9日-11日
						美术类	摄影(图片摄影),影视摄影与制作(电视摄影),影视摄影与制作(数字电影技术),影视摄影与制作(照明艺术)	3月9日-11日
		14410	四川电影电视学院	民办	本科	音乐类	表演,广播电视编导,戏剧影视导演,播音与主持艺术,舞蹈表演	3月18日-20日
						美术类	数字媒体艺术,影视摄影与制作	3月18日-20日
佛山市南海区艺术高级中学	佛山市南海区桂城天佑四路2号0757-86282894	10012	北京服装学院	公办	本科	美术类	视觉传达设计(时尚广告设计),美术学类,设计学类,服装与服饰设计	2月25日
		10013	北京邮电大学	公办	本科	美术类	数字媒体艺术	2月27日
		10015	北京印刷学院	公办	本科	美术类	设计学类(视觉传达设计、数字媒体艺术、绘画、动画、摄影)	3月4日
		10022	北京林业大学	公办	本科	美术类	设计学类	2月28日
		10052	中央民族大学	公办	本科	美术类	中国画,服装与服饰设计,环境设计,美术学(美术教育),视觉传达设计(影像设计),视觉传达设计,绘画(油画)	3月5日
		10073	天津美术学院	公办	本科	美术类	设计学类(含设计类11个专业方向)	3月2日
							设计学类(数字媒体艺术),书法学(书法学),美术学类(含绘画类8个专业方向)	3月3日
		10285	苏州大学	公办	本科	美术类	视觉传达设计,美术学,产品设计,美术学(师范),数字媒体艺术,环境设计,艺术设计学,服装与服饰设计	3月10日
		10338	浙江理工大学	公办	本科	美术类	设计学类(视觉传达设计、环境设计、产品设计、数字媒体艺术),服装与服饰设计(服装艺术设计、服饰品设计),产品设计(纺织品艺术设计),设计学类(服装与服饰设计（设计与营销 中美合作项目）),设计学类(服装与服饰设计（服装设计 中美合作项目）	3月1日
		10386	福州大学	公办	本科	美术类	绘画(国画、油画、漆画),环境设计,视觉传达设计,数字媒体艺术,产品设计,工艺美术(雕刻、漆艺、陶瓷),服装与服饰设计(服装设计、鞋靴箱包设计),雕塑	3月11日
		10408	景德镇陶瓷学院	公办	本科	美术类	美术学,环境设计,视觉传达设计,绘画,产品设计,公共艺术,陶瓷艺术设计,动画,雕塑	2月26日
		10462	郑州轻工业学院	公办	本科	美术类	绘画,动画,服装与服饰设计(在易斯顿美术学院就读),产品设计(在易斯顿美术学院就读),环境设计(在易斯顿美术学院就读),视觉传达设计(在易斯顿美术学院就读),雕塑(含陶瓷艺术,在易斯顿美术学院就读),绘画(国画、油画,在易斯顿美术学院就读),设计学类(产品设计),设计学类(环境设计),数字媒体艺术,数字媒体艺术(在易斯顿美术学院就读),服装与服饰设计,产品设计,环境设计,视觉传达设计,设计学类(数字媒体艺术)	3月9日

续表

考点名称	考点地址及联系电话	院校代码	院校名称	办学性质	校考层次	校考科类	校考专业	考试时间
佛山市南海区艺术高级中学	佛山市南海区桂城天佑四路2号 0757-86282894	10497	武汉理工大学	公办	本科	美术类	动画,设计学类	3月4日
		10602	广西师范大学	公办	本科	美术类	动画,产品设计,绘画(商业插画),绘画,公共艺术,环境设计,视觉传达设计	3月7日
		10635	西南大学	公办	本科	美术类	视觉传达设计,绘画	3月1日
		11535	湖南工业大学	公办	本科	美术类	视觉传达设计,产品设计(包装设计),数字媒体艺术,产品设计(产品造型设计),动画,服装与服饰设计,艺术设计学,环境设计(景观设计),环境设计(室内设计)	2月27日
		11658	海南师范大学	公办	本科	美术类	绘画,环境设计,产品设计,视觉传达设计,服装与服饰设计	2月28日
		11799	重庆工商大学	公办	本科	美术类	环境设计,动画,设计学类(视觉传达设计),环境设计(景观与室内设计),产品设计	3月7日
		13686	华中师范大学武汉传媒学院	民办	本科	音乐类	摄影,播音与主持艺术,表演(影视表演方向),广播电视编导,表演(演艺主持方向),影视摄影与制作	3月5日-6日

本科生与专科生之间的区别是什么？

你是本科生还是专科生完全取决于现在的你所持有的看法和决定。本科生与专科生之间的区别在我看来有两种情况，一种我称之为"相隔十万八千里"，另一种我把它归作"共处同一屋檐下"。这其实不难理解，前者比如说一个是清华大学美术学院毕业的，一个是广州城市建设职业学院毕业的，就是"相隔十万八千里"；后者比如说一个是广州美术学院毕业的，一个是广东轻工业学院毕业的，就是"共处同一屋檐下"，都生活在广州这片天空下。那么从这两种实际存在的现实情况，我们可以看出什么差异呢？当你缕清这二者的关系后，你也就对本科生与专科生之间的区别有个宏观的认识。

我们假设第一个故事是这样发展的：某小镇，一个叫有为君，一个叫无为君，这两个人从小玩到大的发小高考志愿同样报的是设计专业，最终有为君考上了清华大学美术学院，无为君则留在了广东，最后却阴差阳错进了一间不知名的院校——广州城市建设职业学院，两人的命运从此发生戏剧性的变化。首先，有为君在拿到清华通知书的刹那，就注定已经赢在了起跑线上，有好的学校，好的老师，好的环境，好的氛围，好的同学……一切都是如此美好，乃至于毕业那张证书都像烫了金似的走到哪都被看作是天之骄子。有为君在这样的环境中学习、生活、成长，在孤独和寂寞时有好的榜样给自己力量，在想放弃时却看到周围的同学一个个马不停蹄地奔向未来，每到这个时候有为君就会在内心责备自己：青春难道是用来挥霍的吗？我是否应该为自己的未来努力一把？在不断地受挫又不断地肯定自己之后，有为君更加坚定自己所走的路，这时他开始成长了，内心开始成熟了，于是他更知道自己要的是什么，于是在毕业前他已经收获了别人所不敢想象的未来前景：他获得了那一张荣耀他一辈子的文凭，掌握了一门社会谋生的技能技巧，锻炼了开放的心智并收获了一种力量与信念，开阔了他的视野，锤炼了他的眼界，培养了他完整而齐备的知识系统，学校搭建的高端又广阔的学术平台为他带来了足够多的社会实践经验，每年利用寒暑假到全国各地旅行则丰富了他的阅历，让他更有勇气面对未来的一切，更重要的是他同时收到了世

徐渭 *XU WEI*

好读书，不好读书；好读书，不好读书。

界500强企业以及美国常春藤联盟院校的Offer，他会出国继续留学呢还是留在国内发展事业？无论他的选择如何，我们都相信他最终能做得很好，因为他所走的每一步都是对的，因为他是他自己命运的规划师，他掌握住了时间管理的秘密，这是能人通有的一个特征。

无为君呢？不相信自己，不相信未来，不相信梦想，不相信人生的终极意义，甚至在上到大学的那一刻起就深刻怀疑起自己来：我是否一无是处？结果可想而知，成功的人是由许许多多的美丽失败者衬托才愈加成功。无为君一没有文凭，二没有技能，三缺乏应付未来社会所该有的知识结构、人生事业、做事眼光以及经验与阅历，每年的寒暑假要不沉迷在虚拟世界里，要不就把时间花在乱七八糟的事上，连他自己也不知道时间到底去了哪儿。无为君曾经深刻反省过自己，但也只是深刻那么一刻，第二天一睁眼还是回到了原来的状态中。他埋怨"计划赶不上变化"，但他却忘记了"活在当下，世界就在眼前"，什么是未来？未来就在当下，你现在怎样，未来就会怎样，你是什么人，未来就会变成什么人，所有的一切都取决于现在你的态度、你的习惯，好的态度可以慢慢变成好的习惯，习惯是什么？习惯改变命运，态度决定一切。好了，说到这，你也许已经看出了本科生与专科生最大的区别在哪。

回过头来看看有为君和无为君，最大的区别就在于有没有通过自己一番努力建立起个人的核心竞争力，让你随时可以应付变化中的世界，若不是你注定是一个失败者，曾经有过的梦想也只是梦想而已。

我打算在这一章节写长一些，于是我开始要说的是第二种情况，这类情形有个更贴切的说法"屌丝大逆袭"，我们就来看看究竟是怎么个逆袭法。一个叫广美君，另一个叫广轻君，他们"共处同一屋檐下"，同样学习、生活、工作在广州这座商业大城中，但他们的命运却没因为两个人所上的大学不同而有任何的差异，唯一的变化是广轻君的成就在外人看来远高于广美君，为什么？因为他更懂得"短板理论"，短板理论又称"木桶原理"、"水桶效应"。该理论由美国管理学家彼得提出：盛水的木桶是由许多块木板箍成的，盛水量也是由这些木板共同决定的。若其中一块木板很短，则盛水量就被短板所限制。这块短板就成了木桶盛水量的"限制因素"（或称"短板效应"）。若要使木桶盛水量增加，只有换掉短板或将短板加长才成。广轻君没有因为自己考不上广美而自甘堕落，而是在接到通知书的那一刻起就觉悟到"吾日三省吾身"，他认为他之所以没有考上广美，是因他的"短板"也就是他的英语成绩拖了他的后腿，他后悔当初没有花时间在英语学习上，哪怕是更多一点的时间。于是从那个暑假起，他不仅系统学起英文，还利用暑假那段时间遍览有关管理学、经济学、历史学、哲学、文学方面的基础知识，以及上了大学之后所要掌握的一些设计软件技能技巧，于是他白天阅读、交友，晚上到软件培训班上课，他这样做无非是为了弥补之前被他浪费掉的青春，他认为：不值！广轻君为什么比同龄人更害怕失去时间？人的成长、成熟其实是需要一个临界点来帮助他转变的，他的临界点就是他的"羞愧之心"，于是在上了大学之后，他开始广交比他高一届两届的学长，甚至在校的年轻老师也不放过，有空会去这些具有广泛社会阅历的老师家做客，通过这些老师的言传身教，他明白了自己的路应该如何去规划：他参加学生会、竞选学生会主席为的是锻炼他的领导能力、执行能力与沟通能力，他参加学校举办的辩论赛，目的是想考验一下自己的口才与表达能力，他利用课余时间有计划地到软件培训班继续进修，并通过老师、朋友、同学的介绍开始在外面接一些单，若在做项目时遇到不懂的技术或细节问题，他会非常谦虚地去请教他的"智囊团"，还有一个就是尽量抓住每年国内外举办的各类设计比赛并收获不同级别的奖项，他一步步为自己的那份人生履历填补上足够的分量，他深知，对于一个专科生来说，没有什么比实战能力更强的了，他也明白：作为一个专科生，与本科生的竞争不是毕业前三年，而是十年以后，即使专科院校的学科设置与课程安排比本科生少了一年时间，学校也不太注重启迪学生的"创意思维"而更为注重应用型与技能技巧型能力的培养，危机的反面即是机遇、机会，他只要把握好学校能够给予他的，其他的一切他都可以通过自学来获取，他相信社会、企业、国家需要的是真正的实用型人才。没错，你的文凭比我要好，但在市场经济社会里，谁能创造最大化价值，谁才能笑到最后。这就是广轻君之所以能在众多美院毕业生中脱颖而出的"秘密"。

广美君在上到大学后所接受的第一课就是在开学典礼上院长对他们所寄予的鼓励与厚望：你们能够考上广州美术学院，证明你们已经比别人优秀，希望你们能够在大学四年里将这种奋斗的精神延续下去！结果如何？只有一小撮人会明白自己读美院是为了什么，更多更多的学生也许在进入美院后就已经在啃老本了。两种人的差距可想而知，历史之所以动人，就在于它如戏剧般每天上演着不同类型的故事，而故事的主角是人们自己，只是这一部部戏剧有些是喜剧，有些是悲剧，但更多的却是一场又一场的闹剧！

好了，本科生与专科生的区别我已经通过两则故事来说明了我的观点，若要自己不被未来的社会所抛弃，请记住：时刻准备着，以斗士的姿态；时刻努力着，以勇者的心态；时刻静定着，以智者的状态。如此你便能掌握属于自己的核心竞争力，世界再怎么变化，你也能以不变应万变！

联考之后是否参加单考？

齐白石
QI BAISHI

学我者生，似我者死。

有一个问题是我们无法逾越的：来自学校的压力和学校专业课老师的阻挠以及家长对艺考校考的认识，这诸多有形的阻力构成了学生身上无形的压力。真是"鸭梨山大"啊！

常常有学生在联考前咨询我，说：如何说服学校和家长，让他们知道校考的意义，然后批准我们参加联考之后的校考？我明白他的苦楚，也深知这里头所蕴藏的学问和难处。家长那方的工作，我相信会比较好做，比如为了让家长了解孩子正在做什么从而支持孩子所有的决定，可以让家长在备考期间到培训机构咨询相关疑问，而大部分的培训机构也会在联考前召开家长会，目的是增进机构、学校、家长和学生相互间的信任与沟通。

比较难处理的是学生所在的学校方面，一般学校会以"为了保证学生的文化成绩"和"为了保障学生的人身安全"与"一切为了学生前途着想"为借口，但事实真是如此吗？校方若以维护一小部分人群的利益而损害到大部分人群的利益，那这种"一棍子买卖"的行为很可能是极度不合理和有违常理的。确实如你所说，有些学习成绩差的和有些学习成绩不稳定的学生也许有这方面的需要，但我相信，更多学生在选择参加校考时心里其实已经计算好了退路，他明白只要我参加完了校考，回去之后会抓紧时间复习文化课，教育工作者要做到一点：尊重每一个学生的决定，而不是代替他们做决定，只有学生自己做的决定，才能将事情效果最大化。因此在我看来，"联考之后是否参加校考"不是一个内部问题，外部问题的影响要远大于你自己的困惑与疑虑，人人都知道校考的好。同样，作为"一棍子买卖"的联考若你因为种种原因而错失了上大学的机会，你还有其他机会可以尝试；同样，校考也会给志存高远的考生提供一个"向上流动"的平台；当然，还可以为那些文化课不太好的考生，获得最终以美术类专业成绩晋级名牌高校的机会，试问：这样一个机会又有谁愿意错失呢？

我认为，任何一种阻碍他人参加高考的行为都属违法行为，只是中国的学生不太懂得如何维护自己的权利，希望校方在做决策前可以多从学生角度考虑，你的任何一个决定也许改变的就是一代人的青春与命运，那么，教育的意义何在？

附件

2015年在广东省设点组织艺术类专业校考的高等学校名单

院校代码	院校名称	校考专业	层次	考试内容	是否涉及省统考
10559	暨南大学	美术学（中国书画鉴赏）	本科	书法创作、中国画创作、中国书画常识笔试	否
		动画	本科	速写+命题创作；复试（面试）	是
		音乐学（音乐艺术表演；本届限招钢琴）	本科	初试：专业面试 复试：专业面试	是
		音乐学（作曲与电脑音乐制作）	本科	面试：钢琴演奏、即兴演奏 笔试：歌曲创作、旋律写作	是
		戏剧影视导演（影视编导）	本科	初试（笔试）：命题创作； 复试（面试）	否
		戏剧影视文学	本科	科目一（笔试）《叙事文学创作》 科目二（笔试）《文艺基础知识与影视评论》	否
		播音与主持艺术	本科	初试面试：指定新闻稿件播读、话题讲述 复试面试：指定新闻评述、模拟现场报道	否
10561	华南理工大学	环境设计	本科	素描、色彩	是
		产品设计	本科	素描、色彩	是
		服装与服饰设计	本科	素描、色彩	是
		服装与服饰设计（服装表演）	本科	基本条件测试、才艺表演	否
		音乐表演（含音乐学）	本科	声乐演唱、演奏音阶、练习曲、听写、乐理	是
		舞蹈学	本科	测试基本功、测试剧目、即兴表演等	否
10564	华南农业大学	表演（服装表演与形象设计）	本科	形象考核、形体测量；T台展示、身体协调性考核	否
		表演（广告表演与商务礼仪）	本科	形象考核、形体测量；语言艺术展示、身体协调性考核	否
		广播电视编导	本科	综合知识、故事写作、影视作品分析	否
		音乐学（音乐表演）	本科	钢琴或声乐	是
10566	广东海洋大学	音乐学	本科	面试（身高、形体展示）、 演唱（演奏）表演、视唱、听音	是
		音乐学（器乐）	本科	面试：器乐表演、视唱、听音	是
		舞蹈编导	本科	面试（身材比例及形象）、基本功、舞蹈表演； 即兴舞表演或国标舞比赛套路或街舞组合	否
		舞蹈编导（艺术模特）	本科	面试（身材比例及形象）、 模特基本步伐测试、才艺表演	否
		表演（影视表演、节目主持）	本科	面试（身材比例及形象）、朗诵、小品表演或才艺表演	否

续表

院校代码	院校名称	校考专业	层次	考试内容	是否涉及省统考
10574	华南师范大学	音乐表演	本科	声乐、钢琴、器乐、作曲、乐理	是
		舞蹈学	本科	舞蹈、舞蹈常识及音乐知识	否
10577	惠州学院	服装与服饰设计（服装表演与策划）	本科	形体测试、身体协调性测试、自备和规定服装表演测试	否
10579	湛江师范学院	音乐表演（器乐）	本科	面试（形象、形体）、演奏（技能、技巧）、听音、基本功等	是
		音乐表演（声乐）	本科	面试（形象、形体）、演唱（技能、技巧）、听音、基本功等	是
		舞蹈学（师范）	本科	面试（形象、形体）、剧目、基本功、即兴或模仿等	否
10585	广州体育学院	表演	本科	初试：自我介绍、命题朗诵、镜前形象　复试：武术命题模仿表演	否
		舞蹈表演	本科	身体形态、基本素质、专业素质、成套作品、有其他突出才艺的考生可申请加试	否
		舞蹈学	本科	初试：形体测试、泳装台步表演　复试：语言表达、时装造型表演、舞蹈、有其他突出才艺的考生可申请加试	否
		广播电视编导	本科	初试：话题评述、故事编讲　复试：笔试	否
		播音与主持艺术	本科	初试：自我介绍，自备稿件朗读　复试：指定稿件朗读、话题评述	否
10586	广州美术学院	美术学	本科	色彩、速写、素描	是
		绘画	本科	色彩、速写、素描	是
		雕塑	本科	色彩、速写、素描	是
		摄影	本科	色彩、速写、素描	是
		视觉传达设计	本科	色彩、速写、素描	是
		环境设计	本科	色彩、速写、素描	是
		产品设计	本科	色彩、速写、素描	是
		工艺美术	本科	色彩、速写、素描	是
		服装与服饰设计	本科	色彩、速写、素描	是
		数字媒体艺术	本科	色彩、速写、素描	是
		艺术与科技	本科	色彩、速写、素描	是
		动画	本科	色彩、速写、素描	是
		影视摄影与制作	本科	色彩、速写、素描	是
		服装设计与工程	本科	色彩、速写、素描	是
		建筑学	本科	色彩、速写、素描	是
		风景园林	本科	色彩、速写、素描	是
10587	星海音乐学院	音乐学（应用音乐学）	本科	专业课笔试（音乐常识、命题作文、中外艺术文史地理常识）和面试（乐器演奏、民歌或戏曲演唱、专业对话）、基本乐科（乐理、视练笔试和面试）	是

续表

院校代码	院校名称	校考专业	层次	考试内容	是否涉及省统考
10587	星海音乐学院	音乐学（理论音乐学）	本科	专业课笔试（音乐常识、命题作文、中外艺术文史地理常识）和面试（乐器演奏、民歌或戏曲演唱、专业对话）、基本乐科（乐理、视练笔试和面试）	是
		音乐学（音乐教育-主考项声乐、钢琴）	本科	参加广东省2014年音乐术科统考即可	是
		音乐学（音乐教育-主考项器乐）	本科	参加广东省2014年音乐术科统考即可	是
		音乐学（社会音乐管理）	本科	专业面试（声乐或钢琴）、基本乐科（乐理、视练笔试和面试）	是
		音乐学（钢琴调修）	本科	乐器演奏与专业面试（乐器演奏、乐器工艺专业听力、手工艺操作技能）、基本乐科（乐理、视练笔试和面试）	是
		音乐学（提琴制作）	本科	乐器演奏与专业面试（乐器演奏、乐器工艺专业听力、手工艺操作技能）、基本乐科（乐理、视练笔试和面试）	是
		作曲与作曲技术理论（作曲）	本科	专业课笔试（钢琴曲写作、歌曲写作、和声基础）、专业课面试（民歌、戏曲演唱、钢琴演奏）、基本乐科（乐理、视练笔试和面试）	是
		作曲与作曲技术理论（视唱练耳）	本科	专业笔试（练耳笔试、和声基础、乐理）专业面试（钢琴演奏、视唱）	是
		作曲与作曲技术理论（影视音乐创作）	本科	专业课笔试（歌曲写作）、专业综合面试（歌曲演唱、器乐演奏能力考查）、基本乐科（乐理、视练笔试和面试）	是
		录音艺术（电子音乐制作）	本科	专业课笔试（歌曲写作）、专业综合面试（歌曲演唱、器乐演奏能力考查）、基本乐科（乐理、视练笔试和面试）	是
		音乐表演（现代器乐表演）	本科	专业初试、专业复试、基本乐科（乐理、视练笔试和面试）	是
		音乐表演（美声演唱）	本科	专业初试、专业复试、基本乐科（乐理、视练笔试和面试）	是
		音乐表演（民族声乐演唱）	本科	专业初试、专业复试、基本乐科（乐理、视练笔试和面试）	是
		音乐表演（钢琴演奏）	本科	专业初试、专业复试、基本乐科（乐理、视练笔试和面试）	是
		音乐表演（管弦器乐演奏）	本科	专业初试、专业复试、基本乐科（乐理、视练笔试和面试）	是
		音乐表演（民乐器乐演奏）	本科	专业初试、专业复试、基本乐科（乐理、视练笔试和面试）	是
		音乐表演（流行音乐演唱）	本科	专业初试、专业复试、基本乐科（乐理、视练笔试和面试）	是
		音乐表演（电子管风琴）	本科	专业初试、专业复试、基本乐科（乐理、视练笔试和面试）	是
		音乐表演（指挥（乐队、合唱））	本科	专业课面试（指挥、乐器演奏、视练面试及理论问答）、专业课基础课笔试（和声基础）、基本乐科（乐理、视练笔试）	是
		舞蹈学（舞蹈表演与教育）	本科	专业初试（表演舞台舞蹈片段或舞蹈组合、舞蹈基本条件测试）、专业复试（表演舞台舞蹈片段或舞蹈组合、测试技巧、控制能力及舞蹈模仿等、即兴表演）	否
		舞蹈学（舞蹈与音乐）	本科	专业初试（表演舞台舞蹈片段或舞蹈组合、舞蹈基本条件测试）、专业复试（音乐素质测试、视唱面试）	否
10590	深圳大学	表演（影视戏剧）	本科	初试：声乐、文学作品朗诵、集体小品；复试：舞蹈、双人或多人小品	否
		播音与主持艺术	本科	初试：1.自我介绍，2.自备稿件朗读；复试：1.即兴评述，2.才艺展示	否

院校代码	院校名称	校考专业	层次	考试内容	是否涉及省统考
10590	深圳大学	舞蹈编导	本科	初试：1. 舞蹈片段（不限舞种），2. 基本功与特长展示；复试：1. 技能技巧与舞蹈片段，2. 模仿、即兴舞蹈与口试。	否
		音乐表演（声乐演唱）	本科	初试：声乐演唱（美声或民族）；复试：1.声乐演唱（美声或民族），2.基本乐科	是
		音乐表演（流行演唱）	本科	初试：流行演唱；复试：1. 流行演唱，2.基本乐科	是
		音乐表演（器乐演奏）	本科	初试：器乐演奏（传统乐器）；复试：1.器乐演奏（传统乐器）2. 基本乐科	是
		音乐表演（流行器乐演奏）	本科	初试：流行器乐演奏（指定乐器）；复试：1.流行器乐演奏（指定乐器）2. 基本乐科	是
		音乐表演（作曲-时尚音乐编创）	本科	初试：1.器乐（不限乐种），2.呈交原创作品；复试：1. 笔试（和声、旋律写作）+面试 2. 基本乐科	是
10592	广东财经大学	广播电视编导	本科	专业基础测试、影视作品分析、命题（材料）创作	否
		播音与主持艺术	本科	自备稿件播读、模拟主持、才艺展示、形象气质及上镜效果	否
11078	广州大学	舞蹈编导	本科	练耳、舞蹈基本功、舞蹈主科	否
		广播电视编导	本科	基础知识、命题创作、影视作品分析	否
		播音与主持艺术	本科	形象气质考察、稿件播读、话题讲述	否
		服装与服饰设计（服装模特表演）	本科	形体测试、模特泳装、着装台步	否
11349	五邑大学	舞蹈学（社会舞蹈）	本科	初试：舞蹈片段、技能技巧、形体气质；复试：即兴舞蹈、动作模仿、口试	否
11845	广东工业大学	服装与服饰设计（形象设计与服装表演）	本科	形体测量、台步	否
11846	广东外语外贸大学	播音与主持艺术	本科	初试：普通话播读指定稿件，形象气质及上镜效果；复试：普通话播读指定稿件，模拟主持评论类节目，形象气质及上镜效果，英语播读指定稿件。	否
		音乐表演（含声乐、钢琴）	本科	初试：声乐方向完整演唱中外歌曲1首；钢琴方向练习曲1首（要求车尔尼740以上程度）、奏鸣曲快板乐章一首；复试：声乐方向演唱中外艺术歌曲、民族或歌剧咏叹调1首；钢琴方向在中、外乐曲或复调曲中自选一首、在初试曲目中自选一首。	是
		舞蹈学	本科	初试：1. 基础测试（软、开度、弹跳、旋转），2. 舞蹈剧目片段表演。复试：1. 音乐即兴编舞，2. 舞蹈剧目片段表演。	否
12961	广东亚视演艺职业学院	舞蹈表演与编导	专科	1. 舞蹈基础技术测试 2.音乐节奏测试 3.自选舞蹈片段	否
		影视表演	专科	1. 朗诵（内容自选）2. 形体 3.表演（命题）	否
		电视节目制作	专科	1. 口试：文艺常识、音乐知识与听力 2. 音乐作品音效分析与评述，3. 对电视画面音响进行评价	否
		主持与播音	专科	1. 朗诵（内容自选），2. 模拟主持	否
		编导	专科	1. 口试：编讲故事，2.笔试：评析影视剧作品	否

续表

院校代码	院校名称	校考专业	层次	考试内容	是否涉及省统考
12961	广东亚视演艺职业学院	摄影摄像技术	专科	面试：自我介绍及才艺展示； 笔试：摄像摄影作品分析（指定作品）； 技能：现场拍摄静物、人物照片各一幅	否
13177	北京师范大学珠海分校	表演	本科	面试初试：1.自备稿件朗诵，2.命题小品 面试复试：1.自备稿件朗诵，2.声乐测试， 3.形体测试，4.命题小品	否
		播音主持与艺术	本科	面试初试：1.自备稿件朗诵，2.指定稿件播读 面试复试：1.模拟主持，2.才艺展示	否
		舞蹈学	本科	面试初试：1.基本功，2.模仿能力测试 面试复试：1.剧目展示，2.即兴能力测试	否
		电影学	本科	面试初试：1.才艺展示，2.编讲故事，3.新闻评述 笔试复试：1.综合文艺知识，2.影片分析	否
13684	吉林大学珠海学院	舞蹈编导	本科	1.基本功展示，2.剧目片段，3.音乐即兴	否
13707	广东文艺职业学院	音乐表演（流行音乐）	专科	主考项：通俗演唱或器乐演奏一首（90%） 副考项：通俗演唱或器乐演奏一首（10%） 备注：器乐演奏考试中，民谣吉他、电吉他、 电贝司任选一种	否
		舞蹈表演	专科	身体条件测试（20%）、自选舞蹈片段（50%）、模仿能力 测试（15%）、舞蹈即兴表演（15%）	否
13844	东莞理工学院城市学院	表演（舞蹈表演）	本科	舞蹈基本功、即兴表演、剧目、才艺	否
		表演（音乐表演）	本科	声乐作品、器乐作品、视唱练耳、才艺	否
14407	广东舞蹈戏剧职业学院	舞蹈表演	专科	舞蹈片段、舞蹈基本条件 （软开度、五官相貌、身材比例）、即兴表演	否

美术生选择单考院校时最该注意些什么？

Φ 全国史上最全校考报考指南 Φ

奥古斯特·罗丹
AUGUSTE RODIN

笨拙的艺术家永远戴着别人的眼镜。

一、重新认识你自己

从兴趣和特长出发，发觉自身的天赋与优势所在。每一个人都有属于自己的小宇宙，体内蕴藏着大大的能量，只是尚未被挖掘而已。在选择单考院校时，你首先要做的就是从心出发，重新认识你自己，知道自己的优势和劣势在哪，知道自己的长处和短处是什么，对什么感兴趣，在界定好自己之后如此你才能准确找到适合自己的艺考院校，依照自己的感觉去走，那么你就会问：什么才是对的感觉？所谓对的感觉就是平素你消耗在一件事上的时间与精力，你花的时间与精力愈多，证明你对这件事的兴趣度就愈高，比如说有些学生对造型有感觉，有些对设计有感觉，有些对动画有感觉，有些对书法有感觉，有些对服装有感觉，有些对建筑感兴趣，有些对摄影感兴趣，有些则对舞台设计感兴趣，等等。兴趣无所谓高或低，俗或雅，只有适合与不适合之分，因人而异。学校老师、家长和考生在考虑该考什么院校时，最该注意的是考生自身的特长、天赋、优势及兴趣点所在，综合考虑之后才作出最终选择，当你看不清自己时，不妨多听听老师们的分析与见解，他们凭借经验自会为你量身定制一份校考清单。故此，从这一点看，考生留在原来的学校备战美术高考还是来广州学画画，很明显，后者的优势更甚于前者，是利大于弊的。

目前美术类专业分为造型类、史论类、设计类、传媒类、文化产业类，各大类具体细分专业如下：

造型类：传统的国油版雕，即国画、油画、版画和雕塑；其中国画分为人物画、工笔画和花鸟画等，油画分为古典油画、写实油画、抽象油画、表现油画、实验艺术等，版画分为木刻版画、石版、铜版、丝网版、综合版、版画创作、插画、书籍装帧等，雕塑分为公共雕塑、景观雕塑、雕塑创作、陶瓷艺术等。

设计类：环境艺术设计（室内设计、景观设计、园林设计）、视觉传达设计（品牌形象设计、包装设计、CIS设计）、服装设计（服装与服饰设计、服装材料与工程）、城市规划与设计、建筑学（建筑设计）、珠宝（首饰）设计、玩具设计、工艺美术设计、多媒体与网页设计、数字媒体艺术设计（人机交互设计、界面UI设计）、产品设计（家具设计、日常用品设计、鞋靴设计）、陶瓷艺术设计、工业设计（工业产品设计、交通工具设计、橱窗展示设计、店面陈列设计等）、信息艺术设计（信息交流设计、数字娱乐设计等）、会展策划与设计等。

史论类：美术学（美术史论、艺术史论）、艺术设计学（艺术设计史论）、美术学（美术馆管理、美术理论与批评、艺术品经营与拍卖、艺术品鉴定与修复、美术教育师范专业等）、美术考古学等。

传媒类：戏剧影视美术设计（影视美术设计、人物造型、舞台设计、灯光设计、影视服装设计、化妆造型设计等）、摄影（影视摄影与制作、商业摄影、图片摄影、摄影与数码艺术等）、动画（动画设计、漫画设计、电脑动画、手绘动画、游戏设计、角色设计、动漫编剧与策划等）、广告学（广告策划、广告设计、广告创意文案写作等）、广播电视编导（影视广告策划与摄制）等。

其他美术类专业：书法、篆刻、文物鉴定与修复、文化产业管理、影院事业管理等。

二、学得好不如报得妙

有一种司空见惯的现象：平时画得好的学生联考考不好美院过不了；平时画得一般般的学生联考和美院却考得很好。这是为什么呢？原因自然是心态、运气和更懂得扬长避短。其实考学是有技巧可循的，比如速写不好的考生在选择校考时则着重挑选那些校考考试没有速写科目的院校；又比如说你联考前没有学过基础设计高考课程，在校考时则应避开这些设有设计考试科目的专业或院校；再比如说，平时擅长默写的考生就可以选择多报考一些考试科目是默写的专业和院校；以此类推，头像画得好或色彩画得好的考生则可以优先选择那些同类考试科目的院校或专业。还有一点需要考生注意的是，在网上报名或现场确认时，一定要了解清楚该校当年的艺术类招生简章，了解清楚其考试要求、考试内容和考试范围等诸多与考试有关的细节问题，千万不要对某个细节问题置之不理，最终受害的还是考生自己，有问题就要问！

三、报考梯度分高中低三个层次最有保障

考生在选择单考院校时最好罗列一张表，将所要报考的单考院校分高、中、低三个层次形成一个由高到低的报考梯度，这是最有保障、最科学的一种选择方法，每个梯度各选2~3间，共6~9间最为合理，比如高层次院校选2~3间，中层次院校选2~3间，低层次院校选2~3间。但这种划分方法也是因人而异的，我建议如果你的专业水平和文化成绩较

高，则可以将梯度提升一个档次，比如说，高层次院校则可以将目光瞄准在顶尖美院及著名艺术学院，数量上可以定在3~4间，中层次院校则可以将标准定在"985"工程和"211"工程这些重点大学身上，数量可以定在2~3间，低层次院校则选1~2间即可，如此便可以设计出一份"4-3-2"或"3-2-1"的报考模式。如果你的专业水平和文化成绩一般般，则应当将报考目标降低一个梯度，比如说高层次院校则应把目光集中全国部分重点大学身上，数量可以定在1~2间，中层次院校则可以将标准定在普通公办二本院校身上，数量上可以定在3~4间，低层次院校则选2~3间即可，以普通公办三本院校和独立学院居多为好，如此便可以设计出一份"1-3-2"或"2-4-3"的报考模式，以上建议仅供参考，最终还以考生具体情况具体分析。

四、城市区位及招生简章谨慎分析

在上一章节中已经分析过高校所在的城市区位对于一个人的重要性。中国好的大学一般都集中在沿海、沿江、沿边、沿线中心或附近一带，中国大部分好资源大都集中在"四沿"中心或附近一带的一二线城市中，包括教育资源、经济资源、文化资源、艺术资源、信息资源、科技资源等高端资源，这是所有人都避不开的一个话题，即使在偏远地区仍旧有好的高校，但广东的学生一般情况下都不会往远方跑，而是会留在本地，因为这边的机会多、人脉广，也比较熟悉这边的情况。至于各高校每年的艺术类招生简章确实最为容易被考生所忽视或忽略掉，你想想看，上面一大堆密密麻麻的文字，对于平时都不太愿意看书的学生而言无异于天书般，结果是什么？自然是错过了里面高校最为关键的报考信息。

那么，考生该如何解读各高校当年发布的艺术类招生简章呢？

1. 报考条件

以广东省招生办发布的信息以及各高校的招考要求为准。广东省考生在报考31所独立设置本科艺术院校及13所参照独立设置的本科艺术类院校这44所本科艺术院校时，需特别注意的一点是：广东省教育考试院明文规定，单考专业其考试科目的考试内容，如含省统考的素描、色彩、速写其中两项（含两项）以上的专业，按涉及专业处理，考生必须参加省统考，且成绩合格方可承认单考院校的成绩；如考试内容未含省统考的内容，则可视为未涉及的专业，其录取以单考院校成绩为依据。

报考条件比较特殊的有中国人民解放军艺术学院，这所大学只招收应届生，而且有年龄限制；以2011年解放军艺术学院招生要求为例，20周岁以下（1991年9月1日以后出生）的高中应届毕业生或艺术学校同等学力的应届毕业生上22周岁以下（2003年1月1日以后出生人服现役一年以上三年以下）均截止到当年9月1日）、具有高中毕业文化程度或同等学力的士兵。

2. 招生省份

教育部所确定的44所独立设置的本科艺术院校（除了上海视觉艺术学院以外）全部面向全国招生，各个省份的考生只要符合报考要求，都可以参加它们的专业校考。值得注意的是，这44所独立设置的本科艺术院校部分有分省内、省外招生，比如鲁美、川美、湖美、广美等，这部分院校留给省内的招生名额较多，一般是4：1的比例。其次，部分"985"工程、"211"工程高校的美术类专业均开放给全国考生，招生名额分配多与少则视当年考生成绩而定；若当年某一省份的生源质量不太好，则会取消投放给该省份的招生名额，这部分院校包括中国人民大学、北京师范大学等。最后，部分较为特殊的高校一般都有固定的招生省份，如东北大学只面向东北三省招生，因此只在其确定的招生省份中投放招生名额。

3. 文化分

基本上大部分高校的文化分录取线都比较稳定，每年变化不会太大，只要你达到所在省份美术类文化课分数线的最低要求即可有机会被成功录取。其次，教育部确定的44所独立设置的本科艺术院校拥有自主划定文化课分数线的权利，除了高考的综合分数要达到该校的要求以外，部分好的艺术院校如央美、国美、清华美院等还有语文和英语单科分数最低限制，也就是说即使你的综合总分过了该校投档线，若你的语文或英语其中一科没过，也不会被录取到。

4. 考试科目

了解清楚各校单考科目是什么，比如央美造型专业主要考的科目是素描、速写、色彩和创作，因此在备考阶段就要有意识往这方面靠拢；比如国美的国画专业考的是线描，则你在考前务必进行具有针对性的课程训练；比如传媒设计专业考的是装饰画，则需要在联考之前就应该开始系统学习这方面的应试技巧。以此类推在备战其他院校上也该持同等态度对待。因此，考生在报考单考院校时最好做好充足的准备工作，将各个知识点逐一攻破，并且还要熟悉各个高校的招考信息，如此才能做到扬长避短，少走弯路。

5. 考试内容和要求各有不同

近年来，各高校的考试内容和要求各有不同，比如有的院校素描考的是静物，有的则考的是头像或头像带手或半身像（甚至有些还考石膏像），比如有的院校色彩考的是静物，有的则考的是头像或者风景，比如有的院校速写考的是组合单人速写或组合速写（甚至是临摹大师速写作品），有的则考的是场景速写，比如有的院校设计考的是装饰画，有的则考的是创意速写，等等不一而同。在考试要求上更随着美术高考报考人数的增多，而从原来的写生，慢慢改为照片写生，再到现在的默写，视各高校的考试内容与要求而定。因此考生在备考阶段务必将写生、照片写生和默写交叉进行训练，如此才能做到有备无患，万无一失。

6. 录取原则

第一，在文化课和专业课双过线的情况下，按照文化课成绩排名录取，因此这部分院校和专业适合文化课比较好的考生报考。第二，在文化课和专业课双过线的情况下，按照专业课成绩排名录取，因此这部分院校和专业适合专业课比较好的考生报考。第三，在文化课和专业课双过线的情况下，按照文化课和专业课各占一定比例的综合分排名录取，因此文化分占比较大的，适合文化课成绩比较好的考生报考，而专业分占比较大的，适合专业课成绩比较好的考生报考。第四，在文化课和专业课双过线的情况下，按照文化课、联考成绩、校考成绩各占一定比例的综合分排名录取，这种计算方法比较复杂，基本要求考生三科成绩或全能或平均才行。

7. 单科分数最低限制

此部分院校主要集中在全国顶尖的艺术类大学如央美、国美、清华美院等对语文和英语单科文化设有最低限制，这方面考生在报考前一定要衡量好自己的实力，若语文和英语其中任何一科达不到要求，建议最好不要冒险尝试，把时间、精力花在其他更有把握的院校上。

8. 是否承认省统考成绩

广东省内所有高校均承认考生的省统考成绩，需要考生特别注意的是：中山大学不招艺术生；暨南大学自主设点招考合格生源；华南理工大学除要求广东省考生获得省统考本科合格证，还要加试招收符合其要求的合格生源；广州美术学院的美术教育专业承认省统考成绩；而广东省内部分院校的服装设计专业单独设置校考考点，不纳入省统考美术类专业招生范畴。部分"985"工程、"211"工程大学承认部分省份的统考成绩作为录取标准，比方说有同济大学、厦门大学、上海师范大学、上海交通大学等（也包括现在从复旦大学独立出来的上海视觉艺术学院），因此这部分院校和专业，考生就不再需要参加其校考了。

五、参考近三年文化专业录取分数线

考生在报考校考院校前可以先在网上搜索该大学近三年文化专业录取分数线（专业合格线与文化投档线）并进行对比，然后根据自己的实际情况再另行定夺，大部分院校的专业课合格线与文化投档线一般波动不会太大，建议考生在校考开考前最好已经选定好自己要考的单考院校和专业有哪些，然后再根据各院校各专业的具体要求，进行专业的单考课程训练，尽量做到有的放矢。那么考生如何正确评估自己的文化课水平和专业课能力呢？文化课方面，考生一般在备考阶段至少有8个月的时间是不学文化课的，因此在参加集训前以高二期末考试成绩作为自己文化课水平的衡量标准，比如你在来广州学画画前的最后一个期末考试文化课总分在400分以上，那就说明来年你至少可以上一所本科艺术类院校；然而如果你只考了不到350分的话，你是没有多少保障的，除非你在参加专业集训的同时也参加文化课补习班，当你了解了自己的文化课水平离真实的高考艺术类文化课分数线的距离后，有助于你合理安排文化课和专业课的学习时间。专业课方面，比文化课较难把握，原因有三：一是每所单考院校的招考规则和专业要求不同；二是每个考生都有自己的小偏好，总有他讨厌或不喜欢的专业课科目，这种"偏科症"将影响考生专业课综合分数的总体发挥，再加上大部分考生因为"急于速成"而对各种考试形式的应试方式学得不够彻底，有些院校的考试方式是写生，有些是默写，有些是照片写生，都不一样；三是每所单考院校评卷老师的口味不同，也将导致考生考学成绩的不尽相同。那么考生在面对众多院校及众多专业时又如何是好呢？其实，考试的目的都是万变不离其宗：基本功，所有院校都重视考生的基础能力，这样做的一个原因主要是为考生上到大学后留有发展余地的改变空间，而不是在还没上到大学前就已经固化了自己的观念和思维方式，更要命的是以此形成自己所谓的"风格"，这是最要不得的，考生们切记！

六、专业前景及学校实力

如何判断学校实力及专业前景？

第一是看知名度和影响力，名声高、有威望的大学一般都具有较强的教学实力，如"985"工程、"211"工程、31所独立设置本科艺术院校及13所参照独立设置的本科艺术类院校，这些高校之所以有较高的知名度和影响力是因为其所培养的毕业生为社会做出了贡献，还有就是自身的特色专业，如清华大学美术学院的设计专业教学能力全国第一，江南大学、东华大学、广州美术学院、浙江理工大学、苏州大学、汕头大学等都在某个设计专业领域具有较高的口碑；全国八大美院及各大艺术学院在纯艺术造型绘画专业领域具有先天优势，这是其他综合性大学所无法比拟的；中国传媒大学、北京电影学院、吉林动画学院等在动画专业上比较有优势；清华大学美术学院、同济大学、湖南大学、中央美术学院、中国美术学院、四川美术学院、广州美术学院等在建筑学（建筑设计）领域是目前最好的几所高校；服装设计专业最好的院校包括北京服装学院、东华大学、广州美术学院、惠州学院、广东工业大学、华南理工大学、华南农业大学等；陶瓷艺术与陶瓷产品设计专业最好的大学是清华大学美术学院和景德镇陶瓷学院等；戏剧影视美术设计专业最好的院校集中在中央戏剧学院、中国戏曲学院、上海戏剧学院、中国传媒大学、浙江传媒学院等；珠宝（首饰）设计专业最好的是中国地质大学（北京、武汉）；数字媒体艺术专业数北京航天航空大学最强；江南大学、湖南工业大学、浙江理工大学等工业设计专业全国数一数二；平面设计最好的高校是北京印刷学院、广州美术学院、清华大学美术学院、西安美术学院、中央美术学院、汕头大学等；摄影专业最好的是北京电影学院、中央戏剧学院、广州美术学院等。

第二看该院校是否有国家级或者省级重点学科，是否有国家级或者省级特色专业，以及这类学科或专业的具体数量。这是评判一所高校是否具备"软实力"的核心标准。

第三要看该院校是否有相关专业的硕士、博士授权点甚至是博士后流动站，例如艺术设计学、美术学、艺术学等，这是评判一所高校是否具有较高本科教育水准的关键要素。

第四要看该校的办学年限和规模，办学时间比较久的证明其在基础硬件设施上达到本科教育基本水平，而办学规模更能看出一所学校在对待艺术类专业上的教育态度，有些综合性大学没有自己的美术学院或艺术学院，只有少量的美术类或设计类专业，那么这一类院校的办学实力就值得考生谨慎对待。

第五要看高校的属性及类别，我们可以从中窥见其专业倾向性和着力点在哪。比如说师范类院校一般在美术学尤其是美术教育专业方面具有天生的优势；具有理工科背景的高校一般在工业设计或建筑设计较有优势；农林类高校一般在环境艺术设计、景观设计、园林设计专业方面具有优势；传媒类大学一般在电影电视摄影与制作、戏剧影视美术设计、数字媒体艺术、摄影、动画、广告学专业方面具有优势。

第六要看该校的综合实力而不是所谓的名气，有些综合性大学虽然起步晚，学科设置不太完善甚至单一，但发展却非常迅猛且具有自身的办学特色，主要是基于三点：一是综合性强，具有强大的教育资源及国家政策倾斜扶持；二是生源质量好、水平高；三是具有雄厚的发展资金。

总结：如何选择适合自己的单考院校，不仅需要客观分析各大高校的综合实力及专业强弱，同时还要结合自己的兴趣、爱好、特长、天赋和优势，如此才能挑到心头好，但如果你始终拿捏不定，最好的办法：什么专业就业前景好就选哪类，至少不会后悔！

以下附录《国家级重点学科院校名单及重点专业》：
艺术学国家重点学科名单（二级）：

院校名称（排名不分先后）	专业名称
中国美术学院	美术学
清华大学美术学院	艺术设计学
东南大学	艺术学（全国第三）

续表

院校名称（排名不分先后）	专业名称
首都师范大学	美术学
南京艺术学院	美术学
北京师范大学	电影学（全国第一）

博士点清单

院校名称（排名不分先后）	专业名称
中央美术学院	一个艺术学一级学科硕士授予点（覆盖八个二级学科），两个博士学位授予点（美术学、设计艺术学）
中国美术学院	美术学、设计艺术学博士点
清华大学美术学院	具有艺术学一级学科，设计艺术学，美术学二级学科博士学位授予权
西安美术学院	艺术学理论、美术学、设计学三个一级学科均获得博士学位授予权
南京艺术学院	艺术学一级学科博士学位授予权，艺术学、美术学、音乐学、艺术设计学、电影学、数字媒体艺术、文化产业管理7个二级学科博士学位授予点
景德镇陶瓷学院	设计艺术学2009年被批准为博士点建设学科
中国传媒大学	艺术学博士点
苏州大学	设计艺术学博士
中央民族大学	中国少数民族艺术博士点
首都师范大学	有美术史论、美术教育理论研究、中国画创作与教学研究、油画古典技法材料与创作技法研究方向的博士学位授权点
北京师范大学	艺术学博士后科研流动站，艺术学一级学科博士学位授权点单位
上海大学	上海地区唯一的美术学博士学位授予点、艺术管理博士学位授予点
南京师范大学	艺术学博士后流动站，美术学博士学位授权点
东南大学	艺术学博士后流动站、艺术学博士学位授权点
浙江大学	艺术设计类已建立硕士点、博士点
福建师范大学	艺术学博士后科研流动站，美术学博士点
武汉理工大学	设计艺术学博士点、艺术学博士后流动站
湖南大学	2005年获"设计艺术学"博士学位授予权，建筑设计及其理论博士点，2006年开始招收建筑设计及其理论、设计艺术学环境艺术方向博士生
同济大学	2002年开始招收设计艺术学博士研究生
西南交通大学	一个二级学科博士学位授权点（含硕士点）：工业设计
山西师范大学	美术学院拥有二级学科博士点
西安理工大学	工业设计（艺术方向）博士
西北工业大学	工业设计博士点
广东工业大学	工业设计艺术研究方向博士研究生
陕西师范大学	美术学院拥有二级学科博士点
山东大学	可招收工业设计研究方向的博士生
东北师范大学	美术学博士一级学科

备注：未尽高校名单，请考生们自行上网搜索目标院校相关信息，如在百度百科输入高校的名称关键词即可查询得到。

众所周知，全国最好的艺术类院校是八大美术学院和教育部确定的31所独立设置本科艺术院校及13所参照独立设置的本科艺术类院校。其他包括教育部审批的特色专业建设点的艺术院校，从总体上讲也是不错的。虽然很多院校的美术类专业并不怎么理想，但是就同类院校而言，被选中为特色专业的比未被选中的要好些。下面就为考生们罗列一份有关中国最好院校及专业的名单，具体如下（需要考生注意的是好的院校和好的专业都是通过口碑来认证的，因此这方面可以咨询画室专业老师）：

以下附录《国家级重点学科院校名单及重点专业》：
艺术学国家重点学科名单（二级）：

院校(排名不分先后，当前按校名拼音排列)	专业
北京电影学院	动画（综合全面）、摄影（综合全面）
北京服装学院	服装设计、服饰设计与材料工程
大连工业大学	服装设计与工程、工业设计
福建师范大学	美术学专业师范教育方向
广西艺术学院	纯艺术造型专业
广州美术学院	工业设计、环境艺术设计、服装设计
广州美术学院	纯艺术造型专业（水彩、雕塑）
哈尔滨师范大学	美术学
海南师范大学	艺术设计（均等）
湖北工业大学	工业设计
湖北美术学院	纯艺术造型专业（水彩、国画工笔）
湖南理工学院	美术学
吉林动画学院	动画专业
吉林艺术学院	艺术设计（均等）
江汉大学	美术学
江南大学	动画专业（动漫方向）
江南大学	工业设计（艺术类）
江南大学	艺术设计
江南大学	服装设计与工程（艺术类）
景德镇陶瓷学院	艺术设计（陶瓷艺术设计）
鲁迅美术学院	艺术设计专业（动漫方向）、雕塑、全景画
南京师范大学	美术学、动画专业
南京艺术学院	美术学、艺术设计（陶瓷艺术设计）、动画专业（动漫方向）
南京艺术学院	纯艺术造型专业（油画方向）
内蒙古师范大学	美术学
齐齐哈尔大学	艺术设计（均等）

续表

院校(排名不分先后，当前按校名拼音排列)	专业
青海民族大学	艺术设计
清华大学美术学院	艺术设计专业（综合全面）
山东工艺美术学院	艺术设计（综合全面，尤以中国传统民俗工艺品美术设计出名）
山东工艺美术学院	动画专业
山东工艺美术学院	艺术设计学（史论方向）
山东艺术学院	纯艺术造型专业（综合全面）、艺术设计（综合全面）
陕西科技大学	动画专业（动漫方向）、艺术设计（数字媒体艺术专业）
上海大学	艺术设计专业（尤以平面设计出名）
汕头大学	美术学
上海工程技术大学	艺术设计（产品设计、工业设计）
上海戏剧学院	戏剧影视美术设计
四川大学	动画专业（动漫方向）
四川美术学院	纯艺术造型专业（油画全国数一数二，其次是雕塑）、动画专业（动漫方向）
天津美术学院	纯艺术造型专业（国画工笔）、艺术设计专业（数字媒体艺术方向）
同济大学	建筑设计、环境艺术设计、景观设计、城市规划与设计、动漫专业（动漫方向）
武汉纺织大学	艺术设计（服装设计、服饰设计与材料工程方向）
武汉理工大学	工业设计（产品方向）、动画专业（动漫方向）
西安工程大学	艺术设计（产品方向）
西安建筑科技大学	艺术设计（建筑设计、数字媒体艺术方向）
西安美术学院	艺术设计（视觉传达设计方向）、纯艺术造型方向（国画花鸟）、美术学、设计艺术学
西北师范大学美术学院	纯艺术造型专业（油画方向）、美术学（美术教育方向）
云南师范大学	美术学（美术教育方向）
浙江理工大学	工业设计（产品方向）、动画专业（动漫方向）
郑州轻工业学院	工业设计（产品设计方向）
中国传媒大学	摄影、影视摄影与制作、戏剧影视美术设计、动画专业（动漫方向）、数字媒体艺术
中国美术学院	纯艺术造型专业（综合全面，国画最好）、动画专业（动漫方向）、美术学、设计艺术专业、建筑学（建筑设计）
中央美术学院	纯艺术造型专业（综合全面）、艺术设计（综合全面）
中央民族大学	纯艺术造型专业（综合全面，油画最好）、美术学、艺术设计（综合全面）、雕塑
中国戏曲学院	戏剧影视美术设计

备注：未尽高校名单，请考生们自行上网搜索目标院校相关信息，如在百度百科输入高校的名称关键词即可查询得到。

美术生美术高考备考策略详解

Φ 针对广东省美术生，各省份美术生亦可作为参考 Φ

约翰·沃尔夫冈·冯·歌德

JOHANN WOLFGANG VON GOETHE

艺术家对于自然有着双重关系：他既是自然的主宰，又是自然的奴隶。

从2014年始起，在本书开头已经为各大考生解释了教育部公布的"艺考改革新政"三个措施，现在我们重温一下：提高文化课分数线，艺术类考生的高考文化课分数线要达到同一批次普通考生文化课分数线的70%，此其一；其二，广东省招生办限制省外高校来粤设置考点的数量；三是非艺术类专业不能按艺术类专业招生。

"艺考改革新政"对广东省美术考生有什么影响呢？一来联考的重要性被大大提高了，二来考生可选择报考的单考院校减少了，三是广东各高校开办艺术类专业的类别不完善，可供学生选择的专业类别比省外院校少，比如文化产业管理、戏剧影视美术设计、影视摄影与制作、照明艺术设计、美学（学前教育）、美术馆管理、艺术品投资与运营、艺术品鉴定与修复、数字媒体艺术、信息艺术设计等等。

广东省美术考生应该如何正确对待改革后的美术高考呢？

一、两手抓两手都要硬

考生在备战美术高考的同时，除了平时照常进行专业课的常规课程训练以外，最好每周抽出一天或半天时间复习文化课，尽可能得到"温故而知新"的效果，保证专业文化两不误。

二、联考单考双管齐下

如果你对自己有信心，专业能力和文化水平都不错，那就很有必要将目标定得高一些，在保障联考水平在本科资格线以上的同时，尽可能冲刺顶尖美术学院和著名艺术学院。

三、联考训练形式和内容要全面而具体

以前出现这么一种情况，某培训机构无视考生利益，拿考生的前途开玩笑，盲目地认为"今年广

Hello! @ 你美术生好

东联考素描100%考头像"，于是将当年所有素描课程都改为上素描头像，考生到联考前连一张素描静物都没有练过，甚至画的都是照片，一次写生也没有。结果可想而知！目前，广东联考的考试形式没有具体规定说是写生、照片写生还是默写，因此考生在备战高考时应该做到写生、照片写生、默写三种方式交替进行，交叉训练，如此才能做到有的放矢，以不变应万变，即使突然来个"大转弯"，考生也懂得临场应变。至于在训练内容和训练范围上，可按一定训练比例来划分课程，所训练的考试科目理应包括素描头像、素描半身像、素描头带手、素描石膏像、素描静物、色彩静物、色彩头像、色彩风景、色彩场景、单人速写、双人速写、静态速写、动态速写、色彩速写、速写素描或素描速写、场景速写、创意速写、创作、设计基础课程，当你把这些所有都画过之后，对自身综合能力的提高及巩固基本功是有大大的帮助的，万事万物都具有内在的关联性，画画这玩意儿也是一样！

四、目标定位一定要清晰

在专业课和文化课的综合实力评估上，你一定要很客观、冷静、严谨地分析自己的优势与不足之处，知道自己几斤几两，通过努力可以考上哪些层次级别的院校，以及自己是否是一个懒惰，容易自我放弃的人，当你了解清楚自己之后，千万不要好高骛远，也不要有什么攀比心。比如说如果你的文化成绩确实一般般甚至是那种很不好的程度，那么你的目标就是联考，然后义无反顾放弃单考回去复习文化课，兴许还能上个不错的本科院校，若不然，你到头来一定没有书读。针对文化和专业还不错而又有点野心，在班上处于中等偏上水平的考生，最好在联考前就开始学习基础设计课程，这样做的原因是，不管联考你考得好与不好，都给自己留条后路，因为大部分好的单考院校都有考设计能力的，因此当你在联考前就开始了这方面的训练，联考后你就比别人走得更快一步，也会比别人更有自信心。如果你的文化和专业成绩非常优秀，那么联考就只是你的一个跳板或者一个门槛而已，你的最终目标理应锁定在中央美院、清华美院、江南大学、中国美院等这些顶尖艺术学府，因此在联考期间，你唯一需要做的就是往这方面去走，并报读这方面的培训课程，如此有针对性、有目的性、有系统性的训练，你必将有更大机会进入心中的理想大学。

无论你是以上我所说的哪一类人，请记住：一要参加文化课培训课程，即使每周抽出一天或半天时间也好；二要参加基础设计培训课程，无论联考后参不参加单考也好，对你往后学设计都是有帮助的；三是养成一个习惯：做视觉日记，好处是为创作积累素材，并提高对生活的感知能力，还有一个就是养成看书的习惯，尤其要懂得如何研究作品，从他人身上学习到好的东西，然后为己所用，锻炼自学能力！

五、良好优秀的心理和积极乐观的心态是成功的奠基石

人的成功，来自于他对问题的深入思考和认识程度。每年都有绝大部分考生是缺乏自信的，那些满身充满能量和具有信心的学生大多对未来有憧憬，抱着希望，因此这一类考生每天脸上挂的都是自信的笑容和饱满的精神。如何才能培

养出自信心和过硬的心理素质呢？我的答案是：对一件事情的认知。你只要在高中阶段熟读本书中的七成内容，你将比那些没有读过此书的人更具有一份自信心，这份自信心来自哪里呢？它来自于你对美术高考的了解、对自身的认识以及对如何实现梦想已掌握了一份系统而完善的学习计划，这有助于你获得成功。

六、为自己寻找到一份适合自己的备考策略

很多考生绝大多数时候处于"病急乱投医"的状态，这个时候最理想的做法是什么？咨询美术高考方面的专家。我在为众多家长、学校老师和考生提供考学咨询时，被问到最多的一个问题是：如何在文化课与专业课之间取得平衡？我的回答是：首先切忌以自己那不科学、不客观、不全面的知识或意愿去干涉考生的备考计划。美术高考发展到如今已是一门科学又系统的学科，它与文化课不同，具有自身的学科独特性和不可复制性等因素，因此若家长和学校老师是真心为了学生的未来而考虑，理应多方面结合有关美术高考咨询专家的意见和看法，如此才能对学生的专业课和文化课实际情况进行准确评估，并制定专业的备考策略方案。这方面我的经验是：3个1/3备考公式，即"1/3文化课+1/3专业课+1/3客观因素"，如此才能成就一段美满的大学姻缘。前面两个1/3比较好理解，那"客观因素"指的又是什么呢？我所谓的客观因素指的就是考生的心理心态问题、考生的考试策略设计问题以及考生的备考方案规划问题，还有一部分是人力所不能控制到的运气问题。那么，这3个1/3该如何平衡之间的比重关系呢？我采取的原则是：按需分配，即缺什么补什么，分个轻重缓急的先后顺序。

美术高考是一个系统、全面、科学的学习过程，只要运用得法，是可以改变一个人的命运轨迹的。我的高考美术教育学习策略分为三个步骤：高一高二阶段我认为主要以文化课学习为主，同时打好专业基本功即可，在专业课学习上重在理解、认识美术高考；第二阶段从高二暑假起至10月底，这个时候就和高一高二的比重反过来，专业课为主，文化课为辅；第三个阶段从11月初开始到次年2月底3月初校考结束，这段时间集中全部精力投入到专业课备考训练中，原因很简单，这个阶段考生一门心思都钻进了联考和单考里，也根本无暇顾及文化课的学习，所谓一心不能二用，这个时候就派上了用场。校考结束后的3月至6月7日高考前夕，考生必须将所有精力花在文化课复习上，千万不要东张西望，最愚蠢的做法是"等专业成绩出来再学习"，如果你是这样的人，无疑你已经输了！

现在很多院校有很多非常规类的单科考试，如创意速写（北京服装学院）、黑白/色彩装饰画（四川美院、鲁迅美院、东华大学、北京工商大学）、立体构成或平面设计（中央美院）、图案图形文字创意设计（江南大学）等，这类课程是否有必要在联考前学习？这个问题前面已经提到，其实以上所列出的非常规类单科考试统归为设计基础或基础设计，还是那句话：无论联考后你参不参加校考都好，学习一些设计基础对你往后会有帮助！

美术学枯燥吗？

巴勃罗·鲁伊斯·毕加索
PABLO PICASSO

艺术是一种使我们达到真实的假想。

理论与文字有关，在一个读图时代，任何艰深苦涩的文字性工作都是毫无前途的，因此，以史论为主的美术学就容易被考生所抛弃，也因为这样中国在史论方面的成就远远不如欧美国家，究其根源仍离不开"这是一个读书过气的时代"。事实真是这样吗？

美术学的范畴很广但也很窄，说它广是它涉及的专业并不比其他学科少，说它窄是它的研究领域主要集中在"美术学"这个范畴当中。如今的美术学被细分出很多不同的专业种类，如美术史、艺术史、设计艺术史、艺术设计史、美术理论与批评、美术馆管理、艺术品投资与运营、艺术品鉴定与修复、学前教育、师范教育、美术考古学、展览写作与策划、书法、篆刻等等，琳琅满目，不一而足。美术学学起来枯燥吗？它的未来就业前景如何？回答这个问题前我们先要知道美术学的功用，作为美术大学科的一个分支，美术学主要担当的工作就是美术理论方面的建设与批评，它涵盖在艺术学学科里，能为艺术家在进行艺术品创作时提供一个宏观的视野，并指出其作品在历史的横向对比与纵向比较中，当前所处在的位置在哪，甚至为艺术家指出未来要前进的方向是什么。这就是美术史家的作用！那么学美术学的学生毕业后出路好吗？这个问题就涉及其未来前景如何，我有个观点，随着中国综合国力的提高，未来社会中产阶级的数量将越来越多，权贵阶层的兴起必将助推中国文艺复兴发展，而有一些人群是媒体所谓的"三有人"，即有钱、有闲、有精神追求，这部分人群都是要做什么呢？不是投资房地产业，也不是投资股票金融期权黄金，而是艺术品。问题就来了，这部分人群最缺的反而是专业眼光和收藏视野，因此需要有专门的人才为他们定夺哪些该收藏，哪些不该收藏，这是一门学问，一门很大的学问。学美术学出身的人这时就发挥很大的作用了，他的赚钱渠道就是通过每帮一位藏家收藏一件艺术品，他再从中收取一部分提成作为劳动费用，这就是他们的生存之道！

学书法有用吗？

科学家不创造任何东西，而是揭示自然界中现成的隐藏着的真实，艺术家创造真实的类似物。

伊万·亚历山德罗维奇·冈察洛夫

NBAH AJIEKCAHAPOBNU

这是一个再简单不过的问题，我的看法可以归结为一句话：用大学四年时间业余学书法，正儿八经地学其他，即使你的专业是书法学，也毫不妨碍你成为一个优秀的企业家，这是大实话，我身边就有一个现实的例子，有一位大我很多的前辈，在读美院时学的专业是国画专业（专攻书法），毕业后却干起了房地产广告来，如今已经在广州、佛山、中山拥有三家广告公司，主营的业务为房地产广告、陶瓷广告和装饰工程，他的工作生活哲学很简单，在工作中创作，在创作中工作，我曾经看见他在忙完公司的事情后一个人躲在书房里写书法，有一次我问他为什么。他说，当我心里安静不下来或有些问题想不清楚时，我就会写书法，然后我的心就变得安静了，问题也"迎刃而解"，这就是艺术的功用，幸亏大学学的不是设计专业而是"不务正业"的书法专业，因为凡是与商业有关的事情都是可以通过自学而得来的，不必要非得是某某专业不可。他这一番话简直就是一语惊醒梦中人，我顿时觉得：学书法的人未来也是很有前途的，只要不被眼前的事情所困惑住，随心所欲去做自己喜欢做的事情，船到桥头就自然会直，自然会有属于自己的那一条路！

学书法有用吗？我想这个已经不是简单地帮助你修身养性的问题了，你未来的平台越大，所处的位置越高，你在年轻时所学到的一手本领也终归可以发挥到用处的，你只要看看现在社会上哪一个大腕级企业家或政治家，有哪一个没有练得一手好书法？这背后的学问可大着呢，留给你往后慢慢探寻吧！

综上所述，归根结底不是看你学的是什么专业，看的是你究竟是一个什么样的人，是否肯下一番苦功夫，若你是一个非常努力、认真而又懂得坚持的人，相信这世上没有什么事可以难倒你！

从中国美院校考招考改革政策
看美术高考发展趋势

约翰·沃尔夫冈·冯·歌德 *JOHANN WOLFGANG VON GOETHE*

在真正的艺术领域里，没有预备学校，但是有一个最好的预备方法，就是对艺术大家的作品抱一种最虚心的学徒般的兴趣，这种碾颜料的人常常会成为优秀的画家。

中国美院总体给人的印象是：创造与革新并举，鼎故与求变共生，敢于推陈出新，勇于引领时代美术变革，有古时候所谓的"铁肩担道义，妙手著文章"的拳拳报国之心，对艺术教育拥有如宗教般虔诚的使命感和责任感，就是这么一所全世界知名的中国高等美术院校，每一次改变都牵动着千万考生的心。这简直是一次要命的变革，主要体现在三方面：

一、国美校考招考方式的制度性变革

自2012年起，中国美院就实施了被外界褒贬不一的"三位一体"综合评价招生制度，将以往的"校考专业课成绩+高考文化课成绩"作为录取原则的招考模式变为"学业水平测试成绩+综合素质测试成绩+高考成绩"这样一种全新的测评方法作为招收符合国美本科合格生源的评判标准，这样一种招生制度无疑必将载入中国美术高等教育史册，也为普通高等美术院校在招生方式上打造了一个新的窗口，为改革做出了勇敢的新尝试。这样做的好处是能够将那一类想通过艺考这条捷径上大学的学生刷下去一大部分，从而留下真正热爱艺术、具有观察事物独特的方法、欣赏能力俱佳而文化水平较好的学生，从这一点上来看国美的办学目标：注重所招收本科学生的综合素质，为的是培养真正高端的精英艺术人才，说白点就是美院所培养的学生是要与综合类大学美术类专业毕业的学生拉开差距，要求做的东西要有水准。

二、考试形式与内容发生变动

从2013年起，中国美院的色彩考的不是常规的静物，而是难度极大的人物头像，但刚开始时只是在造型艺术类招生考试的小范围内试了试水，看看效果怎样，直到2014年，中国美院规定六大类专业考试（造型艺术类、设计艺术类、图像与媒体艺术类、建筑学类、中国画类、书法类）的色彩科目一律考人物头像，模特选的就是刚刚入读美院一年级的本科生男女青年。这样难度系数就更加大了，因为男女青年面貌特征不明显，皮肤光滑，骨点不明确甚至容易画平画粉画花；其实就连2013年除造型艺术类的专业考试以外，其他专业的色彩科目考试内容也着实让人感到"震惊"一把：它不再像以往一样画苹果葡萄和瓶瓶罐罐了，而改画雨伞、雨靴和毛巾。据中国美院招生办主任李都金说，"很多学生突击应考，只画苹果橘子，没有画过雨伞，一看考题就愣住了。学校希望学生对色彩有认知能力，对美有表现能力。其实，画把雨伞不难，只是换了样东西，受过系统的良好的美术教育，一定不会被难住。"在人才选拔上，国美更加注重写生能力和考查考生的综合素质，将应试教育降到最低，"中国美术学院正在教学中慢慢地减淡应试教育的味道，在招生考试中也一样。很多基本没有美术基础的考生在这几个月突击学习应试技巧，通过了省联考。面对素描或色彩科目考试，他们已经形成了一种应试的思维方法，觉得按照学校老师教的模子去套就行了。这样的学生并不是中国美术学院在寻找的。"李都金主任继续说道。

国美为什么要如此另类，乃至于要把持续了十数年的静物考题变为人物头像，为什么国美要这么做？从外部数据我们不难发现，从2012年到2014年近三年报考国美的总人数基本维持在8万人左右（历史制高点发生在2012年，达到了最高峰的8.9万人次），而到了2014年，国美的平均招报比例为48：1，比之前的招报比例55：1比较确实有了明显降幅，竞争似乎看起来也没之前那么的激烈了。国美如何从这近8万个人中挑选出符合自己想要的学生，也许只有通过招考模式的变革才能最终将那些浑水摸鱼的考生排除在外。学过画画的人都清楚，最难画的就是色彩头像了，它不仅要求造型要准确，在此基础上还要求色彩要协调，通过写生的方法，考查学生的观察能力、对色彩的认知能力、画面的表达能力以及对对象美有表现能力，说得通俗点就是考生能否把人物当时的情绪和状态与情感画出来，而不是依葫芦画瓢，这样那些基本没有美术基础只是在高二暑假才转过来学画画，通过几个月突击学习应试技巧的考生，就很容易从他的画面上分辨得出，中国美院以期能够通过这一举动来选择那些对艺术具有一定综合素质能力的本科生源。这一点我们从国美2013年的速写考试出的题目也可以看出：临摹大师作品。这种做法其实就像是美术高考界的"宏观调控"，目的是为了匡正已泛滥成灾的美术培训市场和应试教育风气，话外音其实就是为了让学生多看、多临摹国内外名家名师的作品，国美也更希望培训机构可以在进行美术技能培训的同时，也能够开一些课程来提高考生的艺术赏析能力，而不是一味地背画、套模式、定标准。

三、未来3~5年美术高考趋势预测

艺术考试的题材相对有限，因此美术类高校（这里指的是八大美院和教育部确定的31所独立设置本科艺术院校及13所参照独立设置的本科艺术类院校）为了能够录取到优质的本科学生，一定会

Hello! *co* 你美术生好

在根源上寻找突破口与切入点。既然考试形式不变，都是写生或默写或临摹，那么就只有在考试内容上进行变动了，以此增加考生的考学难度，带动学习的积极性，扩大平时的训练范围，比如拿色彩科目来说，从旧有的色彩静物到现在的色彩头像，未来很有可能会拓展至色彩风景与色彩命题创作，若是这样考，色彩风景要么是默写，只有这两种可能性存在，而色彩命题创作的难度系数会更大，也许未来3~5年仍旧不会出现（除非考四科，像央美一样）。因此，培训机构也应该随着考试风向的变化而发生改变，比如在训练范畴上就要将色彩头像、色彩风景和色彩临摹列入平时的课程训练中，其次就是要开设一些艺术欣赏课，提高学生的欣赏能力、审美能力和对美的认知能力。未来的竞争不再是单一化人才的竞争而是复合型人才的竞争，美院更注重的是综合素质与全面能力都过关的学生。

你是这样一个人吗？你已经做好挑战的准备了吗？都说机会是留给有准备的人，你是否还带着侥幸的心理在画画？如果真是这样，你又何必花费时间和精力去考中国美院呢？还不如认认真真学联考那套应试技巧，说不定还能考上一所本科院校。

广州美院PK清华美院

阿尔伯特·爱因斯坦
ALBERT EINSTEIN

我们所经历的最美好的事情是神秘，它是所有真正的艺术和科学的源泉。

广美PK清华不是不可能，而是如何将不可能变为可能，但如今的广美也确实做到了这点，在设计学科的功能设置上和设计教学的全面拓展上，经过多年的发展已经形成了"南有广美，北有清华"的基本格局。因此在对比这两所院校时，我们基本可以将他们处于同一水平线上来比较，也难怪每年有那么多学生宁愿留在广州而不愿去省外就学，既然本地高校已经可以给到他们足够的东西，又何必苦苦向外求索呢？事实是否真像他们所想的那样子，我们先把这一问题按下不论，先看看广美和清华之间的区别是怎样的再做定论也不迟。

广美的设计专业闻名全国，尤以工业设计、视觉传达设计、环境艺术设计为甚，这主要归功于广美的商业设计上的驾驭能力，注重实战型、应用型和技能型的培养，同时以艺术美学思维和创意经济地位扩大学生的文化视野。在改革开放初的20世纪80年代，欧美风袭来，受中国港澳台、日本地区和韩国流行文化和社会思潮的影响，那个时候的广美的设计专业就已经遥遥领先于全国同类院校的设计类专业，记得那个时候全国有三所院校在轻工业或工艺美术设计或装潢艺术设计领域具有较高的教学条件和知名度，分别是江南大学（前身是无锡轻工业学院）、中央工艺美术学院和广州美术学院（那个时候还在昌岗路校区的老美院），那个时候的广美在占尽天时地利人和这些外界种种优势后，培养了像王序、王粤飞、韩子定等一大批后来的设计大家，成为了当前中国设计界的中坚力量。有一句话是这么说的，广州美院如果没有设计系作为顶梁柱，就绝不会是今天的广州美院那个样子。意思很明了，广美的战略重心和发展定位主要集中在设计学科上，这也许和广东地区的整体发展和广州作为南中国商业门户的桥头堡地位有关，未来广东也将响应国家宏大的发展战略蓝图，大力发展具有广东本土特色的创意文化产业所带来的新的商业经济发展模式，因此培养人才的重任自然就落在了广州美院的身上，文化的传承、历史的机遇与时代的号召将同时给予广美一个重新展翅腾飞、走向世界的机会。

同样，作为国内设计专业最强高校的清华大学美术学院，其地位无懈可击。"清华大学+中央工艺美术学院"这种崭新的办校模式，已然成为中国高等美术学校教育发展史上的一大亮点，也必将写上光辉的一页，即使在合并前后社会对它的议论是有褒有贬，但凡是任何创新的事物在社会上刚出现时都会引发争议的，然而历史自会给它一个公正的说法。如果说广州美院的设计系主要培养的是务实型、经济型、应用型商业人才，那么，毫无疑问清华美院在人才培养目标上走的是一条国际化道路，更重视其所培养的学生是未来国家所需要的高端精英型艺术人才。虽说培养的都是设计师类型的创意人才，前者标榜的更多是商业设计师，后者则是艺术设计师。我有一个形象的比方，中国的设计教育界如同一辆高速运行的列车，尖尖的、酷酷的、极具现代感的车头是清华美院，中间身段的包厢或餐厅则是广州美院，其余是同类型设计类院校，如此便可看出这些院校的功能与发展定位所在，代表车头的清华美院是引领性的，主要站在设计界前沿、尖端位置，属于头脑型战略设计教育机构，而代表列车中间重要部位的广州美院则是为列车上的部分乘客提供充足食物和营养，属于工具型战术设计教育机构，二者所担负的责任和作用不同，但同样对社会的发展产生了重要影响。

这就是广美和清华最大的不同之处，当然还有一点不同的就是这两所院校所灌输给学生的价值观念、意识形态甚至是远景抱负和社会使命感与责任感的不同，这些都将深刻影响和改变一个学生的意识格局与对人生价值意义的理解，也许在毕业前5~8年看不出有多大的区别，但10年以后，两所院校毕业的学生基本上已经各自走上了人生的轨迹，也变成自己想要的那个样子，那么，那个时候两所院校的学生将从此"渐行渐远"，拉开差距，所做的东西也将从不同程度影响这个社会。

你若问：到底是将广美定为考学目标还是把清华作为理想的追赶标杆？无疑理应选择的是后者，理由是"取法乎上，仅得其中；取法乎中，仅得其下"。

学设计好还是学造型好？

埃德蒙·伯克
EDMUND BURKE

艺术是人类的天性。

对于这个问题并没有所谓现成的答案，因人而异，但也要看机缘。什么机缘呢？比方说，假如你的老师是造型专业毕业的，那么你或多或少都会因为受他的影响而发生观念上的改变，即使你原先比较感兴趣的是设计专业；假如你的老师是设计专业毕业的，那么很可能你最后报考的院校和专业以设计类的偏多。

从就业角度看，学设计的学生要比学造型的学生就业率高，不仅要高，而且还高很多，但也有例外，比如近两三年学动画专业毕业的学生就业就比较难，因此，中国美院索性在2014年招生计划中有意缩减招收动画专业的人数。

从发展前景看，未来中国需要大批量的创意文化产业方面的从业人士，中国目前最缺的也是设计类人才、传媒类人才以及文化产业管理类人才，而国家在这方面也有意在培养人才的梯度上划出高中低三个层次级别的人才，从国家在划分艺术类院校的类别上即可看出，教育部确定的31所独立设置的本科艺术院校以及13所参照独立设置的本科艺术院校招生的高校，主要以培养高端的具有国际视野的精英艺术类人才为主，"985"工程和"211"工程等全国重点大学以及普通公办本科艺术院校的职能主要是培养社会中坚艺术类人才，而普通公办专科艺术院校则主要职责在于培养具有高级技术能力的应用型、实战型技能人才，并且每年有近百万艺术人才流向市场，其中美术类人才与设计类人才的人数比例是7：3，未来3~5年这个人数比例还将有大幅度的变化（甚至更大），尤其传媒类院校和专业也将对更大一部分美术类高考学生敞开大门。我认为最理想的比例是9：1，即90%的人学设计（广义），10%的人学造型（含美术学），社会不需要那么多"艺术家"、"画家"，在我看来，任何门类的艺术都不能成为职业，业余是其最理想的状态，一个设计师也可以自学油画、国画，这就是跨界的力量！

Hello! 你美术生好

设计已不再局限于以往的那个狭窄的概念，它的范畴在全球化经济影响下也逐渐往多元化、多样化、跨学科方向发展。也许在我们以前的传统观念中我们眼里的设计学科只有平面设计、室内设计、产品设计等，如今设计已无处不在，大到我们住的房子（房子与建筑不同），小到我们的服装服饰，在时代剧烈变更下，设计已延伸出像数字媒体艺术设计、信息艺术设计、戏剧影视美术设计等新专业，甚至所有与创意文化产业相关的专业人才都需要有点"设计思维"，"像设计师那样思考"已成为众所周知的心理共识。可悲的是，即使中国艺术界在每年的拍卖声中闹得沸沸扬扬，明白的人自然会看出其中的幻象与泡沫，但真实情况是什么？请考生们6月9日高考结束后到深圳大芬村看看就一目了然了！

设计专业有哪些？

以广州美院为例。广美设计学科目前分为视觉艺术设计学院、工业设计学院和建筑艺术设计学院三个学院，所开设的专业包括：视觉传达设计、视觉传达设计（品牌广告设计）、视觉传达设计（信息设计）；环境设计（环境艺术设计）、环境设计（装饰艺术设计/陈设）；产品设计、产品设计（染织艺术设计）、产品设计（陶瓷艺术设计）、服装与服饰设计（服装艺术设计）、工艺美术、数字媒体艺术（新媒体艺术设计）、数字媒体艺术（影像特效设计）、艺术与科技（展示艺术设计）、艺术与科技（会展艺术设计）、动画（影视动画）、动画（娱乐与衍生设计）、影视摄影与制作、工业设计、建筑学（建筑艺术设计）、风景园林（景观艺术设计）。

设计学科专业细分及课程介绍：

视觉传达设计专业

研究艺术设计领域内各类信息的沟通与传达为专业方向，着力培养从事视觉空间设计、品牌设计、平面设计、编辑设计、网络交互设计、广告包装设计及视觉整合设计的高级设计人才。

主要课程：1.专业基础课：设计概论、观察记录、平面造型、色彩语言、空间形态、综合表达、图形基础、插画、字体设计、标志设计、图表设计、编排基础、角色设计、动态图形、网页设计等；2.专业方向课：印刷材料、工艺与书籍设计；消费心理、行为学与整体包装设计；品牌策略与整体视觉形象设计；广告设计；用户研究与交互设计；另有分别专注于媒介与视觉、交互与视觉、空间与视觉三个方向的专题课程、毕业论文、毕业设计等。

视觉传达设计（品牌广告设计）

针对从中国制造转向中国创造的产业状态，和应中国自主品牌创造的现实需求，品牌设计专业方向重点在培养具有品牌观念和意识方法的设计人才，能从事广告、品牌、包装等具体的专业设计工作，并能以创意创业，成长为中国创意产业的助推力量。除一年级由本学院基础部负责设计基础课教学外，从一年级下学期后半段开始进入本专业方向教学。

主要课程：1. 专业基础课；包括标志字体图形与编排基础、影像基础与数码暗房、品牌视觉系统设计、品牌包装设计、文案撰写、广告创意及表现、情境广告、营销传播、品牌塑造、品牌角色设计、广告影片等；2. 专业方向课：包括品牌与空间视觉、品牌新媒体传播、设计管理与策划、品牌设计各专题（视觉与包装专题、广告专题、商业创新专题）研究等。

视觉传达设计(信息设计)

培养将信息技术与传播艺术相结合的高素质设计人才。本专业探索人与物之间一切可能的互动关系，培养学生掌握运用多种媒介技术，并实现有效信息传达的方法。为传媒、产品设计、互联网等产业培养信息架构设计、界面设计、交互设计等方向人才。

主要课程：1.专业基础：观察记录、平面造型、色彩语言、动态设计、声音与影像、编排设计；2. 专业方向课：信息架构、动态设计、声音与影像、交互设计、网页设计、体验设计、界面设计、视觉文化、创造性编程等。

环境设计(环境艺术设计)

以美术学院的设计艺术氛围和艺术教学综合资源为依托，培养具有人文精神、艺术与技术创新能力，能在设计行业、科研机构、专业院校从事室内设计、展览展示设计及相关专业设计、教学和科研人才。

主要课程：1.专业基础课：设计概论、形式语言、材料与工艺、功能与体验、案例分析、制图与2D软件、模型与3D软件、空间与形态；2.专业理论课：中国建筑史、外国建筑史、当代建筑与设计、设计策划；3.专业实验课：家具设计、功能与空间、材料与营造、环境工学、陈设与装饰、品牌与空间、效率与规范、主题与陈设、节点与细部、改造与更新、专业考察、执业知识与专业实践、工作室专题、毕业论文、毕业设计。

环境设计（装饰艺术设计（陈设））

以美术学院的设计艺术氛围和艺术教学综合资源为依托，以综合材料工艺媒介在特定空间环境载体中的综合运用为发展方向。培养在艺术设计及相关领域中具备综合材料工艺创作、设计及策划能力及实践能力的复合型专业人才。

主要课程：1.专业基础课：设计概论、形式语言、材料与工艺、功能与体验、造型基础、色彩基础、装饰基础(二维)、装饰基础（三维）；2.专业理论课：装饰概论、公共艺术概论、陈设艺术设计策划；3.专业实验课：手绘创意表达、建筑制图、建筑设计策划、建筑空间与环境设计、陈设艺术装饰风格、家具陈设设计、花艺陈设设计、软雕塑陈设设计、漆艺陈设设计、金属工艺陈设设计、玻璃艺术陈设设计、面料创意、陶艺陈设设计、灯饰与照明设计、饰品陈设设计、布艺织品的陈设设计、专业考察、毕业论文、毕业设计。

产品设计

培养基础扎实、动手力强，具有良好的产品创新思维、专业化的实施能力、前瞻的文化视野，可在企业、设计机构从事产品创新设计、设计研究的职业设计师人才。

主要课程：大学一、二年级是基础课和专业基础课教学，主要课程：设计概论、设计史、图形构成、形态解析、色彩表达、空间构筑、设计简报、产品设计基础、工程图学、三维表达、产品调查与分析、产品结构原理、材料与制造工艺。大学三、四年级分别进入八个专业方向工作室（它们是：1. 工业设计工程；2. 交通工具设计；3. 交互设计；4. 家具设计；5. 生活设计；6. 整合饰品设计；7. 公共与娱乐设计；8. 照明产品设计），进行专业课教学，根据各专业工作室的要求分别开设的主要课程有：设计理论、人机工程应用学、交互设计、设计策划学、经济法规、审美心理学、家电产品设计、生活设计、通讯产品设计、系统设计、照明设计、家居设计、家具设计、交通工具设计、娱乐设计等专题，毕业设计与毕业论文等。

产品设计（染织艺术设计）

培养能在企业设计部门、科研机构从事纺织品设计、纤维艺术设计、室内软装设计等设计实务工作以及设计管理、设计研究工作的高素质专业人才。

主要课程：大学一、二年级是基础课和专业基础课教学，主要课程：设计概论、设计史、图形构成、形态解析、色彩表达、空间构筑、设计简报、专业概论、经典纹样、纹样造型、印花基础、染化基础、纤维材料与应用、织绣基础、面料再造设计、纺织材料、创意织物设计、计算机辅助设计、染织概论等。大学三、四年级分别进入三个专业方向工作室（它们是：1. 织物设计；2. 室内纺织品设计；3. 纤维造型设计），进行专业课教学，根据各专业工作室的要求分别开设的主要课程有：（1）织物设计工作室：织造原理、织物设计基础、色织物设计专题、大小提花织物设计专题、毕业设计与论文；（2）室内纺织品设计工作室：印花设计专题、家纺产品形态与结构设计专题、室内纺织品配套设计专题、纺织品展示设计专题、毕业设计与论文；（3）纤维造型设计工作室：纤维材料、印染设计专题、绗绣设计专题、编织设计专题、纤维产品及空间纤维艺术设计专题、毕业设计、毕业论文等。

产品设计（陶瓷艺术设计）

积极利用本专业教师和学生的专业知识，立足广东，面向全国，联合工科院校相关专业资源，将陶瓷艺术设计专业知识进一步系统化、结构化，培养具有陶瓷艺术创作及设计应用能力，具备陶瓷文化研究与设计实践能力的高端设计型人才。

主要课程：1. 专业基础课：设计概论、形式语言、材料与工艺、功能体验、陶瓷艺术史、材料与工艺（泥板成型）、材料与工艺（拉坯成型）、设计辅助、当代艺术语言；2. 专业实验课：陶瓷器物造型基础、模具工艺、材料工艺学、陶瓷文化记录与研究（民间艺术与文化遗产、陶瓷装饰、陶瓷空间应用基础、综合材料、陶瓷产品设计、陶瓷与建筑、公共艺术策划、陶瓷品牌设计、公共艺术设计、公共艺术制作与实施、专业考察（下厂）、执业知识与专业实践、工作室专题（公共空间陶瓷设计/产品设计）、毕业教学（论文）、毕业教学（设计）。）

服装与服饰设计（服装艺术设计）

培养能在服装行业或与服装相关的行业中从事服装设计、服饰配件设计以及品牌经营、设计管理、设计研究的高素质专业人才。

主要课程：大学一、二年级是基础课和专业基础课教学，主要课程：设计概论、设计史、图形构成、形态解析、色彩表达、空间构筑、设计简报、市场调查与分析、服装设计概论、服装结构设计原理、服装效果图、服装工艺基础、市场学原理、服装材料学、服装CAD等。大学三、四年级进行专业课教学，主要课程：快题设计、中国服装史、中国风格时装专题设计、男装专题设计、时尚服饰配件设计、服装面料专题设计、西方服装史、西方风格时装专题设计、服装设计与营销综合专题、毕业设计、毕业论文等。

工艺美术

着重传统特种工艺材料的承传与深化，同时，面向社会参与各类工艺美术项目的策划设计制作工作，注重理论与社会实践的结合，注重创新与市场需求的结合。培养在公共艺术及相关领域中具备综合创作、设计及策划能力，在相关教学、科研单位具备专业教研能力的高级专业人才。

主要课程：1. 专业基础课：设计概论、形式语言、材料与工艺、功能与体验、造型基础、色彩基础、装饰基础（二维）、装饰基础（三维）；2.专业理论课：装饰概论、公共艺术概论、公共艺术总体策划；3.专业实验课：中国装饰风格、外国装饰风格、装饰语言、绘本设计、形态造型、色彩造型、立体造型、空间环境专题创作、广彩与纪念品设计、漆艺当代用品设计、岩彩与装饰绘画、金属与饰品设计、纸艺与灯饰、现代陶艺设计、玻璃艺术、专业考察、毕业论文、毕业设计。

数字媒体艺术(新媒体艺术设计)

培养掌握当今最前沿数码媒体艺术表现手段，面向未来的跨领域、跨媒体设计人才。能熟练运用数字技术、互动硬件设备及数码设计软件，从事数码媒体空间展示、数码影像、声光电综合媒介、网络互动等设计领域的工作，满足在科技与艺术日益融合的发展趋势中，创意产业对数码媒体与空间设计能力兼备的人才需求。

主要课程：1.专业基础课：新媒介设计概论、平面造型、色彩语言、综合表达、空间形态、动态造型设计、三维动画基础、数码动态影像设计、摄影专题、音乐节奏影像、影像动画设计、数码媒体与空间形态、空间构成、动态机能造型、光构成。2.专业方向课：三、四年级学生可选择互动媒体、数码媒体与空间形态两个方向。主要课程：光媒介材料专题、光电子机能构成、光动空间专题、光媒体展示空间、网页设计、网络电子出版物设计、网络互动设计、Processing互动编程、互动硬件平台设计专题、毕业设计、毕业论文等。

数字媒体艺术（影像特效设计）

影像特效设计专业方向培养面向电影、电视、摄影、网络及跨媒体等产业的影像特效设计专业人才，在掌握传统影像技术的基础上，以现代数字影像后期与电脑特效技术及其跨媒体应用为教学重心，通过对摄影、声音和运动影像的综合性开发，掌握从事影视影像拍摄与制作，光媒体影像造型设计，专业摄影，影视后期视觉特效设计与制作，跨媒体影像策划等相关知识、技能。

主要课程：1.专业基础课：摄影基础、影视色彩学、光构成摄影、影像史论、摄影类型学、导演基础、图像处理软件、影视特效合成软件、影视剪辑软件、VFX电影视觉特效制作、数码绘景等。2.专业方向课：商业数字影像、影像与品牌视觉研究、短片导演、电影特效设计、数码影像后期处理与输出、互动影像技术与应用、电子影像杂志设计、跨媒体影像空间设计、专题设计、毕业设计、毕业论文等。

艺术与科技（展示艺术设计）

培养知识复合型、实践应用型和思维创新型的展示设计专业人才。能够掌握展示设计的基本理论和方法，具有前瞻性的设计视野和良好的专业素养，能在博物馆、会展设计、品牌设计、室内设计、教育、管理等相关领域从事专业工作。

主要课程：通识课程、造型基础、设计基础、空间基础、创意空间设计、模型基础、人体工学与制图、材料与结构、展示界面设计、媒介技术与设计、展示道具设计、展示照明设计、品牌店设计、博物馆展示设计、大型会展设计、设计理论、毕业设计、毕业论文等。

艺术与科技（会展艺术设计）

培养具有会展产业所需要的会展创意设计、策划与管理、工程与技术的高级综合型人才。能够掌握会展设计的基本理论和方法，运用传播学、市场学、策划学等学科理论结合会展设计的现实条件富有创意地进行会展设计，具有选择和运用新材料、新工艺、新媒介的专业能力，能在会展策划、会展设计、品牌设计、教育、研发、技术、管理等相关领域从事专业工作。

主要课程：通识课程、造型基础、设计基础、空间基础、创意空间设计、人体工学与制图、模型基础、材料与结构、媒介技术与设计、展示道具设计、展示照明设计、展示信息设计、品牌店设计、展场设计、专题设计、大型会展策划与设计、毕业设计、毕业论文、会展经济、会展策划、会展设计实践与会展管理等。

动画（影视动画）

培养面向数码影视动画艺术创作与数码动画应用设计领域、动漫产业的专业人才，包括从事影视动漫、游戏、衍生品相关的原设（概念设定、企业动漫形象设计等）、角色动画、场景动画、影视后期特效、动态数码影像设计（应用型动画）、动画广告、栏目包装、UI（动态界面设计）等创作与研究，具备良好动漫相关艺术设计素养，熟知动画原理、熟悉数码动画艺术设计创作与制作流程的专门人才。

主要课程：1.专业基础课：动画概论、概念设定、二维动画、三维动画、导演基础、角色与场景设计基础、影视后期编辑与特效、影像基础、影像视觉构成、动画形式与风格研究等。2.专业方向课：设计策划、动画衍生产品系统设计、角色动态研究专题、影视后期特效合成专题、动态节奏研究专题、专题设计、毕业论文、毕业设计等。

动画（娱乐与衍生设计）

娱乐与衍生设计专业（简称数娱）主要培养面向新兴数字娱乐方向相关产业的专业人才，领域覆盖数字游戏（主机游戏，网络游戏，手机游戏及其他平台游戏）设计制作，商业动画，影像制作，动漫衍生产品，数码类娱乐产品设计，数字玩具设计以及其他相关娱乐产业所涉及的设计与制作行业。

主要课程：1.专业基础课：数字娱乐设计概论、数字玩具设计基础、角色场景原画设计、泥塑基础、设计表达强化训练、游戏交互技术、三维软件造型基础、三维动画设计、声音设计基础等；2.专业方向课：游戏心理学、游戏策划、概念设计、交互界面设计、游戏关卡设计、动漫衍生产品系统化设计、用户研究、玩具材料与形态、光电玩具设计、娱乐空间设计、互动艺术设计、专题设计、毕业设计、毕业论文等。

影视摄影与制作

培养具有优秀综合素质，能在电影制片厂、电视台、电视剧制作中心、影视制作公司、电视广告制作公司、电视音像出版部门、电视研究机构从事纪录片摄影、影视剧摄影及其他各类电视文艺节目摄影和后期制作的高级专门人才，并且为互联网、数字媒体等迅速发展的领域提供新型的复合型人才。

主要课程：综合造型基础、设计基础、摄影基础、黑白影像、数码摄影、视听语言、照明技术与艺术、影视摄影、影视美术、纪录片创作、数字影像处理、影视剪辑、数字非线性编辑、影视动画、视觉特效、影视编导、视频包装等。

工业设计

培养通基础、强能力、宽适应，掌握一定理论基础，具有工业设计整体策划能力，可从事原创型产品设计、研究，以及企业设计实务统筹的创新设计专业人才。

主要课程：大学一、二年级是基础课和专业基础课教学，针对本专业所招收生源是理科生的特点，在一年级会加强素描、色彩等艺术类基础课程教学。其他主要课程：设计概论、设计史、图形构成、形态解析、色彩表达、空间构筑、设计简报、产品造型基础、工程图学、三维表达、产品调查与分析、产品结构原理、材料与制造工艺。大学三、四年级分别进入八个专业方向工作室（它们是：1. 工业设计工程；2. 交通工具设计；3. 交互设计；4. 家具设计；5. 生活设计；6. 整合饰品设计；7. 公共与娱乐设计；8. 照明产品设计)，进行专业课教学，根据各专业工作室的要求分别开设的主要课程有：设计理论、人机工程应用学、交互设计、设计策划学、经济法规、审美心理学、家电产品设计、生活设计、通讯产品设计、系统设计、照明设计、家居设计、家具设计、交通工具设计、娱乐设计等专题，毕业设计与毕业论文等。

建筑学（建筑艺术设计）

以美术学院的艺术氛围和艺术学科的综合教学资源为依托，培养能在设计机构、科研单位与专业院校从事建筑设计及相关领域的工程实践与设计研究，具有人文精神、艺术自觉的创新型建筑设计专业人才。

主要课程：1.专业基础课：设计概论、形式语言、材料与工艺、功能与体验、案例分析、制图与2D软件、模型与3D软件、空间与形态；2.专业理论课：中国建筑史、外国建筑史、当代建筑与设计、设计策划；3.专业实验课：建筑结构、功能与空间、材料与营造、环境工学、场地与空间、光与空间形象、人文地理景观、乡土与传统、数字建筑、经济与社区、专业考察、建筑评论、观念与空间、表皮与组织、节点与细部、改造与更新、执业知识与专业实践、工作室专题、毕业论文、毕业设计。

风景园林（景观艺术设计）

培养德、智、体、美全面发展，融合审美鉴赏和技术思维能力、重视民族传统文化精神、能创新思考的、具有艺术素质的应用人才。在企事业，高等院校，科研单位从事环境总体规划，景观艺术设计，景观设施设计，广场及绿地设计，景观工程设计。

主要课程：1.专业基础课：设计概论、形式语言、材料与工艺、功能与体验、案例分析、制图与2D软件、模型与3D软件、空间与形态；2.专业基础课：中国建筑史、外国建筑史、当代建筑与设计、设计策划；3.专业实验课：植物配置与景观技术、功能与空间、材料与营造、环境工学、观念与介入、交往与空间、人文地理景观、体验与景观营造、节点与细部、改造与更新、专业考察、执业知识与专业实践、工作室专题、毕业论文、毕业设计。

造型专业有哪些？

惠斯勒 WHISTLER

艺术可遇不可求，它不会因为你是平民而对你视若无睹，也不会因为你是王公而对你青睐有加。天时未到，即使是最睿智的人也不能使艺术品诞生。

以广州美院为例。广美纯艺术学科目前分为中国画学院、造型艺术学院两个学院。所开设的造型类专业包括绘画（中国画）、绘画（壁画）、绘画（油画）、绘画（版画）、绘画（插画）、绘画（书籍装帧艺术）、绘画（水彩）、雕塑、雕塑（公共雕塑）、绘画（实验艺术）。

绘画学科专业细分及课程介绍：

绘画（中国画）

培养具有社会主义的理想和目标，德、智、体、美全面发展，具有中国画专业特长、综合素质强、适应新世纪社会发展需要的复合型专门人才。

主要课程：人物画、山水画、花鸟画等科目的工笔和意笔、素描、色彩、速写、古典绘画临摹、技法练习、写生、校外实习、创作练习、书法、篆刻、毕业论文、毕业创作。

绘画（壁画）

培养具有社会主义的理想和目标，德、智、体、美全面发展，具有系统的专业基础知识，专业创作设计知识及理论基础知识，在环境艺术、现代壁画创作设计、文化教育等领域的复合型专门人才。

主要课程：线描、色彩、速写、线描写生、泥塑基础、传统壁画临摹、平面抽象造型、现代水墨构图练习、漆画技法、岩彩画技法、壁画材料技法练习、古代壁画考察、环艺设计基础、壁画创作练习、毕业论文、毕业创作。

绘画（油画）

培养在文化艺术部门、学校、科研以及美术设计等单位从事油画艺术创作、教学、研究、美术设计等工作的高素质专门人才。

主要课程分必修课和选修课，其中，必修课程包括素描、油画、（下乡）创作、材料技法、毕业论文、毕业创作等；选修课有新素描、当代艺术基础、电影艺术视觉美学、油画肖像写生技法研究、当代人体写生的表现技法、艺术考察与外景写生等。

绘画（版画）

培养学生德、智、体、美全面发展，具有扎实的造型能力和艺术创作水平，具有当代审美意识与创新能力，能在文化、出版部门和学校、科研单位从事版画创作、教学、研究及美术工作的高素质专门人才。

主要课程：素描、色彩、设计基础、印刷设计、版画史、图像传媒、质材艺术、各版种（木版、铜版、石版、丝网版、综合版）技法与理论、版画创作、毕业论文和毕业创作等。

绘画（书籍装帧艺术）

培养学生德、智、体、美全面发展，具有较强的艺术创作能力及设计能力、具有当代审美意识与创新能力，能在出版、新闻及文化艺术部门、学校、科研等单位从事印刷、装帧设计、教学、研究工作的高素质专门人才。

主要课程：造型基础课：素描、色彩；设计基础课：色彩构成、平面构成、摄影图像基础、字体设计、图形设计；专业设计课：装帧设计、插图、印刷工艺、手工书、质材艺术、毕业论文与毕业创作；另外包括版画艺术与技法理论、图像传媒等。

绘画（插画）

培养德、智、体、美全面发展，具有扎实的绘画造型基础、插画艺术专业特长和专业设计能力的，适应社会发展需要的艺术与设计的专门人才，学生毕业后能在企事业单位和学校从事美术及设计的教学、科研、插画动漫创作和艺术设计策划管理与制作的工作。

主要课程：素描、色彩、插图基础、版画、专业实习、平面构成、色彩构成、印刷、插图与平面设计、商业插画、写实手绘与CG、插图角色设计、手工绘本、环境插画、插画创意、材质与风格研究、动漫专题、多媒体插画、毕业论文与毕业创作等。

那年冬天

2007年，湖南的冬天出奇的冷，以往每年看到雪都好开心。

然而，雪下了一周后，逐渐演变成为一场灾难。

遭受了百年不遇的冰灾。

画室运来很多木炭。

画画去！！

绘画（水彩）

培养能在文化艺术部门、学校、科研机构、美术设计、传媒机构、新闻出版部门等企事业单位从事水彩画艺术创作、教学与研究的美术专门人才。

主要课程：素描、油画、水彩肖像、水彩人体、水彩技法、水彩风景写生、水彩创作构图、毕业创作等。

绘画（实验艺术）

培养具有健康、积极向上的世界观、人生观及艺术观的创新型艺术人才；培养学生广泛的动手能力及创造性思维品质，能够掌握多种形式语言及材料媒介，具有较强的生存能力和广泛的社会适应能力，既可以参与当代艺术的创作实践，又可以从事艺术研究、教学等工作。为社会培养素质较为全面的创新力量。

主要课程：1.专业基础课：观察记录、图像语汇、思维表述、空间形态、创意表达、西方艺术史；2.专业课：材料与装置、信息与媒介、传播与策划、公共与个性、社会考察、毕业创作与毕业论文。非学分课程：公共艺术专题、现当代设计专题、中国古代与民间艺术专题、实验电影专题。

雕塑

以继承传统、拓展未来、服务社会为原则，设具象雕塑、实验雕塑两个工作室，以此构成一个集学术研究、技巧训练和创作实践于一体的专业雕塑教学实体。旨在培养能在文化、艺术、城建、园林、教学和科研等部门从事雕塑艺术创作、设计、教学和科研的复合型专门人才。

主要课程：泥塑、素描、雕塑创作基础、雕塑材料、雕塑史论、毕业创作、毕业论文等。2004年始实行五年制教育。

雕塑（公共雕塑）

在具象雕塑和实验雕塑的基础上进一步拓展雕塑艺术的外延，主要对艺术与社会、与城市空间的关系等进行探索，实现雕塑的艺术性与社会需求的合理组合。充分利用雕塑系原有的教学资源优势，旨在培养从事公共艺术设计及公共雕塑创作、教学和科研的复合型专门人才。

主要课程：泥塑、素描、雕塑综合材料、公共雕塑创作、公共空间设计与表达、公共艺术理论、毕业创作、毕业论文等。实行五年制教育。

除了设计和造型专业之外，
还有其他什么专业可选？

艺术类专业考试除了设计类和造型类专业以外，考生还可以报考美术学类、传媒类、文化产业管理类及其他美术类院校有招收的专业。

美术学类

如美术史、美术评论、艺术鉴赏、艺术管理与策划、美术教育、艺术品修复、美术理论与批评、文物鉴赏与修复、文化遗产研究、艺术设计学等。

传媒类

如电影电视剧编剧与策划、影视摄影与制作、摄影（图片摄影、商业摄影、媒体影像制作等）、数字媒体艺术（影像特效设计）、动画（漫画、动画艺术、电脑动画、游戏设计等）、动漫策划、戏剧影视美术设计、舞台设计、照明艺术、影视服装服饰设计、化妆造型设计、广播电视编导、录音艺术、电影学（影视项目策划）、戏剧影视文学（影视策划与制片）等。

文化产业管理类

公共文化管理、电影（电视）管理、文化事业管理等。

其他类

书法学、篆刻学、工艺美术、服装与服饰设计（服饰表演、服装材料与工程）等。

如果愿意欣赏艺术，你必须是一个有艺术修养的人。

卡尔·海因里希·马克思
KARL HEINRICH MARX

冷门专业冷在哪儿？

刘勰
LIU XIE

凡操千曲而后晓声，观千剑而后识器。

专业的"冷"与"热"是相对而言的，是通过比较而得出的，最简单的一个比法就是看这个专业的就业前景和就业优势以及它的含金量如何，是否在外人眼里是高大上的样子。下面我们就说说专业的"冷"与"热"。

我有个比方，冷门专业是"低调奢华有内涵"，热门专业是"高端大气上档次"，不冷不热的就自然属于那种"忧郁深沉无所谓"的类型了。目前所谓的冷门专业，即美术学、艺术设计学、书法学、水彩、实验艺术、陶瓷艺术设计、工艺美术、染织艺术设计等；不冷又不热的专业包括中国画、壁画、版画艺术、装饰艺术设计（陈列方向）、展示艺术设计、会展艺术设计、戏剧影视美术设计等。

冷的原因有三：一是就业难，难就难在学生的"眼高手低"所造成的"高不成低不就"的尴尬地步；二是社会的"供"与"需"不平衡，往往是"供求方"大于"需求方"，因此造成就业堵塞；三是学生本身就不太满意自己大学所学的专业，于是在毕业后纷纷"改行"，转向做其他买卖去了；当然还有一个原因，学这些专业没有磨炼上个十年时间是很难混出人样来的，其次就是企业所能提供的职业薪酬远低于毕业生的预期设想。于是，这部分专业毕业的人要不考研，要不出国，要不就在培训班从事美术教育，要不考个教师资格证回家当地方学校的老师，或者过上随波逐流式的生活，什么好赚做什么。

其实并非是这些专业不好，这个世界上没有所谓的好专业和坏专业之分，所谓的好与坏，冷与热其实都是人为及社会媒体捏造出来的，最根本的还是看你喜不喜欢这个专业，若实在不喜欢则可以折中处理——把这个专业当作一门修身养性的业余课程，然后把自己爱做的事情当作主修课程，毕业后义无反顾从事你所喜欢的工作，一举两得，也不必在上到大学之后整天瞎担忧，这多不值得啊！

热门专业热在哪儿?

去年讲学中我就和各个培训机构的学生反复强调一件事:热门专业虽然热门,未来就业前景也好,含金量也高,但支撑你能够长久走下去的动力唯有你的爱好!

中国目前最热的几门专业,造型方面的有油画和雕塑;设计方面的有视觉传达设计、建筑设计、景观设计、园林设计、室内设计、装饰设计、动画设计、新媒体与网页设计、数字媒体艺术、产品设计、家具设计、工业设计、服装设计、信息交互设计等。这些专业之所以热门只因它就业非常明朗且刚开始时薪酬待遇较一般专业的高,尤其是与最新科技相关的数字媒体艺术(这类专业仅上海市就缺口 8 万人次)、信息交互设计、新媒体与网页设计专业,起薪一般在 6000~8000 元之间(特别优秀者上万块一个月);其次便是工业设计、家具设计、产品设计、建筑设计、园林设计、景观设计专业的毕业生在刚开始时的薪酬待遇较好,起薪一般在 4000~6000 元之间(税前);最后便是视觉传达设计、服装设计、动画设计室内设计,是因为近十年艺考队伍的数量呈几何级的扩增,社会对这方面的需求量接近饱和甚至溢满状态,于是这几个专业毕业的学生在刚开始就也是一般薪水都不会太高,可能就比专科生高一些,估计在 3000 元左右。

以上论断,并非 100% 准确,只是我从周围朋友圈中积累得知一二概念且根据自身经历所得,仅供考生作为佐料参考品尝,至于最终哪个专业好赚钱,哪个专业自主创业概率大,哪个专业出名较快,这都要看自己在毕业后十年间的努力,一切的名声、利益、地位、身份、权力都是依靠自己打拼所得,所谓"尽人事听天命",有时还得要看看老天爷照不照顾你了!

没有油画、雕塑、音乐、诗歌以及各种自然美所引起的情感,人生的乐趣会失掉一半。

赫伯特·斯宾塞 HERBERT SPENCER

哪些专业未来发展前景好？

列夫·尼古拉耶维奇·托尔斯泰 LEV NIKOLAEVICH TOLSTOY

一个人为了要把自己体验过的感情传达给别人，于是在自己的心里重新唤起这种感情，并用某种外在的标志把它表达出来，这就是艺术的起源。

未来就业前景好的专业毋庸置疑是所有与"文化产业"有关的具有交叉学科背景性质的专业，凡是与"文化产业"沾边的专业都是未来最具商业价值的潜力股，而"文化产业"的核心是文化创意，因此下面我们就来说说有关"文化产业"方面的专业。

我本身所学的专业叫文化创意产业策划与管理，我是我们那学校招收该专业的第二批"试验品"，时间是2005年。我记得我刚上大学的时候第一年上的是基础课程，造型专业与设计专业全部打乱来上，第二年学院安排给我们的课程渐渐转向应用型的软件技能及各门设计学科的基础常识，比如我还记得我大二上过的课程包括平面设计课程、环境设计课程、产品设计课程以及多媒体设计课程四大类，我几乎把所有的2D、3D软件学了个遍，前后加起来有十几个吧？！（可惜的是现在大都忘记了怎么用）大二暑假结束前学院召开动员大会的目的是按照学生意愿和大一大二的学分成绩选择专业，我那个时候挺反感纯粹的设计专业，于是报了全国最新的专业学科，那就是涵盖在设计学里的文化创意产业策划与管理专业，我之所以报这个专业乃因该专业系主任和我们说的一段话我至今记忆犹新，"文化创意产业策划与管理目前才刚刚兴起，全中国清华大学美术学院和我们学院才开设有，其中清华美院的副院长就在我们系里面，同学们，这个专业很新，需要很高的创意能力，虽然道路是曲折的，但前途是光明的"。结果是被"骗"进了这个专业，于是我开始了所谓的"跨学科"的学习，常常在商学院、文学院、法学院与设计学院之间"奔波"，写到这里大家应该已经能够感觉到这个专业的新颖性，是的，下面就说点专业点的东西。

所谓文化产业大致可分为13种行业，即演艺业、娱乐业、音像业、传媒业、出版业、电影业、旅游业、网络服务业、电子游戏业、体育产业、文化培训业、艺术品拍卖业、城市会展业。大家看了之后是否觉得和前面章节所谈到的内容有相似之处？是的，目前艺考这个行业属于文化产业里面的一个分支（归属在文化培训业里头），你们除了可以报考美术类、设计类以外还可以报考传

Hello！@o 你美术生好

媒类等等与"文化产业"相关的院校（类）专业，那么，哪些专业未来前景好？

中国当下正在全力发展文化产业，且亟需能够横跨"文化（懂得艺术、美术、设计）"、"产业（懂得产业经济、市场运作）"、"管理（懂得管理学、经济学、市场营销学、广告学）"的复合型创意经济人才，说白了只要和文化产业里头13种行业相关的专业未来的前途都一片光明，比方说与演艺业有关的服装与服饰设计、化妆造型设计、服装表演（模特）等，与娱乐业有关的录音艺术等，与传媒业有关的广播电视编导、影视摄影与制作、摄影专业、舞台设计等，与出版业有关的书籍装帧设计、插图、编辑设计等，与电影业有关的戏剧影视文学（影视剧编剧与策划）、电影学（电影创意项目制作）等，与旅游业有关的文化事业管理专业等，与网络服务业有关的信息交互设计、界面UI设计、数字媒体艺术、新媒体与网页设计专业等，与电子游戏业有关的动漫画设计、网络游戏设计等，与文化培训业有关的艺术教育培训产业等、与城市会展业有关的会展策划、展示设计等，与艺术品拍卖业有关的艺术品鉴赏专业等。

文化产业是21世纪的朝阳产业，是21世纪最后一块暴利蛋糕，是21世纪含金量最高的经济产业，若你能跟随上这股潮流，未来前景一定敞亮光明！

培训期间更换画室好不好？

保罗·塞尚
PAUL CEZANNE

自然中的万物都可以用圆柱体、锥体和球体来表现，那就是根据透视法则，使物体块面的前后左右都集中在中心的焦点上。

从事美术教育业的朋友和我说，每年会有3%~5%的学生会在培训期间更换画室，我说为什么？他说，原因有很多，大致可分为以下几种：一是画室安排的学习时间和休息时间不合理；二是画室安排的课程内容和训练方式不合理；三是画室安排的教师水平参差不齐。我连忙对他说，这些都是来自学生的反映，他有没问过想要转画室的学生，自己有没问题，出现问题有没和画室老师或学校老师沟通过，有没有尝试去解决问题？如果没有，那他是否认真思考过，即使是换了画室，他的问题是否依然存在，到时又该如何处理？我和他讲了一个故事，有一年轻人从一个城市搬到另外一个城市后问住在他附近的一个老人家："老爷爷，你在这个城市生活多久了？"老爷爷答道："有将近四十年了吧！""那么长啊？！那你觉得周围的人怎样呢？"老爷爷反问这个年轻人："你之前那个城市的人怎样呢？""坏透了，他们都不怎么好，很难相处！"当年轻人说这也不好那也不好时，老爷爷对他说："其实在哪里生活都一样，要想生活愉快，工作顺利，就要发现人的好，先要改变的很可能是我们自己的观念。"

其实，在培训期间是否要转画室这个问题上，和上面的那个故事是一个道理，很可能你就是里面的年轻人，因为年轻，所以抱怨，因为年轻，所以愤怒，但人不能仗着自己年轻就肆无忌惮地对这个世界充满了仇恨心和厌恶感，你是怎样的，你的世界就是怎样的。如果你是因情感问题或其他问题而频繁转换地方，我想吃亏的始终是你自己，我自己是过来人，深刻明白在对人不信任时，你又如何获得周围人及老师对你的信任和认可呢？还有一点很可能是，你在频繁换画室的过程中，已经很难对自己的能力有个连贯的提升计划，优秀的适应力不是说有就马上有的，这需要个过程，希望看到这里的考生在对待这个问题上可以谨慎分析和思考，然后再做决定！

美术生必备的八大能力

在历年的备考讲座中，我和在场的每一个考生都分析了关于联考的"十大罪状"，即扼杀想象力、抹杀创造力、腐化创新力、僵化思维力、钳制思想力、限制思考力、磨灭感受力、丑化审美力、消弭精神力和压制战斗力。这样说并不是要贬低联考，而是想让同学们明白一个浅显的道理：在获得一门技艺时，不要连一个人最珍贵的思维能力也弄没了。意思是手段是你完成目的的一个过程，而非目的本身。歌德的巨著《浮士德》同样可以为美术生指明方向，当你把灵魂出卖给魔鬼撒旦时，你就已经死了。

那么，在面对联考与单考双重压力下，美术生最应该具备的能力是哪些呢？多年对美术高考的研究和观察，我认为考生最不应该放弃的是以下八种能力，你如果具备6种以上，就是一个卓越的人，如果具备4种以上，是一个优秀的人，如果你只拥有以下2~3种能力，还算是合格的人，如果一个也没，那我建议你最该反省的是你自己了，若你有意将自己培养成8种能力都具备的人，即使最终不能成为一个伟大的艺术家或设计家，但也会成为一个很优秀的艺术设计人才。

说说感受力

搞创作或搞创意的人，首要有的就是感受力。所谓眼耳鼻舌身意，通过身体的感官来获取周遭的一切，这需要一个人具有敏锐的感受力和极度敏感的心灵。丰富的感受力来自于眼耳鼻舌身意这六种感官能力对周围一切事物的开放，包括对自然环境、对世间万物、对人情世态乃至于时间与空间的微妙变化都能全然感知。因此，若要做到这一点，最好你的心是完全放开的、自由的、不受约束的、不受胁迫的，自在、自如、自适、自然、自信。

说说观察力

搞艺术创作或搞设计创作的人，离不开对世间事物的敏锐观察。我们在画素描、色彩、速写时，

我并不照自然描绘，我要从自然中拿取、吸收。我不是要画现在看到的东西，我要画曾经看到过的东西。

爱德华·蒙克 EDVARD MUNCH

最注重的是一个人对待对象有否自己独特的观察能力，这种独特的观察能力也许是天生的禀赋，也许是后天的训练，但无论怎样最重要的一点是它的发生来自于你的思维模式，以及在思维模式作用下那看待事物的眼光。观察力对于一个创作人必不可少，请悉心训练你的观察力，多看，多想，多动手即可获得。

说说模仿力

模仿能力是最容易被忽视的一项技能，也是被社会所低估的一种能力，它背后其实考验的是一个人的记忆力以及各方面的综合素质。人类自懂得使用工具以来就开始了漫长而烦琐的模仿过程。可以这么说，人类文明即是建立在模仿基础上的，只有通过模仿，文明才有了延续与更新。我们现在所倡导的临摹国内外名家名师作品也是这个道理，继承前人优秀的文化艺术财产，将周围的一切为我所用，如此才能够有机会创造出新的事物。模仿能力是人获得进步的便捷途径，你若想自己的能力有个大跨度的飞跃，站在巨人的肩膀上，你离成功不会太远!

说说想象力

什么是想象力? 从月球看地球，这就是想象力。一个人有无想象力，将直接影响到他的创造力，看一个人有没有鲜活的创造力，看他的作品是否有前人所没有过的东西。那么，想象力如何获得，又如何培养呢? 可以说想象力是衡量一个人是否是一个卓越的艺术家或设计家最最重要的标志，想象力的获得是一种沉淀与累积的漫长过程，它不仅需要时间，还需要你有强烈的好奇心。有个形象的比喻，如果一个人想要拥有天马行空的想象力，他的脑瓜子必须像一个垃圾桶一样，什么东西都装进去，不管好的坏的，照单全收。等到你想用时，只需从里面按照心里想要的那个单子东拼西凑一番，它就出来了。如今的美术高考基本上是应试教育，因此你若想保护好自己的想象力不被覆灭，最好的办法是做一个明白的人，知道什么是属于手的，知道什么是属于头脑的，也知道什么是属于心灵的，能分得开就最好了。

说说思考力

好的思考力来源于严谨的逻辑思维能力、分析能力与推测能力的千锤百炼，同样好的思考力也来自于一个人对一件事物的认知能力，你对它了解愈深，愈明白它的本质所在，也越能把握住它，其实学习也是一样，要求一个学生能够理解所学的东西，只有加深对它的理解，才能学以致用，才能更好更快更精准地表现出来。每个人的思考能力都不同，总的来说人类的思维有两种，一种是发散性思维，一种是集约化思维（也就是线性思维）。根据科学家分析，具有旺盛创造力或创新能力的人，一般都属于发散性思维，比如艺术家、设计师等!

Hello！@ 你美术生好

说说审美力

培训期间总会听到画室老师说"要懂得审美"，那么什么是"美"，"审美能力"又是如何获得的呢？一个人要有审美力，就取决于他或她有无敏锐的感受力、鲜活的想象力和精致的观察力。美是一种只可意会不可言传的感知能力，但人类对美的感知能力大多相同，比如当你看见一幅画或听到一首歌时，若这幅画或这首歌确实好，你就会听到周围人异口同声说"好"，或者沉浸在那个美妙的情境中。审美力通俗的说法就是美感，我们学画画的人都懂得如何运用黄金分割原理，因为一幅运用黄金分割原理的画作上所分布的物品，它具有一种形式美，物体与物体摆放的位置协调、合理，为什么？协调产生美感，就是这个道理！

说说表现力

好的艺术作品无论怎样它都是具有表现力的，表现力对于一件艺术品必不可少。我们看一幅画，通常会这么说，"这幅画表现不错"，意思就是它的手法很独特，有个人的想法在里边。是的，表现力来自于一个人对对象的感悟能力或说感受能力（感知能力亦可），当你对对象有了切身的、与众不同的感受性，这时你还需要有扎实的、坚挺的技艺把脑海里的、心灵里的感受与认知通过某种媒介和手法表现出来。好的表现力能够为你的画作增值不少，考生们在平时的训练中一定要多加注意！

说说创造力

最后说说最令人欣羡的创造力。现时代人人都在讲创造力，那么什么才是创造力呢？创造力如何获取，在美术高考中，考生如何培养或保护自己稚嫩的、尚未发芽的创造力？这个问题好大好大，我只能这么说，好的创造力来自于创新精神，所谓创新的东西其实就是将现在已有的一切素材打散搅乱、交叉混合，然后通过某种方式或按照某种方法重新组合拼凑在一起，这就是创新。创造力的培养最重要一点是想象力是否是绝对自由的、绝对开放的，绝对轻松的，还要时刻保有一颗童真的心灵以及闲适的心态，如此才能滋生具有创造力的温床！

美术生必知的九个应试技巧

客观世界的视觉现象本身是没有意义的，有意义的是感觉，因而是与环境完全隔绝的。

卡西米尔·塞文洛维奇·马列维奇
KASIMIER SEVERINOVICH MALEVICH

美术高考是否有终南捷径？没有，我敢打包票，是绝对没有的，即使"有"，也只是一个幌子，不足信！所有的考前培训基本上都属于应试教育，但应试教育不代表一个人可以不努力就能通过某种方式考上大学，尽管中国的高考存在着漏洞，但仍旧是最最干净的一块领域，因为它提供给了所有人一个改变命运的机会，平等的机会。在美术高考中存在有一些考生容易忽视的应试技巧和基础知识，现罗列如下，分为三个科目，每个科目各说三点。

关于素描

以广东美术高考为例。

广东省美术联考近几年考试时间不断变更，越变越短，直接导致考生考前接受专业培训的时间大大压缩，于是市场就催生出了所谓的"湛江风格"的素描技法，其最重要的一个特征就是——炭笔，凡是想急于求成的人都急于将此种表现手法灌输给考生，于是一个即使没有什么美术基础的学生只要按照培训班的课程去走，三个月基本上就可以考个还算不错的分数。但是，这个时候问题就出来了，学生只学会了单一的作画观念，只懂得黑跟白的对比，而忽略了灰色调子层次的丰富变化。因此建议考生在高一高二那段时间的作画工具尽量使用铅笔，熟悉铅笔的性能及其变化，高二暑假后的7月份到11月份，多以铅笔作为描绘对象的表现工具，而时间上可以中期训练为主，目的是锻炼学生对灰色调子的整体把握，12月开始进入备考阶段，这个时候因考试需要则可以转为炭笔，由于有前一阶段的铺垫，在运用炭笔时则可以对画面的最终效果控制得更好，也更为理想、丰富、耐看。其次，至少要有3~4张长期静物素描和长期素描头像（含半身像，甚至是全身像）的全因素写实素描习作训练，这样可以强化学生对画面整体控制能力与加深对素描的认知水平。第三，所训练形式与内容的范畴可以宽广一些，训练形式上可以写生、照片写生、默写与临摹交叉进行，内容上除了静物素描、素描头像以外，可以加上素描半身像、素描全身像、素描石膏像以及设计素描作为辅助课程。做到如上三点，无论考试出什么题目，你都可以灵活应付，以不变应万变，更有保障。

关于色彩

第一，要注重色彩构成的学习，尤其是刚开始时就要练习一些有关色彩谱系的理论知识，理解什么是色彩三要素及色相、明度和纯度，以及饱和度、环境色、光源色、暖色调、冷色调、灰色调、高级灰等有关高考色彩的概念。

第二，不要一开始学色彩就偷懒用现成的灰色颜料，高二暑假后的7月份到11月份这段时间建议用26种常规的基础颜色，如今艺术类院校阅卷老师为了杜绝这种风气，而在评卷时有意压低画面用现场灰色颜料作画的试卷。

第三，如今广东联考有部分考生另辟蹊径改画水彩，这样反而在高考中给阅卷老师留下了印象分，自然也就获得了不错的分数成绩。水彩试卷在数万张水粉考卷中必定也会引起阅卷老师更多关注，只要你的画面效果整体还算不错，一般都不会得低分，这是联考某阅卷老师亲口告诉我的。

以上三点并非是一成不变的，真心希望考生在对待美术高考的态度上可以有一个正面和积极的态度，无论是出于哪种目的，学得本事才是硬道理，为上大学而上大学也仅仅只是权宜之计而已，只要你明白了这一点就行了！

关于速写

广州速写以线描为主，这股风气在流行了三五年后的今年也开始终于要降下温来了。从广东联考评卷老师处获知的消息是，为杜绝近几年来考生画面那种"千篇一律"的效果，2016年将会对一些画面真正有能力的考生提高一个分数档次，从往年的注重线描表现手法转为线面、线描、光影相结合的评卷方式，只要考生的画面达到了考试各方面的要求，就可以获得好的分数，因此不会专门偏向于某一类型的表现形式，这样做也可以杜绝那一部分"背画"、"套题"、"模式化"的考生，从而选拔出真正具有一定美术基础能力的学生来。在平时速写训练时，可以遵循三个阶段的学习步骤：

第一，高一高二，再到高二暑假后的7月份到10月份，可以以线描或线性的表现手法为主来锻炼自身的速写能力，通过国画方式的线描或线性表现手法可以锻炼学生对不同类型的线的整体运用，以及对不同类型的线的理解。其次，11月份开始可以有针对性地练习明暗速写，这样做的作用是可以锻炼学生对结构、对体积、对光影的认识与表现，为下一步的线面速写做好准备；最后是到了12月份则可以将前一阶段所习得的线描和明暗技法融会贯通形成线面速写的表现形式，有了线性和光影功底的铺垫，在运用线面时将更加得心应手，相信画面也将更加丰富和耐看。

第二，除了常规的单人、双人、组合场景以外，可以有意识地画些生活速写、动植物以及风景速写等等之类，建议在平时训练时的课余生活养成做"视觉日记"的良好习惯，随时捕捉住生活中让你有感觉的东西以及转瞬即逝的灵感火花，这样做有助于你的创意速写思维的培养，为单考涉及的设计专业做好准备。

第三，对不同工具和材料的使用，将有助于提升你的综合速写表达能力。如柳条、炭精条、油画棒、秀丽笔、签字笔、圆珠笔、毛笔、色粉笔等。在色彩课程开始之后，建议你可以在晚上的速写训练时试一试"色彩（水粉）速写"，不仅可以打破平时的枯燥情绪，兴许还能提高你的好奇心和对绘画的感知能力也说不定，那种神秘感觉只有你试过之后才会明了。

无论你掌握了何种或N多种美术高考应试技巧，最主要还是你的基本功是否到位、是否扎实，考试始终是万变不离其宗的，无论怎么变化，考题如何新颖、刁钻，最终考的还是一个人的基础能力，高校要的也是那些有发展空间的好苗子，而不是一上来就已经是个老油条了，这一点尤其值得考生注意！

画画好不好与智力无关

虽然"绘画需要天分与禀赋"是一句说烂了的话，但我仍旧要说：画画好与不好和智力高低没有多大关系，而罗丹的"任何倏忽的灵感事实上不能代替长期的功夫"。其实说的也是这个意思。

有四个因素阻碍你的画画能力的发挥，若你能在这方面努力克服自己的不足之处，相信你也能够成为别人眼中的"高手"。

第一是将画画变成你的兴趣而不是考学的负担，任何事情一旦成为你的心理负担，这件事情一定十有八九做不好。绘画本身是快乐的，它能够陶冶人的情操，提升人的修养，提高人的审美能力，锻炼人的心智，磨炼人的耐性；它会在你情绪低落时抚慰你，它会在你失落时安慰你，它也会在你浮躁时静定你，给你安宁的心情。画画一旦变成你的兴趣，你学起来就会有动力，会对未知的绘画世界产生无限的好奇心与探索欲望，你想知道绘画背后到底隐藏着什么秘密，如此便会驱动你去思考与摸索前进的道路，你该如何才能画得更好。于是你变得更加积极了，于是你也将兴趣变成了一种习惯，只要这个习惯坚持得足够长久，它就会变成你一生的爱好，一辈子也离不开它。我相信，在强大的兴趣驱使下你不仅收获开心，还将拥有一份在别人看来羡慕不已的高考成绩单，这就是兴趣潜藏的巨大能量。那么兴趣如何获得呢？答案只有一个：用心去感受，用心去领悟，当你沉浸在绘画世界中时，你会发现其中的美妙和那难以与外人述说的艺术美。

第二是要养成良好的学习习惯，所谓性格决定命运，你的性格大部分来自于你的日常习惯，而习惯是那些日复一日年复一年你所经常重复做的一件事情或一个动作，若要养成良好的学习习惯，最好的方法是养成多画、多看、多想、多问的习惯，每天定时定量地对一件事情以朝圣般的心态进行训练，只要你坚持三个月以上，一种行为也将形成一种习惯，习惯一旦养成也就离目标不远了。著名心理学家威廉·詹姆士说得好："播下一个行动，收获一种习惯；播下一种习惯，收获

平面或三原色的直角棱柱和非色彩应该成为造型表现的手段。

彼埃·蒙德里安 PIET MONDRIAN

一种性格；播下一种性格，收获一种命运。"好的学习习惯有很多，比如多观察周遭一切事物，最好养成做"视觉日记"的习惯，随身带着速写本，将有趣的事物记录下来，形成你往后的绘画素材；比如养成敢于尝试新东西的习惯，无论哪种绘画题材、无论哪种工具材料、无论哪种表现形式都要敢于尝试，只有尝试之后你才能找到你所擅长的那类表现手法，当你拥有了一种固定的表现手法，就将大大提高你的学习效率和绘画水平。

第三是要有永不言败的信念和刻苦钻研的精神，这两者在学习绘画之路上是必不可少的两类必备营养食品。所谓台上一分钟台下十年功，画面的成熟背后所需要付出的是无尽的汗水与泪水。在学习绘画的过程中相信每一个人都会遇到很多的困难、挫折与失败，这个时候只有顽强的毅力和永不言败的信念才能帮助你渡过难关，失败是成功之母，只有内心坚定、具有顽强毅力的人才能收获苦尽甘来的成功，也只有那种刻苦钻研的不懈毅力，才能帮你攻破成功路上一道又一道的难关与障碍。所谓的障碍和难关其实是成功的人必不可少的，它能使强者愈强，弱者愈弱。

第四就是要有坚定的自信心，都说有自信的人不畏艰辛，不畏困苦，自信的人也从不浪费一分一秒的时间在过去的事物上，即使面对失败，在跌倒之后他都会从容站起，继续往前走。拥有坚定自信心的人其心态是正面乐观充满能量的，自信心也将激发一个人的潜能，做出让人意想不到的事情，反之缺乏自信心的人会时刻处于怀疑自己之中，不仅妨碍了潜能的发挥，还将抑制了自己能力的增长。对于未来，对于成功，凡是你信，它就能成，凡是你不信，到头来你什么也做不了，为什么？因为人之所以能，是相信能！多问问自己：我为什么不行？

艺术留学到底好不好？

美术生每年落榜的人数不少，有的勉强就读，有的选择复读，有的开始步入社会参加工作，还有一小撮家庭环境较好的则选择出国留学，就读国外或公办或私立的本科艺术院校。你若问，艺术留学到底好不好？我没有别的看法，只要你的家庭足够支付你留学所需费用，这就没有什么问题，而英语语言类的技能你也就甭管那么多，只要到国外了，相信不到一年半载的时间，你基本上就可以和普通人进行密切交流了。环境能改变人，更能塑造一个人。

法国的艺术氛围丰富深厚

近几年，国内的艺术留学热潮才刚刚兴起，阻碍学生留学国外的根本原因就是资金问题，而不是其他问题（如个人留学的申请材料会有专门的机构为你量身定制）。出国留学有国内同类型艺术院校所无法比拟的绝对优势，国际视野的开拓、专业技能的培养、优质的教育资源以及多元化的教学方式的熏陶，结交各国家各民族的优秀青年帮助扩展人脉范围，当然还能掌握一门甚至几门外国语言，这有利于你往后的事业成长。艺术留学多种多样，须根据个人综合情况而有针对性地选择所留学的国家和学校（专业）。那么当前最受高中学生欢迎的国家级本科院校和特色专业有哪些呢？比如法国，这是我们比较熟悉的文化之都、艺术之都、浪漫之都、时尚之都，是世界上公认的艺术圣地，是一个有着浓厚氛围的艺术殿堂，毋庸置疑，在法国你能够感受到来自世界各地的艺术青年才俊身上的文化烙印和具有他们那个国家、民族独特的思维方式、民俗习惯和价值观念，这些都会体现在他们的工作方式中，通过交流与互动，能够加深你对世界各个国家文化的了解，并最终帮助你成为一个具有全球眼光的世界公民。法国最令人向往的是她的文化、艺术、设计、高端奢侈品时尚产业，学生选择本科到这里留学，则可以学会如何与世界上最优秀的人一起共事、学习、合作，毕业后无论是继续深造还是深入社会，都将比未出来留学的人有更多的发展机会与平台，因为这时你的眼界和实力已经与国内的众多同龄人拉开了距离。

我的造型法则是由纯粹的形式和色彩构成，与自然的结构完全无关。

瓦萨雷利 VASARELY

美国的视觉艺术举世瞩目

除了法国以外像美国、英国、加拿大、俄罗斯等国家也是国内美术生选择较多且比较钟情的留学之地。美国具有世界首屈一指的视觉艺术专业方面的教育资源和就业机会，美国所提供的理想舞台也比世界上其他国家的要多得多，这体现在美国的电影工业如同美国这个国家的总体实力一样遥遥领先于世界上的所有国家，因此诞生了像好莱坞和梦工厂这样顶尖的国际品牌。美国在电影工业的整体带动下也影响了文化产业其他的子产业所涉及的艺术类专业，如雕塑、编剧、绘画、设计、插画、室内设计、建筑设计、平面设计、产品设计、工业设计、多媒体设计、家具设计、动画、摄影、服装乃至珠宝（首饰）设计等与创意经济相关的艺术专业，若你有意成为这些方面任何领域的国际人才，那么选择留学美国将会是你改变人生的起步之地。美国艺术类高校在招收国际学生的招考形式上主要考查的是学生的英语水平和艺术修养以及是否有个人独特的想象力与创造力，但即使有英语方面的要求，也比国内一般综合性大学要宽松，学生的英语能力只要达到雅思或者托福考试成绩的最低限制即可通过初选。

英国的创意产业世界一流

英国也是值得有条件的考生多多关注的一个留学国家，英国的创意产业绝对领先于世界各个国家，而"创意产业"最先也是发轫于英国（后来才逐渐受到欧美及中南亚一些国家或发展中国家的高度重视，中国是千禧年之后才开始将此作为文化政策进行大力推动，2004年部分高校开设"文化产业管理专业"，当时所开设的第一批院校就包括有清华大学、汕头大学、山东大学等为数不多的国内院校），时间是1997年，金融危机对英国经济的冲击使得英国整个国家不得不将战略重心转向其他领域，而"创意产业"恰好在这个时候露出了其强劲的实力，目前英国的创意产业已经成为仅次于金融服务业的第二大支柱性产业，为英国这个国家创造了丰富的经济收益。因此，在"创意产业"的带动下英国的设计产业、艺术产业的教育实力也是具有其他国家所无法比拟的丰饶而深厚的历史人文资源。英国是个既传统又前卫的国家，在教育观上，英国注重学生的个性与创造性及独立的思维能力，而在艺术设计课程设置上，所开设的种类繁多且全面，比如有珠宝设计、时装设计、室内装饰设计、视觉传达设计、建筑艺术设计等，还设有边缘学科如专门教学生如何创造小说的创造性小说专业，又如艺术管理专业是把艺术和商业结合起来的课程，这样做是为了确保艺术设计的生命力可以在更广阔的市场愈行愈远。

选择本科艺术留学的学习费用贵吗？

这是考生比较关心的话题。如你有意申请到法国留学，并准备于今年秋季入学的话，则你要在4月份之前就要准备好书面申请材料；如果你是明年春季2月份入学的话，则你应该在今年8月份就准备好书面申请材料，这些会有专门的留学机构为你量身定制，因此不用担心手续和需要准备哪些材料的问题。就读法国的公立学校无须学费，每年只需交纳350~700欧元的注册费即可；而就读法国的私立大学则每年需要缴纳6万~10万元人民币的学费。虽然公立和私立这两种类型的学校收费差距较大，但在法国，私立学校的教学质量以及学生毕业后的就业率都比公立学校的要高且强得多，其学生的社会实践机会也多，如果你是法国某学校的服装设计专业学生，就有机会作为工作人员参与到巴黎时装设计学院、VOGUE杂志所举办的时尚活动中，"高大尚"的国际形象马上确立起来，在这样的氛围刺激下，想不成才也难！

综上所述，选择艺术留学到底好还是不好确实没有统一的标准答案，还是那句话，若你有一个不错的家庭环境条件支持你到国外深造，我想这也是个将自我塑造成才的不二方法，至少你比千千万万的同龄人多了一个机会，赢在起跑线上。至于没有留学的美术生也不必有任何心理芥蒂，相信一句话，只要是金子到哪都能发光！

教育部提醒广大考生：
在收到录取通知书后须认真核实真伪

潘天寿
PAN TIANSHOU

生活是生活，艺术是艺术，不能也不必要完全一样。

教育部2014年发出普通高校招生第3号预警，提醒考生收到录取通知书后须认真核实真伪。

近期，教育部根据群众举报线索，集中搜集并核实了一批未经教育行政部门审批、不具备高等学历教育招生资格的虚假高校和冒充非学历教育机构的非法网站。这些虚假高校及非法网站，通过编造与合法全日制普通高校易混淆的校名，建立相关高校招生网站，并号称可颁发本、专科学历或颁发国家承认的高等学校学历学位证书，进行虚假高校招生宣传，致使部分考生及家长上当受骗。国家有关部门已依法全部关停了上述虚假高校网站并着手查处，凡涉嫌违法犯罪的，将移交司法机关依法惩处。

教育部郑重提醒广大考生及家长：已录取考生在收到高校录取通知书后，请通过生源所在省级招生考试管理部门指定渠道核实录取信息；落选考生不要气馁，更不要心存侥幸，轻信招生诈骗谎言和网上虚假高校的招生宣传，以免蒙受不必要的精神和物质损失。

预警还附录了可在教育部网站查询到的2014年具有普通高等学历教育招生资格的学校名单——截至2014年，除了军事类院校和港澳台地区高校，我国共有普通本科层次院校（含公办/民办）844所，普通高职（专科层次）院校（含公办/民办）1288所，经国家批准设立的独立学院298所，经国家审定的分校办学点62个，其他任何机构（包括经批准筹建的高等学校）均不具备2014年度普通高等学历教育招生资格。

见招拆招：
十种常见美术高考招生骗术（考生必读，谨防受骗）

第一种：以非国家统招方式按国家统招方式招生名义进行诈骗

除按国家统招方式（即每年6月7日举行的"国考"）招生的全日制普通高等教育以外，还有以非国家统招方式的成人高等教育（即分脱产、半脱产、业余、夜校、远程网络教育几种形式）。这类骗子故意混淆高等教育的招考模式，将高考落榜的考生骗到一些成人高等教育的远程网络教育课程里，并收取昂贵的学费（含中介费），但事实上所谓的远程网络教育课程只需考生在网上注册等级缴费就可以入学了。

第二种：以"衙内有人"名义进行诈骗

这类骗子伪造与某高校相关的招考文件和公章，在某大学校园内设立招生报名点并事先安排好"校招生办"的咨询电话，假扮成某高校的招生办人员以后，在和家长见面时，他们往往会拿出伪造好的证件和学校的录取通知书（空白样板），谎称在某高校"衙内有人"，只要先付一部分定金，先行疏通关系，其余部分等录取通知书到手后再付也行，并且会再三交代"这件事不能让第三者知道，不然会怎样怎样"，当你遇到这类情况时，最好的办法是采取相关措施，让这些人无法得手，危害到其他人。

第三种：以军校名义招收地方学生进行诈骗

这类骗子的诈骗手段以谎称手头上有某军校的"内定指标"，只要怎样怎样，就可以成为该军校的一名合格学生，从中牟利。在行骗时也会伪造某军校相关的招考文件和公章，让家长信以为真并乖乖交出定金。我国的军校大部分和其他普通高等学校一样，除收取国家规定的费用以外，原则上不再收取任何费用。若你遇到这种情况，最好和该军校的招生办工作人员联系，但电话号码千万不要用对方提供给你的那个。

只有形式对心灵产生作用时，我们才能理解和欣赏一件作品；也只有通过形式，我们才能理解内容并欣赏一件作品。

瓦西里·康定斯基 WASSILY KANDINSKY

第四种：以"买卖分数"名义进行诈骗

这类骗子的诈骗对象专门挑的是那些"心乱如麻却不知如何是好"的考生家长，于是当骗子与考生家长见面时会借机谎称自己和某某高校招生办的"一把手"很熟，只要怎样怎样、如何如何，他们就有办法让只有本科分数线的考生录取到重点大学，让只有专科分数线的考生录取到本科大学，从中牟利。

第五种：以"自主招生政策"名义进行行骗

这类骗子利用考生家长对普通高等学校招生政策的不了解，以"自主招生政策"误导考生家长，这类骗子会声称，"自主招生政策"就是即使你的孩子专业和文化双重分数线都不达标也没关系，只要参加"该校"自行组织的考试即可搞定，从中牟利。其实，经教育部批准的自主招生高校名单早已对社会公布，参加自主招生的考生只要提前填报志愿，参加高考并达到规定的分数线后经各地招生办统一办理录取手续就可以入学，但凡没在该名单中及按照该名单高校招考方式报名并参加考试的，则一律属于诈骗行为。

第六种：以"定向招生政策"名义进行诈骗

这类骗子的诈骗手段主要是利用国家"定向招生政策"来欺骗考生和家长对政策的不知情，谎称可以弄到某大学的定向招生计划里的名额，只要支付所谓的"定向费用"就保证可以录取到。普通高等学校确实存在有"定向招生"政策，但也仅针对的是少部分有特殊经历或者拥有某类特殊技能或者获得国内外某类特殊大奖的高考生，考生家长在这方面一定要向所报考的学校招生办问清楚，而不能偏信所谓的"中介"，这很容易让那些不法分子得逞。

第七种：以"补录"名义进行诈骗

这类骗子利用考生家长不熟悉高校招生程序的盲点，以"补录"名义进行诈骗。实际上各地招生办对高考落榜考生会以网上公开征集志愿方式进行补录，而参与当年补录的院校名单也会在指定的网上查询得到；另外，还会通过地区学校负责高考工作的相关人员，让所在班级的班主任打电话到考生家里，除此以外，其他所有的"补录"方式都是不可靠的。

第八种：以"真实录取信息"名义进行诈骗

这类骗子喜欢钻考生家长信息不畅通的空子，通过某种方式了解到了考生的录取情况后，本来该考生已经属于正常投档和录取到了，只是通知书与录取信息还没及时告知考生及家长，于是骗子会对考生家长进行邀功或威胁，说，你的孩子虽然过了该高校的录取分数线，但名额排得较后，如果按照由高到低的原则录取，很可能你的小孩就错过了这次上好大学的机会，接着他会说，有一个办法，我那边有人，可以花钱疏通关系，你的小孩就会被录取，骗子通过此法从中牟利。家长在接到该类电话时，最好是向地区学校老师问清事情的原委，然后再商量下一步该怎么办，一般地区学校老师凭经验很快就可以断定该信息的虚实。

第九种：以"网上代办"名义进行诈骗

这类骗子的诈骗手法主要是在网上搞一个假的招生网站，进行网上招生录取，并声称可以代办入学，让考生如愿以偿进入该高校就读，毕业时将取得和同类学生一样正规的学籍和文凭。

第十种：部分本B或三本类院校和普通大专层次的职业技术学院（以民办或独立学院居多）以"违规招生"方式进行诈骗

部分本B或三本类院校和普通大专层次的职业技术学院（以民办或独立学院居多），基本上游离于各地区的招生体制之外，比如某院校在当地当年根本没有招生计划或招生计划不多，在入不敷出或想以此吸金，就大胆"违规招生"，通过欺骗的手段私下招生或逾越计划招生的人数，并没有通过该地区招生办的正规录取，很可能这部分被招收骗进去的学生毕业后所得到的文凭是一张国家不承认的假文凭。

以上罗列的十种常见招生诈骗手段每年都在各地轮番上演，考生和家长定要切记一点：天下没有免费的午餐，天上也不会无端端掉下一个馅饼，一切想以"走捷径"或"走后门"或"买个保障"和"买个心安"的行为，100%都是上当受骗，请考生和家长们谨慎对待，说到底高考仍旧是一场严肃的考试，它有它的隐性和显性双重性质存在。考生即使是第一年考的成绩不是很理想，让年青人在年轻的时候多吃点苦、受点累、锻炼一下终归对他的成长是有好处的，大可让孩子继续复读一年或将就着读或出国留学或出来社会参加工作，但是千万不要一味相信"怎样怎样又如何如何就能上大学"这类看似美好实则虚幻的幌子，吃亏的终究还是自己啊！

2015年普通高等学校艺术类专业招生办法

奥古斯特·罗丹
AUGUSTE RODIN

真正的艺术家总是冒着危险去推倒一切既存偏见，而表现他自己所想到的东西。

一、报名

1.符合普通高校年度招生工作规定中报名条件者均可报考。

2.艺术类考生的高考报名工作由各省级招办（招生考试机构，下同）统一组织。

二、计划编制

3.独立设置本科艺术院校（学校名单另文公布）的艺术类本科专业可不编制分省分专业招生计划（以下简称来源计划）；中央部门所属高校的非美术类本科艺术类专业可不编制来源计划。除上述两类情况外，中央部门所属高校的美术类本科专业、各省属高校的艺术类本科专业及所有高校（含独立设置本科艺术院校）的艺术类高职（专科）专业均须编制招生来源计划。

4.高校编制艺术类专业招生来源计划时可预留不超过本校艺术类专业招生总量15%的招生计划，在录取时根据生源情况调剂使用。艺术类专业计划可分文科、理科或文理综合编制。

5.对招生计划较少的艺术类专业，高校可在一些省份采取隔年招生的办法，适度减少生源省份的数量，相对集中编制计划。合格生源与计划比原则上按不超过4：1的比例安排。对专业测试合格生源不足的省份，高校可不编制来源计划，但须在计划编制系统中相应省份的计划栏内设置为"0"，同时应在招生简章中做出相应说明，使合格考生可填报志愿，若专业测试合格的考生达到本校录取标准，则使用预留计划录取。

6.编制招生来源计划的时间及工作要求应按照教育部有关招生来源计划编制办法执行。

三、招生简章

7.招生学校要按照教育部有关规定制订艺术类专业招生简章，其内容应包括学校办学类型、专业考试科目及要求、学校专业考试时间及地点、年度招生范围、录取规则、学费标准等。文理兼招的艺术类招生学校必须在其艺术类招生简章中明确本校艺术类专业招生对文、理科考生的录取原则。招生学校应在2016年1月31日前，向生源所在省级招办提供本校艺术类专业招生简章。招生学校及省级招办适时向社会公布有关艺术类专业招生简章。

四、考试

8.艺术类专业考试分为省级招办统一组织的专业考试（以下简称省级统考）和招生学校组织的专业考试（以下简称校考）两种形式。考生所报考专业涉及省级统考的，考生须参加省级统考。

9.各省级招办均应为本行政区域内考生组织美术类专业省级统考。有条件的省（区、市）还应组织音乐类专业等其他艺术类专业的省级统考。各省级招办须根据本办法制订本省（区、市）省级统考实施办法，报教育部（高校学生司）备案后向社会公布。

10.省级统考应于2014年春节前完成。省级招办负责将省级统考成绩通知考生本人，公示成绩分布情况、合格考生名单，向合格考生发放省级统考合格证书。省级招办还应向招生学校提供包括省级统考合格考生名单、成绩、位次及省级统考评判标准（不同等级样本）等内容的省级统考信息网上查询服务。

11.凡生源所在地省级统考涉及的专业，民办高校、独立学院的艺术类本科专业及所有高校的艺术类高职（专科）专业招生均应直接使用省级统考成绩，学校不再组织校考；其他艺术类本科专业可直接使用省级统考成绩，有特殊要求的可在省级统考合格考生范围内组织校考。省级统考未涉及的专业，由学校组织校考。

12.校考应由学校招生管理部门组织实施，招生学校下设的二级学院（系）不得自行设点组织校考。独立设置本科艺术院校可跨省设点组织校考；民办高校、独立学院及高职（专科）院校只能在本校所在地组织省级统考未涉及的专业校考；其余本科院校原则上只在本校所在地设点组织校考，如有特殊要求确需跨省设点组织校考的，须经拟设考点所在地省级招办同意并报本校主管部门备案。校考须在拟设考点所在地省级招办指定的考点范围内进行，并接受当地省级招办的指导和监督。所有跨省设点考试的高校须于2016年1月31日前向拟设考点所在地省级招办提出申请，获得同意后方能向社会公布校考地点。各省级招办应于1月31日将在本地设点的省外高校名单报教育部（高校学生司）备案。

13.获准组织校考的招生学校应严格审核考生报名资格，对报考专业涉及省级统考的考生，应根据省级招办提供的省级统考合格考生信息确定校考考生名单。校考应于春节后进行，3月底前结束。校考合格标准由招生学校根据各专业的特点和要求自行确定。招生学校负责通知考生校考成绩，发放本校专业考试合格证书。合格证书发放数量原则上按与本校相应艺术类专业招生计划4：1的比例发放。招生学校须于4月10日前将校考合格考生名单报生源所在地省级招办备案。

获准在省级统考合格生源基础上组织校考的招生学校也可根据考生省级统考成绩及分布情况直接划定本校的专业合格标准，于4月10日前报生源所在省级招办备案并向社会公布，作为考生填报志愿的依据。

14.艺术类专业考试应参照普通高校招生全国统一考试有关考务规定及违规处罚办法执行。专业考试试题须通过组织命题专家组或建立题库等形式制命，试题的命制、试卷的印刷和保管须按照有关保密工作规定执行。

15.考试人数较多的，素描、色彩科目一般采用图片的试题模式，考试人数较少的，一般采用写生的试题模式，试卷原则上采用4开纸作为统考用纸（各省份可根据本地的实际情况做相应调整）。

16.评卷工作要做到客观、公正、准确，笔试科目须有2人以上独立阅评并综合评定最终成绩；视唱、演奏、表演等面试科目须组成不少于5人的专家小组进行测评并综合评定最终成绩。有条件的省市美术类试卷评阅应尽可能参照网上阅卷模式进行试卷扫描、分档、评阅及成绩合成。

17.考试过程重要环节要有视频及文字记录，考试结果要有成绩，考生专业考试试卷（或视频资料）须保留1年，以备复查。

18.报考艺术类专业的考生均须参加本省组织的普通高校招生全国统一考试（文化课考试）。

五、填报志愿

19.获得省级统考合格证或校考合格证（若招生学校在省级统考合格生源范围内再行组织校考，则考生须在获得省级统考合格证的基础上再获得校考合格证）的考生方可填报相关艺术院校（专业）志愿。未获得省级统考合格证的考生不得填报以省级统考成绩作为录取依据的艺术院校（专业）志愿。考生填报的艺术类院校（专业）志愿以其户籍及报名所在地省级招办统一组织考生填报的志愿信息为准。

20.报考艺术类专业的考生，可以兼报除提前录取批次外的其他批次的非艺术类专业。

六、录取

21.高校录取的艺术类专业考生须获得相应专业考试合格证书。录取时可按文科、理科分别投档录取，或按文理兼招同时投档录取。

22.独立设置本科艺术院校可自行划定本校艺术类本科专业考试分数线和文化考试录取控制分数线，并须在本校网站上公布，录取前报生源所在地省级招办备案。独立设置本科艺术院校的艺术类专科专业及其他高校所有艺术类专业拟录取的考生，其文化成绩必须达到生源所在省级招办划定的相应录取控制分数线。

23. 各省级招办划定的艺术类本科录取控制分数线不应低于本省（区、市）确定的第二批次普通本科录取控制分数线的65%，艺术类高职（专科）录取控制分数线一般不应低于本省（区、市）确定的高职（专科）批次最低录取控制分数线的70%。

24.各高等学校艺术类专业录取分三种模式，考生文化课成绩和专业成绩均合格时，可按文化课成绩或专业成绩或文化、专业成绩各占一定比例安排录取，高等学校须将艺术类专业录取模式写入本校招生章程中，同时报各省级招办备案。

25.学前教育、艺术教育、服装设计与工艺教育、装潢设计与工艺教育、广播电视新闻学、广告学、媒体创意、宝石及材料工艺学、工业设计、影视艺术技术、数字媒体艺术、建筑学、景观建筑设计、包装工程、服装设计与工程、公共事业管理及文化产业管理等17种含有艺术属性的专业，有关高校须经教育部批准后方可按艺术类专业招生办法招生。录取时，高校在艺术类专业考试成绩合格的基础上，原则上按考生高考成绩从高分到低分顺序录取。

26.艺术类本科专业录取工作安排在各省（区、市）普通本科第一批次录取前进行；艺术类高职（专科）专业录取工作安排在各省（区、市）本科各批次录取结束后、普通高职（专科）第一批次录取前进行。

27.对独立设置本科艺术院校，生源所在省级招办须于6月30日前将专业考试合格且经备案的全部相关考生的高考成绩通知考生第一志愿报考院校。第一志愿招生学校须按事先公布的录取规则择优录取，并于7月10日前将拟录取结果报有关省级招办核准备案。

28.对编制艺术类专业招生来源计划的招生学校，生源所在地省级招办可按照相关工作规程向招生学校投档，投档比例由省级招办商有关招生学校确定。招生学校必须在各

省级招办投放的考生电子档案范围内，按事先公布的录取规则择优录取。

第一志愿生源不足时，招生学校不得拒录符合本校录取要求的非第一志愿考生。

七、其他

29.按照艺术类专业招生办法录取的考生，入学后不得转入其他专业学习。

30.对在艺术类专业省级统考或校考中被认定为作弊，以及提供虚假身份证明材料取得资格的考生，取消其报考或录取资格，并将考生违规事实记入其高考诚信电子档案；已被录取进入高校学习的，由相关高校取消其学籍。

31.对校考组织过程中违反规定或因重大疏漏造成恶劣影响的招生学校，一经查实，将取消其组织专业考试的资格，并严肃处理有关责任人。

32.本办法未尽事宜，参照普通高等学校招生工作规定执行。

2015年承认各省市区美术
统考成绩的高等学校名单

截至2015年5月15日,《2015年承认各省市区美术统考成绩的高等学校名单》》(不含三本、独立学院、中外合作办学、专科美术类专业,因为三本、独立学院、中外合作办学、专科美术类专业承认各省市区美术统考成绩)由香蕉美术高考研究中心(微信公众号:香蕉美术)根据全国近千所高等学校2015年艺术类招生简章中的相关规定进行梳理与汇编,具体信息请以各省在志愿填报前发给考生的高考志愿报考指导书籍为准。例如,在广东省叫《广东省2015年普通高等学校招生专业目录》"文科、艺术"版(含音乐、美术),仅供全国考生参考。

北京市高校	
高校名称	**省市划分**
中国地质大学(北京)	2015年美术类本科招生专业为产品设计,只招收艺术文考生,2015年我校不组织专业课校考,专业课成绩使用考生所在省艺术类专业统考成绩。录取时,符合条件的已投档考生按照文化课成绩(满分750分)占60%,专业课成绩(折合成750分)占40%的比例计算综合成绩,根据所在省份的招生计划,从高到低,择优录取。招生省份为北京、河北、内蒙古、辽宁、黑龙江、山东、湖南、江苏、浙江。具体信息详见:中国地质大学(北京)2015年美术类招生简章
北方工业大学	2015年承认各省美术统考成绩,不单独组织美术类专业考试,具体信息详见:北方工业大学2015年艺术类招生简章
北京工商大学	2015年承认各省美术统考成绩,不单独组织美术类专业考试,具体信息详见:北京工商大学2015年艺术类招生简章
北京联合大学	2015年承认各省美术统考成绩,不单独组织美术类专业考试,招生省为北京、河北、山西、江西、山东、湖北、湖南、甘肃,具体信息详见:北京联合大学2015年艺术类招生简章
中华女子学院	2015年承认各省美术统考成绩,不单独组织美术类专业考试,只招收女生,只招文科(若个别省份有特殊规定的,遵照该省要求执行)。招生省份为北京、河北、山西、内蒙古、江苏、山东、河南、湖南、四川、陕西,具体信息详见:中华女子学院2015年艺术类招生简章
北京农学院	2015年承认各省美术统考成绩,不单独组织美术类专业考试,招生省份为北京、山西,具体信息详见:北京农学院2015年艺术类招生简章
天津市高校	
高校名称	**省市划分**
天津工业大学	动画专业使用省统考成绩,不需参加校考,具体信息详见:天津工业大学2015年艺术类招生简章
天津师范大学	在部分省份承认美术统考成绩,招生计划将于2015年5-6月由教育部批复后通过考生所在省(区、市)招生主管部门向社会公布。具体信息详见:天津师范大学2015年艺术类招生考试常见问题解答
天津科技大学	湖南省、吉林省的考生不需参加我校专业考试,专业成绩使用省统考成绩,具体信息详见:天津科技大学2015年艺术类(美术)招生简章
天津理工大学	动画(中外合作办学)专业参加省美术专业统考并合格,且取得高中毕业证书,英语成绩在60分以上,按高考文化分数择优录取。具体信息详见:天津理工大学2015年艺术类招生简章

续表

天津市高校	
高校名称	省市划分
天津商业大学	2015 年承认各省美术统考成绩，不单独组织美术类专业考试，招生省份为天津、河北、山西、内蒙古、辽宁、吉林、黑龙江、江苏、安徽、福建、江西、山东、河南、湖北、湖南、广西、重庆、四川、贵州、云南、甘肃、宁夏、新疆，具体信息详见：天津商业大学 2015 年艺术类专业招生简章
天津城建大学	2015 年承认各省美术统考成绩，不单独组织美术类专业考试，招生省份为天津、河北、山西、江苏、辽宁、黑龙江、浙江、安徽、河南、湖北、山东、江西、四川、贵州、云南、甘肃，具体信息详见：天津城建大学 2015 年艺术类招生简章
天津外国语大学	2015 年承认各省美术统考成绩，不单独组织美术类专业考试，具体招生省份与人数将于 5-6 月份公布，考生可先参考 2014 年招生计划
天津农学院	2015 年承认各省美术统考成绩，不单独组织美术类专业考试，具体招生省份与人数将于 5-6 月份公布，考生可先参考 2014 年招生计划

河北省高校	
高校名称	省市划分
河北大学	承认各招生省份美术统考成绩，具体信息详见:河北大学 2015 年艺术类招生简章。具体招生省份、专业、人数将于 5-6 月份公布。考生可先参考 2014 年招生计划
河北师范大学	承认各招生省份美术统考成绩，具体招生省份、专业、人数将于 5-6 月份公布。考生可先参考 2014 年招生计划
燕山大学	承认部分省份美术统考成绩，具体招生省份、专业、人数将于 5-6 月份公布。考生可先参考燕山大学 2014 年艺术类专业（统考省份）招生简章
河北工业大学	承认河北、天津美术统考成绩，具体招生省份、专业、人数将于 5-6 月份公布。考生可先参考 2014 年招生计划
河北联合大学	承认河北美术统考成绩，具体信息详见：河北联合大学 2015 年艺术类招生简章
河北科技大学	承认河北美术统考成绩，具体招生人数将于 5-6 月份公布。考生可先参考 2014 年招生计划
石家庄铁道大学	承认河北美术统考成绩，具体招生人数将于 5-6 月份公布。考生可先参考 2014 年招生计划
河北工程大学	承认河北美术统考成绩，具体招生人数将于 5-6 月份公布。考生可先参考 2014 年招生计划
河北经贸大学	承认河北美术统考成绩，具体招生人数将于 5-6 月份公布。考生可先参考 2014 年招生计划
河北科技师范学院	承认河北美术统考成绩，具体招生人数将于 5-6 月份公布。考生可先参考 2014 年招生计划
华北科技学院	承认各招生省份美术统考成绩，具体招生省份、专业、人数将于 5-6 月份公布。考生可先参考 2014 年招生计划
石家庄经济学院	承认各招生省份美术统考成绩，具体招生省份、专业、人数将于 5-6 月份公布。考生可先参考 2014 年招生计划
石家庄学院	承认河北美术统考成绩，具体招生人数将于 5-6 月份公布。考生可先参考 2014 年招生计划
河北建筑工程学院	承认各招生省份美术统考成绩，具体招生省份、专业、人数将于 5-6 月份公布。考生可先参考 2014 年招生计划
廊坊师范学院	承认河北美术统考成绩，具体招生人数将于 5-6 月份公布。考生可先参考 2014 年招生计划
唐山师范学院	承认河北美术统考成绩，具体招生人数将于 5-6 月份公布。考生可先参考 2014 年招生计划
邯郸学院	承认河北美术统考成绩，具体招生人数将于 5-6 月份公布。考生可先参考 2014 年招生计划
衡水学院	2015 年美术学本科专业面向安徽、福建、河北、湖北、江西、宁夏、山东、山西、浙江招生，动画本科专业面向安徽、河北、湖北、江西、宁夏、山东、山西、浙江招生，环境设计与视觉传达设计本科专业面向河北、湖北、江苏、江西、宁夏、山东、山西、新疆、甘肃招生。我校不单独组织美术类专业课考试，承认各招生省份美术统考成绩，执行生源所在省该类专业的投档原则，对进档考生按照专业成绩排序，根据招生计划择优录取。更多信息详见：衡水学院 2015 年艺术类招生简章
保定学院	承认河北美术统考成绩，具体招生人数将于 5-6 月份公布。考生可先参考 2014 年招生计划
邢台学院	承认河北、辽宁、甘肃、河南、江西美术统考成绩，具体信息详见：邢台学院 2015 年艺术类招生简章
河北农业大学	承认河北美术统考成绩，具体招生人数将于 5-6 月份公布。考生可先参考 2014 年招生计划

续表

河北省高校	
高校名称	**省市划分**
河北北方学院	承认河北美术统考成绩，具体招生人数将于5-6月份公布。考生可先参考2014年招生计划
北华航天工业学院	北华航天工业学院2015年产品设计（美术类）本科专业面向河北省、天津市、山东省、山西省、河南省、辽宁省、黑龙江省计划招生60人，文理兼收。我校认可以上招生省份美术统考成绩，不单独组织美术类专业课考试。考生文化成绩和专业统考成绩均达到省控制分数线以上，按照文化成绩和专业统考成绩直接相加所得的综合成绩排序录取，综合成绩相同情况下按专业统考成绩从高到低顺序录取。更多信息详见：北华航天工业学院2015年美术招生简章
河北民族师范学院	承认河北美术统考成绩，具体招生人数将于5-6月份公布。考生可先参考2014年招生计划
沧州师范学院	承认河北美术统考成绩，具体招生人数将于5-6月份公布。考生可先参考2014年招生计划
山西省高校	
高校名称	**省市划分**
山西大学	承认各招生省份美术统考成绩，具体招生省份、专业、人数将于5-6月份公布。考生可先参考2014年招生计划
太原理工大学	除山东省组织校考外，其余招生省份承认美术统考成绩，具体招生省份、专业、人数将于5-6月份公布。考生可先参考2014年招生计划
山西师范大学	承认山西美术统考成绩，具体招生人数将于5-6月份公布。考生可先参考2014年招生计划
太原科技大学	承认山西美术统考成绩，具体招生人数将于5-6月份公布。考生可先参考2014年招生计划
山西大同大学	承认山西美术统考成绩，具体招生人数将于5-6月份公布。考生可先参考2014年招生计划
太原师范学院	承认山西美术统考成绩，具体招生人数将于5-6月份公布。考生可先参考2014年招生计划
中北大学	承认各招生省份美术统考成绩，具体招生省份、专业、人数将于5-6月份公布。考生可先参考2014年招生计划
山西财经大学	承认各招生省份美术统考成绩，具体招生省份、专业、人数将于5-6月份公布。考生可先参考2014年招生计划
山西农业大学	承认各招生省份美术统考成绩，具体招生省份、专业、人数将于5-6月份公布。考生可先参考2014年招生计划
太原工业学院	承认各招生省份美术统考成绩，具体招生省份、专业、人数将于5-6月份公布。考生可先参考2014年招生计划
晋中学院	承认各招生省份美术统考成绩，具体招生省份、专业、人数将于5-6月份公布。考生可先参考2014年招生计划
运城学院	承认各招生省份美术统考成绩，具体招生省份、专业、人数将于5-6月份公布。考生可先参考2014年招生计划
长治学院	承认山西美术统考成绩，具体招生人数将于5-6月份公布。考生可先参考2014年招生计划
山西传媒学院	承认各招生省份美术统考成绩，具体招生省份、专业、人数将于5-6月份公布。考生可先参考2014年录取统计
忻州师范学院	承认各招生省份美术统考成绩，具体招生省份、专业、人数将于5-6月份公布。考生可先参考2014年招生计划
吕梁学院	承认各招生省份美术统考成绩，具体招生省份、专业、人数将于5-6月份公布。考生可先参考2014年招生计划
内蒙古高校	
高校名称	**省市划分**
内蒙古大学	承认内蒙古美术统考成绩，具体招生人数将于5-6月份公布。考生可先参考2014年招生计划
内蒙古师范大学	承认各招生省份美术统考成绩，具体招生省份、专业、人数将于5-6月份公布。考生可先参考2014年招生计划
内蒙古工业大学	承认各招生省份美术统考成绩，具体招生省份、专业、人数将于5-6月份公布。考生可先参考2014年招生计划
内蒙古农业大学	承认各招生省份美术统考成绩，具体招生省份、专业、人数将于5-6月份公布。考生可先参考2014年招生计划
内蒙古民族大学	承认各招生省份美术统考成绩，具体招生省份、专业、人数将于5-6月份公布。考生可先参考2014年招生计划
内蒙古科技大学	承认各招生省份美术统考成绩，具体招生省份、专业、人数将于5-6月份公布。考生可先参考2014年招生计划
内蒙古科技大学包头师范学院	承认各招生省份美术统考成绩，具体招生省份、专业、人数将于5-6月份公布。考生可先参考2014年招生计划

续表

内蒙古高校	
高校名称	**省市划分**
赤峰学院	承认内蒙古美术统考成绩，具体信息详见：赤峰学院2015年艺术类招生简章
呼和浩特民族学院	承认内蒙古美术统考成绩，具体招生人数将于5-6月份公布。考生可先参考2014年招生计划
呼伦贝尔学院	承认内蒙古美术统考成绩，具体招生人数将于5-6月份公布。考生可先参考2014年招生计划
集宁师范学院	承认内蒙古美术统考成绩，具体招生人数将于5-6月份公布。考生可先参考2014年招生计划
河套学院	承认内蒙古美术统考成绩，具体招生人数将于5-6月份公布。考生可先参考2014年招生计划

黑龙江省高校	
高校名称	**省市划分**
哈尔滨师范大学	承认黑龙江美术统考成绩，具体招生人数将于5-6月份公布。考生可先参考2014年招生计划
齐齐哈尔大学	承认黑龙江美术统考成绩，具体招生人数将于5-6月份公布。考生可先参考2014年招生计划
哈尔滨工业大学	承认各招生省份美术统考成绩，具体招生省份为黑龙江、吉林、辽宁、北京、山东，具体信息详见：哈尔滨工业大学2015年环境设计专业招生简章
哈尔滨工程大学	承认各招生省份美术统考成绩，具体招生省份、专业、人数将于5-6月份公布。考生可先参考2014年招生计划
东北林业大学	承认各招生省份美术统考成绩，具体招生省份、专业、人数将于5-6月份公布。考生可先参考2014年招生计划
佳木斯大学	承认各招生省份美术统考成绩，具体招生省份、专业、人数将于5-6月份公布。具体信息详见：佳木斯大学2015年艺术类招生公告
哈尔滨理工大学	承认黑龙江美术统考成绩，具体招生人数将于5-6月份公布。考生可先参考2014年招生计划
黑龙江大学	承认各招生省份美术统考成绩，具体招生省份、专业、人数将于5-6月份公布。考生可先参考2014年招生计划
哈尔滨商业大学	承认各招生省份美术统考成绩，具体招生省份、专业、人数将于5-6月份公布。考生可先参考2014年招生计划
东北农业大学	承认黑龙江、辽宁美术统考成绩，具体信息详见：东北农业大学2015年艺术类招生简章
东北石油大学	承认黑龙江美术统考成绩，具体招生人数将于5-6月份公布。考生可先参考2014年招生计划
哈尔滨学院	承认黑龙江美术统考成绩，具体招生人数将于5-6月份公布。考生可先参考2014年招生计划
大庆师范学院	承认黑龙江美术统考成绩，具体招生人数将于5-6月份公布。考生可先参考2014年招生计划
牡丹江师范学院	承认各招生省份美术统考成绩，具体招生省份、专业、人数将于5-6月份公布。考生可先参考2014年招生计划
黑龙江工程学院	承认黑龙江美术统考成绩，具体招生人数将于5-6月份公布。考生可先参考2014年招生计划
绥化学院	承认各招生省份美术统考成绩，具体招生省份、专业、人数将于5-6月份公布。考生可先参考2014年招生计划
黑河学院	承认黑龙江美术统考成绩，具体招生人数将于5-6月份公布。考生可先参考2014年招生计划
黑龙江工业学院	承认各招生省份美术统考成绩，具体招生省份、专业、人数将于5-6月份公布。考生可先参考2014年招生计划

吉林省高校	
高校名称	**省市划分**
延边大学	承认吉林美术统考成绩，具体招生人数将于5-6月份公布。考生可先参考2014年招生计划
吉林师范大学	承认吉林美术统考成绩，具体招生人数将于5-6月份公布。考生可先参考2014年招生计划
东北电力大学	承认吉林美术统考成绩，具体招生人数将于5-6月份公布。考生可先参考2014年招生计划
长春工业大学	承认吉林、湖南美术统考成绩，具体信息详见：长春工业大学2015年艺术类招生简章
吉林建筑大学	承认吉林、浙江、湖南、湖北、河南、甘肃、内蒙古、江西、陕西美术统考成绩，具体信息详见：吉林建筑大学2015年艺术类招生简章
北华大学	承认吉林、湖南美术统考成绩，具体信息详见：北华大学2015年艺术类招生简章

续表

吉林省高校	
高校名称	**省市划分**
吉林动画学院	承认北京、天津、河北、吉林、江苏、安徽、山东、广东、广西、宁夏、云南、黑龙江、新疆、贵州、山西、河南、湖南、福建、内蒙古、辽宁、湖北、甘肃、四川、海南、重庆、浙江、江西、青海，具体信息详见：吉林动画学院2015年艺术类招生简章
长春大学	承认吉林美术统考成绩，具体招生人数将于5-6月份公布。考生可先参考2014年招生计划
长春师范大学	承认吉林美术统考成绩，具体招生人数将于5-6月份公布。考生可先参考2014年招生计划
白城师范学院	承认吉林美术统考成绩，具体招生人数将于5-6月份公布。考生可先参考2014年招生计划
通化师范学院	承认吉林、安徽、江西、内蒙古美术统考成绩，具体信息详见：通化师范学院2015年艺术类招生简章
吉林工程技术师范学院	承认吉林美术统考成绩，具体招生人数将于5-6月份公布。考生可先参考2014年招生计划
长春工程学院	承认吉林、天津美术统考成绩，具体信息详见：长春工程学院2015年艺术类招生简章
吉林农业大学	承认各招生省份美术统考成绩，具体招生省份、专业、人数将于5-6月份公布。考生可先参考2014年招生计划

辽宁省高校	
高校名称	**省市划分**
大连工业大学	承认部分省美术统考成绩，具体招生人数将于5-6月份公布。考生可先参考2014年招生计划
大连理工大学	承认辽宁省美术统考成绩，具体招生人数将于5-6月份公布。考生可先参考2014年招生计划
东北大学	承认各招生省份美术统考成绩，招生省份为河北、辽宁、福建、山东、河南、广东、四川，具体信息详见：东北大学2015年艺术类招生简章
辽宁师范大学	承认各招生省份美术统考成绩，招生省份为辽宁、黑龙江、山东、河北、山西、内蒙古、湖北，具体信息详见：辽宁师范大学2015年艺术类招生信息
沈阳大学	承认辽宁省美术统考成绩，具体招生人数将于5-6月份公布。考生可先参考2014年招生计划
沈阳师范大学	承认辽宁、湖南美术统考成绩，具体信息详见：沈阳师范大学2015年艺术类招生简章
大连大学	承认辽宁省美术统考成绩，具体招生人数将于5-6月份公布。考生可先参考2014年招生计划
沈阳航空航天大学	承认辽宁省美术统考成绩，具体招生人数将于5-6月份公布。考生可先参考2014年招生计划
沈阳建筑大学	承认各招生省份美术统考成绩，具体招生省份、专业、人数将于5-6月份公布。考生可先参考2014年招生计划
沈阳理工大学	承认各招生省份美术统考成绩，具体招生省份、专业、人数将于5-6月份公布。考生可先参考2014年招生计划
渤海大学	承认辽宁省美术统考成绩，具体招生人数将于5-6月份公布。考生可先参考2014年招生计划
辽宁大学	承认辽宁省美术统考成绩，具体招生人数将于5-6月份公布。考生可先参考2014年招生计划
大连交通大学	承认各招生省份美术统考成绩，具体招生省份、专业、人数将于5-6月份公布。考生可先参考2014年招生计划
大连民族学院	承认内蒙古、辽宁省、吉林省、湖南省美术统考成绩，具体信息详见：大连民族学院2015年艺术类招生简章
大连医科大学	承认各招生省份美术统考成绩，具体招生省份、专业、人数将于5-6月份公布。考生可先参考2014年招生计划
鞍山师范学院	承认各招生省份美术统考成绩，招生省份为辽宁、河南、河北、湖南、湖北、浙江、山东，具体信息详见：鞍山师范学院2015年艺术类招生简章
大连外国语大学	承认各招生省份美术统考成绩，具体招生省份、专业、人数将于5-6月份公布。考生可先参考2014年招生计划
大连海洋大学	承认各招生省份美术统考成绩，具体招生省份、专业、人数将于5-6月份公布。考生可先参考2014年招生计划
辽宁科技大学	承认辽宁省美术统考成绩，具体招生人数将于5-6月份公布。考生可先参考2014年招生计划
辽宁工业大学	承认辽宁省美术统考成绩，具体招生人数将于5-6月份公布。考生可先参考2014年招生计划
沈阳工业大学	承认辽宁省美术统考成绩，具体招生人数将于5-6月份公布。考生可先参考2014年招生计划

续表

辽宁省高校	
高校名称	**省市划分**
辽宁石油化工大学	承认各招生省份美术统考成绩，具体招生省份、专业、人数将于5-6月份公布。考生可先参考2014年招生计划
辽宁工程技术大学	承认各招生省份美术统考成绩，具体招生省份、专业、人数将于5-6月份公布。考生可先参考2014年招生计划
辽东学院	承认多个省份美术统考成绩，具体招生省份、专业、人数将于5-6月份公布。考生可先参考2014年招生计划
辽宁科技学院	承认各招生省份美术统考成绩，具体招生省份、专业、人数将于5-6月份公布。考生可先参考2014年招生计划
沈阳化工大学	承认各招生省份美术统考成绩，具体招生省份、专业、人数将于5-6月份公布。考生可先参考2014年招生计划

上海市高校	
高校名称	**省市划分**
东华大学	上海市生源考生只需参加上海市美术类专业统考，不再需要参加我校专业校考，具体信息详见：东华大学2015年艺术类招生简章
上海视觉艺术学院	非SIVA-德稻实验班的视觉传达设计、环境设计、动画、摄影、艺术与科技、服装与服饰设计、工艺美术、雕塑、绘画、数字媒体艺术、公共艺术专业不组织美术类校考，承认各招生省份美术统考成绩，招生省份为上海、江苏、浙江、安徽、福建、山东、河南、辽宁、黑龙江、河北、山西、湖南、江西、四川、重庆、广东、贵州、新疆18省市，具体信息详见2015年分省分专业招生计划
上海大学	除了美术学专业需要校考外，其他美术类专业均认可上海市美术统考成绩，具体信息详见：上海大学2015年艺术类招生简章（上海市）
华东师范大学	设计学类专业今年不单独组织校考，承认各招生省份美术统考成绩，招生省份为上海、河北、山西、辽宁、江苏、浙江、安徽、福建、江西、山东、河南、湖北、重庆、四川、陕西、湖南、广东，具体信息详见：华东师范大学2015年设计学类招生简章。美术学专业在上海市承认美术统考成绩，具体信息详见：华东师范大学2015年美术学招生简章
上海师范大学	2015年承认各省美术统考成绩，不单独组织美术类专业考试。谢晋影视艺术学院动画专业招生省份为上海、江苏、浙江、山东、湖北，美术学院招生省份为上海、江苏、浙江、安徽、江西、山东，更多信息详见：上海师范大学2015年艺术类招生简章
上海交通大学	2015年媒体与设计学院视觉传达设计专业（四年制本科）初步拟定招生数为37名，上海22名（文10名、理12名）、江苏10名、浙江5名（理）。具体招生名额要以当地省级高校招生办公室公布的我校招生计划为准。根据教育部关于普通高校艺术专业招生办法的规定，2015年我校专业考试成绩继续采用有关省（市）组织的美术类专业全部科目统一考试（省考）的专业考试成绩。请上海、江苏、浙江等省（市）的考生注意所在省（市）高校招生办公室关于美术类专业统一考试（省考）的报名办法、报名时间、专业考试科目及有关事项，参加上述省（市）组织的美术类专业统一考试（省考）。文化考试参加所在省（市）普通高校招生统一文化考试（含数学、外语）。考生专业考试成绩和文化考试成绩达到当地省级招生办公室规定的美术类本科最低控制分数线后，高考艺术类（美术类）本科第一志愿填报我校。我校无另外专业加试科目。更多信息详见：上海交通大学2015年美术类专业招生简章
同济大学	2015年承认各省美术统考成绩，不单独组织美术类专业考试，招生省份为上海、北京、江苏、浙江、山东、湖南、广东、四川，具体信息详见：同济大学2015年艺术类（美术）招生简章
华东理工大学	上海市生源考生只需参加上海市美术类专业统考，不再需要参加我校专业校考，具体信息详见：华东理工大学2015年艺术类招生简章。
上海理工大学	我校不单独组织美术类校考，承认各招生省份美术统考成绩，具体招生省份、专业、人数将于5-6月份公布。考生可先参考我校2014年分省分专业招生计划。
上海第二工业大学	我校美术类专业承认各招生省份美术统考成绩，不单独组织美术类专业课考试，招生省份为上海、浙江、江苏、四川，具体招生省份、专业、人数将于5-6月份公布。考生可先参考2014年上海第二工业大学在各省具体的招生人数
上海海事大学	我校美术类专业承认各招生省份美术统考成绩，不单独组织美术类专业课考试，招生省份为上海、江苏、浙江、安徽，具体招生省份、专业、人数将于5-6月份公布。考生可先参考2014年上海海事大学在各省招生人数
上海工程技术大学	我校美术类专业承认各招生省份美术统考成绩，不单独组织美术类专业课考试，招生省份为上海、江苏、浙江、安徽、江西、河南、湖北、山东，具体招生省份、专业、人数将于5-6月份公布。考生可先参考2014年招生省份与专业

上海市高校	
高校名称	**省市划分**
上海应用技术学院	2015 年绘画、设计学类专业继续面向上海、浙江、江苏、江西、河南、山东、安徽、广东省招生，我校不单独组织美术类专业课考试，承认各省市美术统考成绩。具体招生专业与计划详见：上海应用技术学院 2015 年艺术类招生简章
上海商学院	2015 年承认各省美术统考成绩，不单独组织美术类专业考试，具体招生省份与人数将于 5-6 月份公布，考生可先参考 2014 年招生计划
上海电机学院	我校承认上海市美术统考成绩，具体招生人数将于 5-6 月份公布，考生可先参考 2014 年招生计划
江苏省高校	
高校名称	**省市划分**
南京艺术学院	绘画、中国画、公共艺术、环境设计、视觉传达设计、服装与服饰设计、产品设计、戏剧影视美术设计、摄影、动画、数字媒体艺术、环境设计、产品设计（家居产品设计）、视觉传达设计、数字媒体艺术专业在江苏省承认美术统考成绩，考生不需参加专业考试。具体招生省份与人数将于 5-6 月份公布，考生可先参考 2014 年招生计划
江南大学	承认福建美术统考成绩，根据考生综合成绩录取，综合成绩 = 专业省统考成绩 + 文化成绩，综合成绩相同按专业省统考成绩录取。具体信息详见：江南大学 2015 年艺术类（美术）招生简章
苏州大学	承认江苏美术统考成绩，具体招生省份与人数将于 5-6 月份公布，考生可先参考 2014 年招生计划
南京师范大学	绘画（师范）、设计学类、动画专业的考生须参加全省美术类专业统考（以下简称全省统考）;报考我校产品设计专业（不含设计学类产品设计（玩具方向））的考生，须参加全省美术类统考（美术类统考成绩相达到 180 分），具体信息详见：南京师范大学 2015 年在江苏省美术类招生简章
南京林业大学	承认江苏美术统考成绩，具体招生省份与人数将于 5-6 月份公布，考生可先参考 2014 年招生计划
南京航空航天大学	承认江苏美术统考成绩，具体招生省份与人数将于 5-6 月份公布，考生可先参考 2014 年招生计划
中国矿业大学	承认江苏美术统考成绩，具体信息详见：中国矿业大学 2015 年环境设计专业招生简章
南京理工大学	承认江苏美术统考成绩，具体招生省份与人数将于 5-6 月份公布，考生可先参考 2014 年招生计划
江苏师范大学	承认江苏美术统考成绩，具体招生省份与人数将于 5-6 月份公布，考生可先参考 2014 年招生计划
扬州大学	承认江苏美术统考成绩，具体招生省份与人数将于 5-6 月份公布，考生可先参考 2014 年招生计划
南京工业大学	承认江苏、浙江美术统考成绩，具体信息详见：南京工业大学 2015 年艺术类招生简章
南京邮电大学	承认各省美术统考成绩，具体招生省份与人数将于 5-6 月份公布，考生可先参考 2014 年招生计划
南通大学	承认江苏美术统考成绩，具体招生省份与人数将于 5-6 月份公布，考生可先参考 2014 年招生计划
江苏大学	承认江苏美术统考成绩，具体招生省份与人数将于 5-6 月份公布，考生可先参考 2014 年招生计划
南京财经大学	承认江苏、山东、广东、浙江美术统考成绩，具体信息详见：南京财经大学 2015 年美术类招生简章
南京信息工程大学	承认各省美术统考成绩，具体招生省份与人数将于 5-6 月份公布，考生可先参考 2014 年招生计划
江苏理工学院	承认江苏美术统考成绩，具体招生省份与人数将于 5-6 月份公布，考生可先参考 2014 年招生计划
苏州科技学院	2015 年在浙江、河南、山西、广西组织美术校考，我校投放招生计划的其他生源地采用专业省统考成绩，不单独设置专业校考。具体招生人数将于 5-6 月份公布，考生可先参考 2014 年招生计划
南京工程学院	承认各省美术统考成绩，具体招生省份与人数将于 5-6 月份公布，考生可先参考 2014 年招生计划
常州大学	承认江苏美术统考成绩，具体招生省份与人数将于 5-6 月份公布，考生可先参考 2014 年招生计划
淮阴师范学院	承认江苏美术统考成绩，具体招生省份与人数将于 5-6 月份公布，考生可先参考 2014 年招生计划
徐州工程学院	承认江苏美术统考成绩，具体招生省份与人数将于 5-6 月份公布，考生可先参考 2014 年招生计划
常熟理工学院	承认江苏美术统考成绩，具体招生省份与人数将于 5-6 月份公布，考生可先参考 2014 年招生计划
常州工学院	承认各省美术统考成绩，具体信息详见：常州工学院 2015 年艺术类招生简章
淮海工学院	承认安徽省、湖北省、山东省美术统考成绩，具体信息详见：淮海工学院 2015 年艺术类招生简章

续表

江苏省高校	
高校名称	**省市划分**
金陵科技学院	承认江苏美术统考成绩，具体招生省份与人数将于 5-6 月份公布，考生可先参考 2014 年招生计划
淮阴工学院	承认江苏美术统考成绩，具体招生省份与人数将于 5-6 月份公布，考生可先参考 2014 年招生计划
盐城师范学院	承认各省美术统考成绩，具体招生省份与人数将于 5-6 月份公布，考生可先参考 2014 年招生计划
盐城工学院	承认各省美术统考成绩，具体招生省份与人数将于 5-6 月份公布，考生可先参考 2014 年招生计划
江苏第二师范学院	承认江苏美术统考成绩，具体招生省份与人数将于 5-6 月份公布，考生可先参考 2014 年招生计划
泰州学院	承认江苏美术统考成绩，具体招生省份与人数将于 5-6 月份公布，考生可先参考 2014 年招生计划
南京晓庄学院	2014 年在江苏省承认美术统考成绩，在安徽、山东、江西组织美术校考；而 2015 年不再组织美术类专业校考，承认各省美术统考成绩，但是目前还没有公布 2015 年美术类本科专业具体招生省份、专业、人数等情况，考生可先参考 2014 年招生计划

浙江省高校	
高校名称	**省市划分**
浙江理工大学	承认浙江美术统考成绩，具体招生人数将于 5-6 月份公布，考生可先参考 2014 年招生计划
浙江传媒学院	承认浙江美术统考成绩，具体招生人数将于 5-6 月份公布，考生可先参考 2014 年招生计划
浙江大学	设计学类专业承认各省美术统考成绩，具体招生省份与人数将于 5-6 月份公布，考生可先参考 2014 年招生计划
杭州师范大学	承认浙江美术统考成绩，具体招生人数将于 5-6 月份公布，考生可先参考 2014 年招生计划
浙江师范大学	承认浙江美术统考成绩，具体招生人数将于 5-6 月份公布，考生可先参考 2014 年招生计划
浙江工业大学	承认各省美术统考成绩，招生省份为浙江、山东、江苏、湖南、河北，具体信息详见：浙江工业大学 2015 年美术类招生简章
温州大学	浙江省、湖南省、安徽省、山东省、黑龙江省考生必须参加生源省美术统考，我校承认省考成绩，不单独组织考试。具体信息详见：温州大学 2015 年艺术类招生简章
宁波大学	承认各省美术统考成绩，招生省份为浙江、山西、河南、湖南、山东、安徽、江苏、湖北、甘肃、广西、江西，具体信息详见：宁波大学 2015 年艺术类招生简章
浙江工商大学	承认各省美术统考成绩，具体招生省份与人数将于 5-6 月份公布，考生可先参考 2014 年招生计划
浙江农林大学	承认浙江、山东、湖南、广东美术统考成绩，具体信息详见：浙江农林大学 2015 年省外设计学类专业招生简章
浙江科技学院	承认各省美术统考成绩，招生省份为浙江、黑龙江、河北、江苏、安徽、天津、辽宁、福建、山东、广西、江西，具体信息详见：浙江科技学院 2015 年艺术类本科专业招生简章
绍兴文理学院	承认各省美术统考成绩，具体招生省份与人数将于 5-6 月份公布，考生可先参考 2014 年招生计划
丽水学院	承认浙江美术统考成绩，具体招生人数将于 5-6 月份公布，考生可先参考 2014 年招生计划
嘉兴学院	承认各省美术统考成绩，具体招生省份与人数将于 5-6 月份公布，考生可先参考 2014 年招生计划
台州学院	承认浙江美术统考成绩，具体招生人数将于 5-6 月份公布，考生可先参考 2014 年招生计划
中国计量学院	承认各省美术统考成绩，具体招生省份与人数将于 5-6 月份公布，考生可先参考 2014 年招生计划
浙江财经大学	承认浙江美术统考成绩，具体招生人数将于 5-6 月份公布，考生可先参考 2014 年招生计划
浙江外国语学院	承认浙江美术统考成绩，具体招生人数将于 5-6 月份公布，考生可先参考 2014 年招生计划
杭州电子科技大学	承认各省美术统考成绩，具体招生省份与人数将于 5-6 月份公布，考生可先参考 2014 年招生计划
衢州学院	承认浙江美术统考成绩，具体招生人数将于 5-6 月份公布，考生可先参考 2014 年招生计划
嘉兴学院	2015 年承认各省美术统考成绩，不单独组织美术类专业考试。具体招生省份为浙江、江苏、湖南、安徽、河南、甘肃，更多信息详见：嘉兴学院 2015 年艺术类招生简章
湖州师范学院	承认浙江、安徽美术统考成绩，具体信息详见：湖州师范学院 2015 年艺术类招生简章

续表

福建省高校	
高校名称	**省市划分**
福建师范大学	承认福建美术统考成绩，具体招生人数将于 5-6 月份公布，考生可先参考 2014 年招生计划
厦门大学	承认各招生省份美术统考成绩，不单独组织美术专业考试。具体信息详见：厦门大学 2015 年艺术类招生简章。具体招生省份、招生专业、人数将于 5-6 月份公布，考生可先参考 2014 年招生计划
福州大学	2015 年承认天津、内蒙古、辽宁、吉林、黑龙江、广西、海南、重庆、云南、贵州、陕西美术统考成绩，具体信息详见：福州大学 2015 年艺术类招生简章
华侨大学	2015 年承认福建、江苏、山东、广东美术统考成绩，具体信息详见：华侨大学 2015 年艺术类（美术）招生简章
集美大学	承认各招生省份美术统考成绩，不单独组织美术专业考试。具体招生人数将于 5-6 月份公布，考生可先参考 2014 年招生计划
福建农林大学	承认福建美术统考成绩，具体招生人数将于 5-6 月份公布，考生可先参考 2014 年招生计划
泉州师范学院	2015 年承认山东、四川、江西、安徽、黑龙江、浙江、内蒙古、山西、河北、湖南、湖北、河南、重庆美术统考成绩，具体信息详见：泉州师范学院 2015 年艺术类（美术）招生简章
闽南师范大学	承认各招生省份美术统考成绩，具体招生人数将于 5-6 月份公布，考生可先参考 2014 年招生计划
厦门理工学院	承认福建美术统考成绩，具体招生人数将于 5-6 月份公布，考生可先参考 2014 年招生计划
闽江学院	2015 年江西省雕塑和绘画两个美术类专业采用江西省联考成绩录取，不参加校考。具体信息详见：闽江学院 2015 年艺术类招生简章。2015 年承认福建美术统考成绩，具体招生人数将于 5-6 月份公布，考生可先参考 2014 年招生计划
莆田学院	承认各招生省份美术统考成绩，具体招生人数将于 5-6 月份公布，考生可先参考 2014 年招生计划
福建工程学院	承认各招生省份美术统考成绩，具体招生人数将于 5-6 月份公布，具体信息详见：福建工程学院 2015 年艺术类（美术）招生简章
三明学院	福建、广东、江西、湖南、湖北、安徽、浙江、江苏、山东、河南、河北、山西、甘肃等省份的美术类、音乐类专业均使用省考成绩，招生计划数待定。具体信息详见：三明学院 2015 年艺术类招生简章。考生也可先参考 2014 年招生计划
龙岩学院	承认福建美术统考成绩，具体招生人数将于 5-6 月份公布，考生可先参考 2014 年招生计划
武夷学院	承认各招生省份美术统考成绩，具体招生人数将于 5-6 月份公布，考生可先参考 2014 年招生计划
福建江夏学院	承认各招生省份美术统考成绩，具体招生人数将于 5-6 月份公布，考生可先参考 2014 年招生计划
江西省高校	
高校名称	**省市划分**
景德镇陶瓷学院	承认江西美术统考成绩，具体招生人数将于 5-6 月份公布。
南昌大学	承认江西美术统考成绩，具体招生人数将于 5-6 月份公布。考生可先参考 2014 年招生计划
江西师范大学	承认江西、湖南、湖北美术统考成绩，具体信息详见：江西师范大学 2015 年外省美术类招生简章
江西科技师范大学	承认部分美术统考成绩，具体招生人数将于 5-6 月份公布。考生可先参考 2014 年招生计划
赣南师范学院	承认江西美术统考成绩，具体招生人数将于 5-6 月份公布。考生可先参考 2014 年招生计划
江西财经大学	承认江西（40 名）、江苏（18 名）、浙江（10 名）、山西（10 名）、北京（2 名）、天津（2 名）、辽宁（2 名）、云南（2 名）、甘肃（2 名）、广西（2 名），美术统考成绩，具体信息详见：江西财经大学 2015 年艺术类招生简章
南昌航空大学	承认江西美术统考成绩，具体招生人数将于 5-6 月份公布。考生可先参考 2014 年招生计划
井冈山大学	江西省、上海市、湖南省等未设立校考的考生录取时，使用本省本科层次联考成绩，录取时以省考试院公布的录取办法为准。其中湖南省使用综合分从高到低择优录取（综合分 = 文化成绩 + 专业成绩）。具体信息详见：井冈山大学 2015 年艺术类招生简章
上饶师范学院	承认江西美术统考成绩，具体招生人数将于 5-6 月份公布。考生可先参考 2014 年招生计划

续表

江西省高校	
高校名称	**省市划分**
华东交通大学	承认江西美术统考成绩，具体招生人数将于 5-6 月份公布。考生可先参考 2014 年招生计划
东华理工大学	承认江西美术统考成绩，具体招生人数将于 5-6 月份公布。考生可先参考 2014 年招生计划
江西理工大学	承认各招生省份美术统考成绩，具体招生人数将于 5-6 月份公布。考生可先参考 2014 年招生计划
江西农业大学	承认江西美术统考成绩，具体招生人数将于 5-6 月份公布。考生可先参考 2014 年招生计划
九江学院	承认江西美术统考成绩，具体招生人数将于 5-6 月份公布。考生可先参考 2014 年招生计划
宜春学院	承认江西美术统考成绩，具体招生人数将于 5-6 月份公布。考生可先参考 2014 年招生计划
新余学院	承认江西美术统考成绩，具体招生人数将于 5-6 月份公布。考生可先参考 2014 年招生计划
南昌工程学院	承认江西美术统考成绩，具体招生人数将于 5-6 月份公布。考生可先参考 2014 年招生计划
南昌工学院	承认各招生省份美术统考成绩，具体招生人数将于 5-6 月份公布。考生可先参考 2014 年招生计划
南昌师范学院	承认江西美术统考成绩，具体招生人数将于 5-6 月份公布。考生可先参考 2014 年招生计划
景德镇学院	承认各招生省份美术统考成绩，具体招生人数将于 5-6 月份公布。考生可先参考 2014 年招生计划
萍乡学院	承认各招生省份美术统考成绩，具体招生人数将于 5-6 月份公布。考生可先参考 2014 年招生计划

山东省高校	
高校名称	**省市划分**
山东艺术学院	报考绘画（鉴定与修复）的山东籍考生文化课达到山东省艺术类本科文化最低投档线的考生，按统考成绩择优录取。具体信息详见：山东艺术学院 2015 年招生简章
山东大学	产品设计专业 2015 年承认各省美术统考成绩，不单独组织美术类专业考试，具体招生省份与人数将于 5-6 月份公布，考生可先参考 2014 年招生计划
青岛大学	承认山东美术统考成绩，具体信息详见：青岛大学 2015 年艺术类专业招生简章（山东省）
山东建筑大学	承认山东美术统考成绩，具体招生省份与人数将于 5-6 月份公布，考生可先参考 2014 年招生计划
曲阜师范大学	承认山东、北京美术统考成绩，具体信息详见：曲阜师范大学 2015 年艺术专业招生简章
青岛科技大学	承认山东、湖北、新疆、内蒙古美术统考成绩，具体信息详见：青岛科技大学 2015 年艺术类招生简章
青岛理工大学	承认山东美术统考成绩，具体信息详见：青岛理工大学 2015 年艺术类招生简章
齐鲁工业大学	承认山东美术统考成绩，具体招生省份与人数将于 5-6 月份公布，考生可先参考 2014 年招生计划
鲁东大学	承认山东美术统考成绩，具体信息详见：鲁东大学 2015 年艺术类招生简章
聊城大学	承认山东、安徽、湖南、江西美术统考成绩，具体信息详见：聊城大学 2015 年艺术类招生简章（山东），聊城大学 2015 年艺术类招生简章（省外）
山东理工大学	承认山东、安徽美术统考成绩，具体信息详见：山东理工大学 2015 年艺术类招生简章
烟台大学	承认山东美术统考成绩，具体信息详见：烟台大学 2015 年山东艺术类专业招生简章
济南大学	承认各省美术统考成绩，具体招生省份为山东、陕西、江苏、浙江、安徽、福建、广东、海南、贵州、云南、青海、新疆，更多信息详见：济南大学美术学院 2015 年招生简章
山东科技大学	承认各省美术统考成绩，具体招生省份为山东、安徽、河南、河北、山西、江苏，具体信息详见：山东科技大学 2015 年艺术类招生简章
青岛农业大学	承认山东美术统考成绩，具体招生省份与人数将于 5-6 月份公布，考生可先参考 2014 年招生计划
山东财经大学	承认各省美术统考成绩，具体招生省份为江苏、浙江、山西、陕西、福建、河南、河北、辽宁、黑龙江、四川、山东，具体信息详见：山东财经大学 2015 年艺术类招生简章
山东交通学院	承认山东美术统考成绩，具体招生省份与人数将于 5-6 月份公布，考生可先参考 2014 年招生计划

续表

山东省高校	
高校名称	**省市划分**
临沂大学	承认各省美术统考成绩，具体招生省份为河北、江苏、浙江、河南、安徽、山东，具体信息详见：临沂大学 2015 年艺术类招生简章
潍坊学院	承认山东美术统考成绩，具体信息详见：潍坊学院 2015 年艺术类招生简章（山东）
泰山学院	承认山东、江苏、福建美术统考成绩，具体信息详见：泰山学院 2015 年艺术类招生简章
滨州学院	承认山东美术统考成绩，具体信息详见：滨州学院 2015 年艺体招生简章
德州学院	承认山东美术统考成绩，具体信息详见：德州学院 2015 年艺术类招生简章
菏泽学院	承认山东美术统考成绩，具体信息详见：菏泽学院 2015 年艺术类招生简章
枣庄学院	承认山东、辽宁、河北、安徽美术统考成绩，具体信息详见：枣庄学院 2015 年艺术类招生简章
济宁学院	承认山东美术统考成绩，具体信息详见：济宁学院 2015 年艺术类招生简章
山东农业大学	承认山东美术统考成绩，具体信息详见：山东农业大学 2015 年艺术类招生简章
山东女子学院	承认山东美术统考成绩，具体信息详见：山东女子学院 2015 年山东省艺术类招生简章
齐鲁师范学院	承认山东美术统考成绩，具体信息详见：齐鲁师范学院 2015 年艺术类招生简章
山东青年政治学院	承认山东、河北、河南美术统考成绩，具体信息详见：山东青年政治学院 2015 年艺术类专业招生章程
潍坊科技学院	承认山东美术统考成绩，具体招生省份与人数将于 5-6 月份公布，考生可先参考 2014 年招生计划
安徽省高校	
高校名称	**省市划分**
安徽大学	承认安徽美术统考成绩，具体信息详见：安徽大学 2015 年艺术类招生简章
安徽师范大学	除工艺美术专业外，其他美术专业承认安徽美术统考成绩，具体信息详见：安徽师范大学 2015 年艺术类招生简章
合肥工业大学	承认安徽美术统考成绩，具体信息详见：合肥工业大学 2015 年艺术类招生简章
安徽工程大学	承认安徽美术统考成绩，具体信息详见：安徽工程大学 2015 年艺术类招生简章
安徽财经大学	承认安徽美术统考成绩，具体招生省份与人数将于 5-6 月份公布，考生可先参考 2014 年招生计划
安徽工业大学	承认安徽美术统考成绩，具体信息详见：安徽工业大学 2015 年美术类招生简章
安徽建筑大学	承认安徽美术统考成绩，具体招生省份与人数将于 5-6 月份公布，考生可先参考 2014 年招生计划
淮北师范大学	承认安徽美术统考成绩，具体招生省份与人数将于 5-6 月份公布，考生可先参考 2014 年招生计划
阜阳师范学院	承认安徽美术统考成绩，具体招生省份与人数将于 5-6 月份公布，考生可先参考 2014 年招生计划
安庆师范学院	承认安徽美术统考成绩，具体招生省份与人数将于 5-6 月份公布，考生可先参考 2014 年招生计划
淮南师范学院	承认安徽美术统考成绩，具体招生省份与人数将于 5-6 月份公布，考生可先参考 2014 年招生计划
合肥师范学院	承认安徽美术统考成绩，具体招生省份与人数将于 5-6 月份公布，考生可先参考 2014 年招生计划
安徽农业大学	承认安徽美术统考成绩，具体招生省份与人数将于 5-6 月份公布，考生可先参考 2014 年招生计划
安徽理工大学	承认安徽美术统考成绩，具体招生省份与人数将于 5-6 月份公布，考生可先参考 2014 年招生计划
合肥学院	承认安徽美术统考成绩，具体招生省份与人数将于 5-6 月份公布，考生可先参考 2014 年招生计划
巢湖学院	承认安徽美术统考成绩，具体招生省份与人数将于 5-6 月份公布，考生可先参考 2014 年招生计划
蚌埠学院	承认安徽美术统考成绩，具体招生省份与人数将于 5-6 月份公布，考生可先参考 2014 年招生计划
黄山学院	承认安徽美术统考成绩，具体信息详见：黄山学院 2015 年艺术类招生简章
宿州学院	承认安徽美术统考成绩，具体招生省份与人数将于 5-6 月份公布，考生可先参考 2014 年招生计划
滁州学院	承认安徽美术统考成绩，具体招生省份与人数将于 5-6 月份公布，考生可先参考 2014 年招生计划
皖西学院	承认安徽美术统考成绩，具体招生省份与人数将于 5-6 月份公布，考生可先参考 2014 年招生计划

续表

安徽省高校	
高校名称	**省市划分**
池州学院	承认安徽美术统考成绩，具体招生省份与人数将于5-6月份公布，考生可先参考2014年招生计划
铜陵学院	承认安徽美术统考成绩，具体招生省份与人数将于5-6月份公布，考生可先参考2014年招生计划

广东省高校	
高校名称	**省市划分**
广州美术学院	2015年美术教育、艺术教育承认广东美术统考成绩，具体信息详见：广州美术学院2015年本科招生简章
华南师范大学	承认广东美术统考成绩，具体招生人数将于5-6月份公布。考生可先参考2014年招生计划
汕头大学	承认各招生省份美术统考成绩，招生省份为广东、江苏、浙江、湖北、山东、四川、广西、江西、河南、安徽，具体信息详见：汕头大学2015年艺术类招生简章
深圳大学	承认广东美术统考成绩，具体招生人数将于5-6月份公布。考生可先参考2014年招生计划
广州大学	承认广东美术统考成绩，具体招生人数将于5-6月份公布。考生可先参考2014年招生计划
广东工业大学	承认各招生省份美术统考成绩，具体招生人数将于5-6月份公布。考生可先参考2014年招生计划
广东外语外贸大学	承认各省美术统考成绩，视觉传达设计（平面艺术设计）专业和数字媒体艺术专业招生省份为黑龙江、浙江、福建、江西、湖北、湖南、广东、广西、海南和四川10个省。更多信息详见：广东外语外贸大学2015年艺术类招生简章
华南农业大学	承认部分省份美术统考成绩，具体招生人数将于5-6月份公布。考生可先参考2014年招生计划
广东海洋大学	承认广东美术统考成绩，具体招生人数将于5-6月份公布。考生可先参考2014年招生计划
广东技术师范学院	承认部分省份美术统考成绩，具体招生人数将于5-6月份公布。考生可先参考2014年招生计划
广东财经大学	承认广东美术统考成绩，具体招生人数将于5-6月份公布。考生可先参考2014年招生计划
岭南师范学院	广东、安徽、江西使用省美术联考成绩录取，不需参加我校单考，具体信息详见：岭南师范学院2015年艺术类招生简章
韩山师范学院	承认各招生省份美术统考成绩，具体招生人数将于5-6月份公布。考生可先参考2014年招生计划
五邑大学	承认各招生省份美术统考成绩，具体招生人数将于5-6月份公布。考生可先参考2014年招生计划
韶关学院	承认各招生省份美术统考成绩，具体招生人数将于5-6月份公布。考生可先参考2014年招生计划
肇庆学院	承认各招生省份美术统考成绩，具体招生人数将于5-6月份公布。考生可先参考2014年招生计划
惠州学院	承认各招生省份美术统考成绩，具体招生人数将于5-6月份公布。考生可先参考2014年招生计划
嘉应学院	承认各招生省份美术统考成绩，具体招生人数将于5-6月份公布。考生可先参考2014年招生计划
广东第二师范学院	承认各招生省份美术统考成绩，具体招生人数将于5-6月份公布。考生可先参考2014年招生计划
佛山科学技术学院	承认各招生省份美术统考成绩，具体招生人数将于5-6月份公布。考生可先参考2014年招生计划
广东石油化工学院	承认各招生省份美术统考成绩，具体招生人数将于5-6月份公布。考生可先参考2014年招生计划
仲恺农业工程学院	承认各招生省份美术统考成绩，具体招生人数将于5-6月份公布。考生可先参考2014年招生计划

广西自治区高校	
高校名称	**省市划分**
广西艺术学院	美术学（文化艺术管理）承认广西美术统考成绩，不需要参加校考。具体信息详见：广西艺术学院2015年招生简章
广西大学	承认广西美术统考成绩，具体招生人数将于5-6月份公布。考生可先参考2014年招生计划
广西师范大学	承认广西美术统考成绩，具体招生人数将于5-6月份公布。考生可先参考2014年招生计划
桂林电子科技大学	承认广西美术统考成绩，具体招生人数将于5-6月份公布。考生可先参考2014年招生计划
广西民族大学	承认广西美术统考成绩，具体招生人数将于5-6月份公布。考生可先参考2014年招生计划
桂林理工大学	承认广西美术统考成绩，具体招生人数将于5-6月份公布。考生可先参考2014年招生计划
广西师范学院	承认广西美术统考成绩，具体招生人数将于5-6月份公布。考生可先参考2014年招生计划

续表

广西自治区高校	
高校名称	**省市划分**
广西财经学院	承认各招生省份美术统考成绩，具体招生省份、专业、人数将于5-6月份公布。考生可先参考2014年招生计划
广西科技大学	承认各招生省份美术统考成绩，具体招生省份、专业、人数将于5-6月份公布。考生可先参考2014年招生计划
玉林师范学院	承认各招生省份美术统考成绩，具体招生省份为广西、广东、湖南、山东、山西、安徽、江苏、江西，更多信息详见：玉林师范学院2015年艺术类招生简章
钦州学院	2015年承认各招生省份美术统考成绩，不单独组织美术校考，具体招生计划将于5-6月份公布，考生可先参考：钦州学院2014年艺术类分省分专业招生计划

海南省高校	
高校名称	**省市划分**
海南大学	承认海南美术统考成绩，具体招生人数将于5-6月份公布。考生可先参考2014年招生计划
海南师范大学	承认海南美术统考成绩，具体招生人数将于5-6月份公布。考生可先参考2014年招生计划
琼州学院	承认各招生省份美术统考成绩，具体招生省份、专业、人数将于5-6月份公布。考生可先参考2014年招生计划

河南省高校	
高校名称	**省市划分**
河南大学	我校承认河南美术统考成绩，具体招生人数将于5-6月份公布，考生可先参考2014年招生计划
郑州大学	我校承认河南美术统考成绩，具体招生人数将于5-6月份公布，考生可先参考2014年招生计划
郑州轻工业学院	承认河南省、湖南省、安徽省美术统考成绩，具体信息详见：郑州轻工业学院2015年艺术类招生简章
河南师范大学	我校承认河南美术统考成绩，具体招生人数将于5-6月份公布，考生可先参考2014年招生计划
中原工学院	我校承认河南美术统考成绩，具体招生人数将于5-6月份公布，考生可先参考2014年招生计划
河南工业大学	我校承认河南美术统考成绩，具体招生人数将于5-6月份公布，考生可先参考2014年招生计划
河南理工大学	承认河南、湖南、山东、江西、陕西美术统考成绩，具体信息详见：河南理工大学2015年美术类招生简章
河南财经政法大学	我校承认河南美术统考成绩，具体招生人数将于5-6月份公布，考生可先参考2014年招生计划
河南城建学院	2015年承认各省美术统考成绩，不单独组织美术类专业考试，具体招生省份与人数将于5-6月份公布，考生可先参考2014年招生计划
郑州航空工业管理学院	2015年承认各省美术统考成绩，不单独组织美术类专业考试，具体招生省份与人数将于5-6月份公布。
华北水利水电大学	我校承认河南美术统考成绩，具体招生人数将于5-6月份公布，考生可先参考2014年招生计划
安阳师范学院	我校承认河南美术统考成绩，具体招生人数将于5-6月份公布，考生可先参考2014年招生计划
洛阳师范学院	我校承认河南美术统考成绩，具体招生人数将于5-6月份公布，考生可先参考2014年招生计划
南阳理工学院	2015年承认各省美术统考成绩，不单独组织美术类专业考试，具体招生省份与人数将于5-6月份公布，考生可先参考2014年招生计划
南阳师范学院	我校承认河南美术统考成绩，具体招生人数将于5-6月份公布，考生可先参考2014年招生计划
信阳师范学院	我校承认河南美术统考成绩，具体招生人数将于5-6月份公布，考生可先参考2014年招生计划
周口师范学院	2015年承认各省美术统考成绩，不单独组织美术类专业考试，具体招生省份与人数将于5-6月份公布，考生可先参考2014年招生计划
商丘师范学院	2015年承认各省美术统考成绩，不单独组织美术类专业考试，具体招生省份与人数将于5-6月份公布，考生可先参考2014年招生计划
新乡学院	我校承认河南美术统考成绩，具体招生人数将于5-6月份公布，考生可先参考2014年招生计划
许昌学院	我校承认河南美术统考成绩，具体招生人数将于5-6月份公布，考生可先参考2014年招生计划
平顶山学院	我校承认河南美术统考成绩，具体招生人数将于5-6月份公布，考生可先参考2014年招生计划

续表

河南省高校	
高校名称	**省市划分**
洛阳理工学院	2015年承认各省美术统考成绩，不单独组织美术类专业考试，具体招生省份与人数将于5-6月份公布，考生可先参考2014年招生计划
黄淮学院	我校承认河南美术统考成绩，具体招生人数将于5-6月份公布，考生可先参考2014年招生计划
河南工程学院	我校承认河南美术统考成绩，具体招生人数将于5-6月份公布，考生可先参考2014年招生计划
河南科技学院	我校承认河南美术统考成绩，具体招生人数将于5-6月份公布，考生可先参考2014年招生计划
安阳工学院	2015年承认各省美术统考成绩，不单独组织美术类专业考试，具体招生省份与人数将于5-6月份公布，考生可先参考2014年招生计划
河南科技大学	2015年承认各省美术统考成绩，不单独组织美术类专业考试，具体招生省份与人数将于5-6月份公布，考生可先参考2014年招生计划
河南农业大学	承认河南美术统考成绩，具体招生省份与人数将于5-6月份公布，考生可先参考2014年招生计划
郑州师范学院	2015年承认各省美术统考成绩，不单独组织美术类专业考试，具体招生省份与人数将于5-6月份公布，考生可先参考2014年招生计划

湖北省高校	
高校名称	**省市划分**
湖北工业大学	承认北京、上海、湖南美术统考成绩，具体信息详见：湖北工业大学2015年艺术类招生简章
武汉纺织大学	北京市、湖南省、四川省、重庆市设点组织美术校考，其他省市区直接使用当地省统考成绩。具体信息详见：武汉纺织大学2015年外省美术类招生简章
中国地质大学（武汉）	2015年美术类专业继续面向天津、河北、山东、河南、湖北、湖南、江西、浙江、江苏、广东、广西、四川、山西、陕西、福建招生，我校2015年不组织美术校考，承认以上招生省份美术统考成绩，具体招生专业、计划数详见:中国地质大学（武汉）2015年美术类招生简章
中南民族大学	山西、湖南、四川、江苏等省招收美术类考生使用所在省美术类专业统考成绩，不单独组织考试。具体信息详见：中南民族大学2015年艺术类招生简章
中南财经政法大学	2015年数字媒体艺术专业继续在湖北、山东、江苏、江西、湖南五省份招收美术类学生，其中湖北省15名、山东省15名、江苏省10名、江西省10名、湖南省10名、机动计划10名。我校今年不单独组织美术校考，专业成绩直接使用省统考成绩。按照考生综合成绩（综合成绩=高考文化课成绩（含政策性加分）+省统考成绩）分省从高到低择优录取。根据招生计划，对文科和理科分别投放招生计划的省份，成绩分别按照文科或理科从高分到低分排序录取考生；对于不分文科和理科投放招生计划的省份，成绩不分文理从高分到低分排序录取考生。考生参加普通高考，外语语种为英语的，英语单科成绩须达到150分制的80分以上。具体信息详见：中南财经政法大学2015年数字媒体艺术专业招生简章
武汉工程大学	根据湖北省、福建省、湖南省、广东省招办有关文件精神，招生院校不再单独举行艺术类专业考试，录取时以考生的省联考成绩为准。具体信息详见：武汉工程大学2015年艺术类招生简章
三峡大学	2015年我校艺术类专业不再组织校级专业测试，统一采用招生计划设置省份专业统考成绩。美术类本科专业招生省份为湖北、湖南、江西、江苏、山东、山西、福建、安徽、河北、广东、河南。更多信息详见：三峡大学2015年艺术类招生简章
长江大学	承认湖北美术统考成绩，具体招生人数将于5-6月份公布。考生可先参考2014年招生计划
黄冈师范学院	承认湖北、江西、安徽、湖南、广东、福建、新疆美术统考成绩，具体信息详见：黄冈师范学院2015年美术类专业招生简章
湖北师范学院	承认各招生省份美术统考成绩，招生省份为湖北、湖南、河南、安徽、江西、山东、江苏、浙江、河北、山西、辽宁、黑龙江、福建、广东、广西、贵州、甘肃，具体信息详见：湖北师范学院2015年美术类专业招生简章
湖北第二师范学院	承认湖北美术统考成绩，具体招生人数将于5-6月份公布。考生可先参考2014年招生计划
湖北民族学院	承认各招生省份美术统考成绩，具体招生人数将于5-6月份公布。考生可先参考2014年招生计划。湖北民族学院2015年艺术类招生简章

湖北省高校	
高校名称	**省市划分**
武汉轻工大学	承认湖北美术统考成绩，具体招生人数将于5-6月份公布。考生可先参考2014年招生计划
湖北经济学院	承认湖北美术统考成绩，具体招生人数将于5-6月份公布。考生可先参考2014年招生计划
湖北文理学院	承认湖北、安徽美术统考成绩，具体信息详见：湖北文理学院2015年艺术类招生简章
荆楚理工学院	承认湖北美术统考成绩，具体招生人数将于5-6月份公布。考生可先参考2014年招生计划
湖北理工学院	承认湖北美术统考成绩，具体招生人数将于5-6月份公布。考生可先参考2014年招生计划
湖北科技学院	承认各省美术统考成绩，招生省份为湖北省、山西省、内蒙古、广西区、湖南省、江西省、安徽省、贵州省、江苏省、山东省、新疆区、福建省、河南省，具体信息详见：湖北科技学院2015年艺术类招生简章
湖北工程学院	承认湖北、湖南、安徽美术统考成绩，具体信息详见：湖北工程学院2015年艺术类招生简章
湖北汽车工业学院	承认各招生省份美术统考成绩，具体招生省份、专业、人数将于5-6月份公布。考生可先参考2014年招生计划
武汉体育学院	报考视觉传达设计专业考生必须参加生源地（省、自治区、直辖市，下同）省级统考，我校不单独组织专业测试，统考合格者均可报考我校；具体信息详见：武汉体育学院2015年艺术类招生简章。具体招生省份、专业、人数将于5-6月份公布。考生可先参考2014年招生计划
武汉商学院	承认各招生省份美术统考成绩，具体招生省份、专业、人数将于5-6月份公布。考生可先参考2014年招生计划
湖南省高校	
高校名称	**省市划分**
湖南师范大学	承认湖南美术统考成绩，具体招生人数将于5-6月份公布。考生可先参考2014年招生计划
湖南工业大学	承认湖南美术统考成绩，具体招生人数将于5-6月份公布。考生可先参考2014年招生计划
中南大学	承认湖南美术统考成绩，具体信息详见：中南大学2015年艺术类招生简章
中南林业科技大学	承认湖南美术统考成绩，具体招生人数将于5-6月份公布。考生可先参考2014年招生计划
湖南科技大学	承认各招生省份美术统考成绩，具体招生省份、专业、人数将于5-6月份公布。考生可先参考2014年招生计划
湘潭大学	承认北京、湖南美术统考成绩，具体信息详见：湘潭大学2015年艺术类招生简章
长沙理工大学	承认辽宁、浙江、湖南、广东美术统考成绩，具体信息详见：长沙理工大学2015年艺术类招生简章
吉首大学	承认湖南美术统考成绩，具体招生人数将于5-6月份公布。考生可先参考2014年招生计划
南华大学	承认湖南美术统考成绩，具体招生人数将于5-6月份公布。考生可先参考2014年招生计划
湖南农业大学	承认湖南美术统考成绩，具体招生人数将于5-6月份公布。考生可先参考2014年招生计划
湖南商学院	承认湖南美术统考成绩，具体招生人数将于5-6月份公布。考生可先参考2014年招生计划
湖南城市学院	承认湖南美术统考成绩，具体招生人数将于5-6月份公布。考生可先参考2014年招生计划
湖南文理学院	承认湖南美术统考成绩，具体招生人数将于5-6月份公布。考生可先参考2014年招生计划
湖南工程学院	承认内蒙古、安徽、福建、湖南、广东美术统考成绩，具体信息详见：湖南工程学院2015年艺术类招生简章
湖南科技学院	承认湖南美术统考成绩，具体招生人数将于5-6月份公布。考生可先参考2014年招生计划
湖南理工学院	承认湖南美术统考成绩，具体招生人数将于5-6月份公布。考生可先参考2014年招生计划
湖南人文科技学院	承认湖南美术统考成绩，具体招生人数将于5-6月份公布。考生可先参考2014年招生计划
长沙学院	承认湖南美术统考成绩，具体招生人数将于5-6月份公布。考生可先参考2014年招生计划
衡阳师范学院	承认各招生省份美术统考成绩，具体招生省份、专业、人数将于5-6月份公布。考生可先参考2014年招生计划
怀化学院	承认湖南美术统考成绩，具体招生人数将于5-6月份公布。考生可先参考2014年招生计划
湘南学院	承认湖南美术统考成绩，具体招生人数将于5-6月份公布。考生可先参考2014年招生计划
邵阳学院	承认湖南美术统考成绩，具体招生人数将于5-6月份公布。考生可先参考2014年招生计划

续表

湖南省高校	
高校名称	省市划分
湖南女子学院	承认湖南美术统考成绩，具体招生人数将于5-6月份公布。考生可先参考2014年招生计划
长沙师范学院	承认湖南美术统考成绩，具体招生人数将于5-6月份公布。考生可先参考2014年招生计划
湖南第一师范学院	承认各招生省份美术统考成绩，具体招生省份、专业、人数将于5-6月份公布。考生可先参考2014年招生计划

四川省高校	
高校名称	省市划分
四川音乐学院	承认四川美术统考成绩，具体招生人数将于5-6月份公布。考生可先参考2014年招生计划
四川大学	美术学、绘画（油画）、绘画（国画）、动画、视觉传达设计、环境设计等专业在四川、湖北、山西、山东、安徽、广东认可美术统考成绩，服装与服饰设计承认各招生省份美术统考成绩，具体招生省份为四川、重庆、湖北、安徽、江苏、新疆、河南、浙江、湖南、山东。具体信息详见：四川大学2015年艺术类招生简章
西南交通大学	设计学类专业在北京、浙江、广西、云南、四川、重庆、天津7个省（市、自治区）以省级美术统考专业成绩为录取依据，在以上省份不组织美术类专业考试。绘画专业在浙江、广西、云南、四川、重庆5个省（市、自治区）以省级美术统考专业成绩为录取依据，在以上省份不组织美术类专业考试。具体信息详见：西南交通大学2015年艺术类招生简章
四川师范大学	承认各招生省份美术统考成绩，具体招生省份、专业、人数将于5-6月份公布。考生可先参考2014年招生计划
成都理工大学	承认四川美术统考成绩，具体招生人数将于5-6月份公布。考生可先参考2014年招生计划
西华师范大学	承认各招生省份美术统考成绩，美术学（师范）具体招生省份为河北、山西、江苏、安徽、福建、江西、山东、河南、广西、重庆、贵州、甘肃、四川，绘画专业具体招生省份为重庆、河北、山东、河南、福建、江西、四川，服装与服饰设计、环境设计、视觉传达设计专业具体招生省份为河北、山西、江苏、安徽、福建、江西、山东、河南、广西、重庆、贵州、甘肃、四川。具体信息详见：西华师范大学2015年艺术类招生简章
西华大学	承认四川美术统考成绩，具体招生人数将于5-6月份公布。考生可先参考2014年招生计划
西南民族大学	承认各招生省份美术统考成绩，具体信息详见：西南民族大学2015年艺术类招生简章。具体招生省份、专业、人数将于5-6月份公布。考生可先参考2014年招生计划
四川农业大学	承认各招生省份美术统考成绩，具体招生省份、专业、人数将于5-6月份公布。考生可先参考2014年招生计划
绵阳师范学院	承认各招生省份美术统考成绩，具体招生省份、专业、人数将于5-6月份公布。考生可先参考2014年招生计划
内江师范学院	承认四川美术统考成绩，具体招生人数将于5-6月份公布。考生可先参考2014年招生计划
乐山师范学院	承认各招生省份美术统考成绩，具体招生省份、专业、人数将于5-6月份公布。考生可先参考2014年招生计划
攀枝花学院	承认四川美术统考成绩，具体招生人数将于5-6月份公布。考生可先参考2014年招生计划
成都学院	承认各招生省份美术统考成绩，具体招生省份、专业、人数将于5-6月份公布。考生可先参考2014年招生计划
成都信息工程学院	承认各招生省份美术统考成绩，具体招生省份、专业、人数将于5-6月份公布。考生可先参考2014年招生计划
四川文理学院	承认各招生省份美术统考成绩，具体招生省份、专业、人数将于5-6月份公布。考生可先参考2014年招生计划
四川理工学院	承认各招生省份美术统考成绩，具体招生省份、专业、人数将于5-6月份公布。考生可先参考2014年招生计划
西南科技大学	承认各招生省份美术统考成绩，具体招生省份、专业、人数将于5-6月份公布。考生可先参考2014年招生计划
西昌学院	承认四川美术统考成绩，具体招生人数将于5-6月份公布。考生可先参考2014年招生计划
宜宾学院	承认各招生省份美术统考成绩，具体招生省份、专业、人数将于5-6月份公布。考生可先参考2014年招生计划
四川民族学院	承认四川美术统考成绩，具体招生人数将于5-6月份公布。考生可先参考2014年招生计划
成都师范学院	承认各招生省份美术统考成绩，具体招生省份、专业、人数将于5-6月份公布。考生可先参考2014年招生计划
四川旅游学院	承认四川美术统考成绩，具体招生人数将于5-6月份公布。考生可先参考2014年招生计划

续表

高校名称	省市划分
重庆市高校	
重庆大学	艺术学院绘画（油画、国画）、动画、设计学类（含环境设计、视觉传达设计、产品设计）专业承认重庆美术统考成绩，具体招生人数将于5-6月份公布。考生可先参考2014年招生计划
西南大学	我校在11个省（自治区、市）不设校考，认可当地省级美术类专业统考成绩，按我校录取规则录取，请考生关注当地省级招办公布的招生专业和计划，欢迎报考。这11个省（自治区、市）是：重庆、内蒙古、辽宁、黑龙江、江西、河南、湖南、海南、青海、甘肃、宁夏。具体信息详见：西南大学2015年美术类招生简章
重庆师范大学	承认重庆美术统考成绩，具体招生人数将于5-6月份公布。考生可先参考2014年招生计划
重庆工商大学	在我校未组织专业校考的省份且有投放招生计划的省份，对出档考生按按综合分[（文化成绩÷文化总分）×40+（联考专业成绩÷联考专业总分）×60]排序。具体招生省份、专业、人数将于5-6月份公布。考生可先参考2014年招生计划
重庆邮电大学	承认四川、重庆美术统考成绩，具体信息详见：重庆邮电大学2015年艺术类招生简章
重庆交通大学	承认各招生省份美术统考成绩，具体招生省份、专业、人数将于5-6月份公布。考生可先参考2014年招生计划
长江师范学院	承认重庆美术统考成绩，具体招生人数将于5-6月份公布。考生可先参考2014年招生计划
重庆文理学院	承认各招生省份美术统考成绩，具体信息详见：重庆文理学院2015年艺术类招生简章。具体招生省份、专业、人数将于5-6月份公布。考生可先参考2014年招生计划
重庆三峡学院	四川、浙江、宁夏、内蒙、河南、海南、重庆，具体信息详见：重庆三峡学院2015年美术类招生简章
重庆科技学院	承认各招生省份美术统考成绩，具体招生省份、专业、人数将于5-6月份公布。考生可先参考2014年招生计划
重庆第二师范学院	承认重庆、四川美术统考成绩，另外在江西省投放2个承认美术统考成绩的招生名额（剩余在江西省投放的美术专业招生名额为组织校考），具体信息详见：重庆第二师范学院2015年美术类招生简章
云南省高校	
云南师范大学	美术学、视觉传达设计、环境设计承认各招生省份美术统考成绩，具体招生省份为云南、山东、山西、江西、江苏、安徽、浙江、福建、广西、湖北、湖南、河南、河北、内蒙古、甘肃、四川、贵州、重庆、辽宁、吉林、黑龙江等省。动画专业在省外全部使用承认美术统考成绩，具体招生省份为山东、山西、江西、江苏、安徽、浙江、福建、广西、湖北、湖南、河南、河北、内蒙古、甘肃、四川、贵州、重庆、辽宁、吉林、黑龙江等省。具体信息详见：云南师范大学2015年艺术类招生简章
云南大学	承认云南美术统考成绩，具体招生人数将于5-6月份公布。考生可先参考2014年招生计划
云南民族大学	承认各招生省份美术统考成绩，具体招生省份为云南 河北 江西 山东 河南 湖北 湖南 广西 重庆 四川，具体信息详见：云南民族大学2015年艺术类招生简章
云南财经大学	承认各招生省份美术统考成绩，具体信息详见：云南财经大学2015年艺术类招生简章。具体招生省份、专业、人数将于5-6月份公布。考生可先参考2014年招生计划
昆明理工大学	承认云南美术统考成绩，具体招生人数将于5-6月份公布。考生可先参考2014年招生计划
西南林业大学	承认各招生省份美术统考成绩，具体招生省份、专业、人数将于5-6月份公布。考生可先参考2014年招生计划
玉溪师范学院	除广西、山西外，其他省份承认美术统考成绩，具体信息详见：玉溪师范学院2015年艺术类招生简章。具体招生省份、专业、人数将于5-6月份公布。考生可先参考2014年招生计划
昆明学院	承认各招生省份美术统考成绩，具体招生省份、专业、人数将于5-6月份公布。考生可先参考2014年招生计划
曲靖师范学院	美术类专业承认各招生省份美术统考成绩，具体各专业招生省份如下：美术学：云南、山西、广西、江苏、山东、湖北、甘肃、河南、黑龙江、吉林、辽宁。环境设计：云南、山西、广西、江苏、山东、湖北、甘肃、河南、吉林、辽宁、黑龙江。视觉传达设计：云南、山西、广西、江苏、山东、湖北、甘肃、河南、吉林、黑龙江、辽宁。更多细节详见：曲靖师范学院2015年艺术类招生简章

续表

云南省高校	
高校名称	**省市划分**
红河学院	江苏、陕西、广西组织美术校考，其他省份承认美术统考成绩，具体招生省份、专业、人数将于5-6月份公布。考生可先参考2014年招生计划
大理学院	承认各招生省份美术统考成绩，具体招生省份、专业、人数将于5-6月份公布。考生可先参考2014年招生计划
楚雄师范学院	承认各招生省份美术统考成绩，具体招生省份、专业、人数将于5-6月份公布。考生可先参考2014年招生计划
文山学院	承认各招生省份美术统考成绩，具体招生省份、专业、人数将于5-6月份公布。考生可先参考2014年招生计划
保山学院	承认各招生省份美术统考成绩，具体招生省份、专业、人数将于5-6月份公布。考生可先参考2014年招生计划
普洱学院	承认各招生省份美术统考成绩，具体招生省份、专业、人数将于5-6月份公布。考生可先参考2014年招生计划

贵州省高校	
高校名称	**省市划分**
贵州大学	承认贵州美术统考成绩，具体招生人数将于5-6月份公布。考生可先参考2014年招生计划
贵州师范大学	承认贵州美术统考成绩，具体招生人数将于5-6月份公布。考生可先参考2014年招生计划
贵州民族大学	承认贵州美术统考成绩，具体招生人数将于5-6月份公布。考生可先参考2014年招生计划
贵州财经大学	承认贵州美术统考成绩，具体招生人数将于5-6月份公布。考生可先参考2014年招生计划
贵州师范学院	承认贵州美术统考成绩，具体招生人数将于5-6月份公布。考生可先参考2014年招生计划
贵阳学院	承认各招生省份美术统考成绩，具体招生省份、专业、人数将于5-6月份公布。考生可先参考2014年招生计划
遵义师范学院	承认贵州美术统考成绩，具体招生人数将于5-6月份公布。考生可先参考2014年招生计划
黔南民族师范学院	承认贵州美术统考成绩，具体招生人数将于5-6月份公布。考生可先参考2014年招生计划
凯里学院	承认贵州美术统考成绩，具体招生人数将于5-6月份公布。考生可先参考2014年招生计划
六盘水师范学院	承认各招生省份美术统考成绩，具体招生省份、专业、人数将于5-6月份公布。考生可先参考2014年招生计划
贵州工程应用技术学院	承认贵州美术统考成绩，具体招生人数将于5-6月份公布。考生可先参考2014年录取统计
安顺学院	承认各招生省份美术统考成绩，具体招生省份、专业、人数将于5-6月份公布。考生可先参考2014年招生计划
铜仁学院	承认各招生省份美术统考成绩，具体招生省份、专业、人数将于5-6月份公布。考生可先参考2014年招生计划
兴义民族师范学院	承认贵州美术统考成绩，具体招生人数将于5-6月份公布。考生可先参考2014年招生计划

西藏高校	
高校名称	**省市划分**
西藏大学	承认各招生省份美术统考成绩，具体招生省份、专业、人数将于5-6月份公布。考生可先参考2014年招生计划

陕西省高校	
高校名称	**省市划分**
陕西师范大学	承认陕西、山东、广东、宁夏、新疆美术统考成绩，具体信息详见：陕西师范大学2015年美术类专业招生简章
陕西科技大学	承认各省美术统考成绩，不单独组织美术类专业考试，具体招生省份为北京 天津 山西 黑龙江 江苏 浙江 安徽 福建 山东 河南 湖北 湖南 广东 重庆 陕西 甘肃，具体信息详见：陕西科技大学2015年艺术类招生简章
西安工程大学	承认陕西美术统考成绩，具体招生人数将于5-6月份公布。考生可先参考2014年招生计划
西安理工大学	美术类专业不单独组织校考，承认各招生省份美术统考成绩。具体招生省份、招生计划将于5-6月份公布，考生可关注我校招生办官网。更多信息详见：西安理工大学2015年美术类招生简章
西北大学	除山东省考生须参加我校单独足的的美术类专业考试外，其他招生省份承认美术统考成绩，具体信息详见：西北大学2015年设计学类专业招生简章。具体招生省份、专业、人数将于5-6月份公布。考生可先参考2014年招生计划

续表

陕西省高校	
高校名称	**省市划分**
西安交通大学	承认陕西美术统考成绩，具体招生人数将于 5-6 月份公布。考生可先参考 2014 年招生计划
西北农林科技大学	承认各省美术统考成绩，不单独组织美术类专业考试，具体招生省份为河北、山西、山东、江苏、安徽、河南、湖北、湖南、四川、陕西和甘肃，具体信息详见：西北农林科技大学 2015 年艺术类招生简章
长安大学	承认各省美术统考成绩，不单独组织美术类专业考试，具体招生省份为陕西、河南、湖南、浙江、广东，更多信息详见：长安大学 2015 年艺术类专业招生简章
西北工业大学	2015 年美术类"产品设计"专业面向陕西、河南、山西、山东四省计划招生 20 名，我校认可以上四个省份省级美术统考成绩，不单独组织校考。陕西、河南、山西、山东考生按照第一志愿报考我校，且专业课和文化课成绩均上线（考生文化课成绩理科不低于 430 分，文科不低于 450 分），分文理科按专业课成绩从高分到低分，择优录取。在实施过程中，如果有与教育部、各省艺术类专业招生政策不一致的地方，以教育部、各省艺术类专业招生政策为准。更多信息详见：西北工业大学 2015 年艺术类招生简章
西安工业大学	承认陕西美术统考成绩，具体招生人数将于 5-6 月份公布。考生可先参考 2014 年招生计划
西安科技大学	承认各招生省份美术统考成绩，具体招生省份、专业、人数将于 5-6 月份公布。考生可先参考 2014 年招生计划
西安外国语大学	承认各招生省份美术统考成绩，具体招生省份、专业、人数将于 5-6 月份公布。考生可先参考 2014 年招生计划
西安石油大学	承认陕西美术统考成绩，具体招生人数将于 5-6 月份公布。考生可先参考 2014 年招生计划
延安大学	承认陕西美术统考成绩，具体招生人数将于 5-6 月份公布。考生可先参考 2014 年招生计划
宝鸡文理学院	承认陕西、青海、内蒙古、四川、河南美术统考成绩，具体信息详见：宝鸡文理学院 2015 年艺术类招生简章
渭南师范学院	承认陕西美术统考成绩，具体招生人数将于 5-6 月份公布。考生可先参考 2014 年招生计划
咸阳师范学院	承认陕西美术统考成绩，具体招生人数将于 5-6 月份公布。考生可先参考 2014 年招生计划
陕西理工学院	承认各招生省份美术统考成绩，具体招生省份、专业、人数将于 5-6 月份公布。考生可先参考 2014 年招生计划
西安文理学院	承认陕西、河南美术统考成绩，具体信息详见：西安文理学院 2015 年艺术类招生简章
西安邮电大学	承认陕西美术统考成绩，具体招生人数将于 5-6 月份公布。考生可先参考 2014 年招生计划
西安财经学院	承认各招生省份美术统考成绩，具体招生省份、专业、人数将于 5-6 月份公布。考生可先参考 2014 年招生计划
安康学院	承认陕西、河南、江西美术统考成绩，具体信息详见：安康学院 2015 年艺术类招生简章
商洛学院	认可各省（市、自治区）美术类专业统考成绩，具体招生省份、专业、人数将于 5-6 月份公布。考生可先参考 2014 年招生计划
榆林学院	承认各招生省份美术统考成绩，具体招生省份、专业、人数将于 5-6 月份公布。考生可先参考 2014 年招生计划
陕西学前师范学院	承认各招生省份美术统考成绩，具体招生省份、专业、人数将于 5-6 月份公布。考生可先参考 2014 年招生计划
西北工业大学	2015 年美术类"产品设计"专业面向陕西、河南、山西、山东四省计划招生 20 名，我校认可以上四个省份省级美术统考成绩，不单独组织校考。陕西、河南、山西、山东考生按照第一志愿报考我校，且专业课和文化课成绩均上线（考生文化课成绩理科不低于 430 分，文科不低于 450 分），分文理科按专业课成绩从高分到低分，择优录取。在实施过程中，如果有与教育部、各省艺术类专业招生政策不一致的地方，以教育部、各省艺术类专业招生政策为准。更多信息详见：西北工业大学 2015 年艺术类招生简章
甘肃省高校	
高校名称	**省市划分**
西北师范大学	承认甘肃美术统考成绩，具体招生人数将于 5-6 月份公布。考生可先参考 2014 年招生计划
兰州大学	2015 年美术类本科招生专业为设计学类（视觉传达设计专业 50 人，环境设计专业 30 人），面向北京、天津、河北、内蒙古、安徽、山东、河南、湖南、重庆、四川、陕西、甘肃招生，我校不单独组织美术类专业课考试，认可各招生省份美术统考成绩。我校要求高考外语成绩不低于 50 分（外语满分不为 150 分的省份按照比例折算）；高考文化课总分不低于二批本科控制线的 65%（山东省考生高考总分要求按照山东省政策执行）。另外，我校对各省考生的美术统考成绩有最低分数要求，具体信息详见：兰州大学 2015 年艺术类专业招生简章

续表

甘肃省高校	
高校名称	**省市划分**
西北民族大学	除山西、辽宁、黑龙江、河南、山东、广西、新疆等使用美术校考，其他各省使用省级美术类统考专业成绩；数字媒体艺术专业使用各省美术类统考专业成绩。更多细节详见：西北民族大学 2015 年艺术类招生简章。具体招生省份、专业、人数将于 5-6 月份公布。考生可先参考 2014 年招生计划
兰州交通大学	承认甘肃美术统考成绩，具体招生人数将于 5-6 月份公布。考生可先参考 2014 年招生计划
兰州理工大学	承认甘肃美术统考成绩，具体招生人数将于 5-6 月份公布。考生可先参考 2014 年招生计划
兰州商学院	承认甘肃美术统考成绩，具体招生人数将于 5-6 月份公布。考生可先参考 2014 年招生计划
兰州城市学院	承认甘肃美术统考成绩，具体招生人数将于 5-6 月份公布。考生可先参考 2014 年招生计划
甘肃政法学院	承认甘肃美术统考成绩，具体招生人数将于 5-6 月份公布。考生可先参考 2014 年招生计划
天水师范学院	承认甘肃美术统考成绩，具体招生人数将于 5-6 月份公布。考生可先参考 2014 年招生计划
陇东学院	承认各招生省份美术统考成绩，具体招生省份、专业、人数将于 5-6 月份公布。考生可先参考 2014 年招生计划
河西学院	承认甘肃美术统考成绩，具体招生人数将于 5-6 月份公布。考生可先参考 2014 年招生计划
兰州工业学院	承认各招生省份美术统考成绩，具体招生省份、专业、人数将于 5-6 月份公布。考生可先参考 2014 年招生计划
兰州文理学院	承认甘肃美术统考成绩，具体招生人数将于 5-6 月份公布。考生可先参考 2014 年招生计划
甘肃民族师范学院	承认各招生省份美术统考成绩，具体招生省份、专业、人数将于 5-6 月份公布。考生可先参考 2014 年招生计划

青海省高校	
高校名称	**省市划分**
青海民族大学	视觉传达设计（广告设计方向）承认各招生省份美术统考成绩，具体招生省份为山东、青海、湖北、河南、甘肃，具体信息详见：青海民族大学 2015 年艺术类招生简章
青海师范大学	承认青海美术统考成绩，具体招生人数将于 5-6 月份公布。考生可先参考 2014 年招生计划

宁夏区高校	
高校名称	**省市划分**
宁夏大学	承认宁夏美术统考成绩，具体招生人数将于 5-6 月份公布。考生可先参考 2014 年招生计划
北方民族大学	2015 年承认各招生省份美术统考成绩，不单独组织美术类专业校考。具体信息详见：北方民族大学 2015 年艺术类招生简章
宁夏师范学院	承认宁夏美术统考成绩，具体招生人数将于 5-6 月份公布。考生可先参考 2014 年招生计划
新疆大学	承认新疆美术统考成绩，具体招生人数将于 5-6 月份公布。考生可先参考 2014 年招生计划
塔里木大学	承认新疆美术统考成绩，具体招生人数将于 5-6 月份公布。考生可先参考 2014 年招生计划
喀什师范学院	承认各招生省份美术统考成绩，具体招生省份、专业、人数将于 5-6 月份公布。考生可先参考 2014 年招生计划
伊犁师范学院	2015 年我院面向新疆维吾尔自治区进行艺术加试招生，其他省份参考当地统考成绩。更多信息详见：伊犁师范学院 2015 年艺术类招生简章

特别说明：由于美术院校招生各方面情况的不断调整与变化，这份表格所提供的所有考试信息仅供参考，考生应以高校官方网站公布的 2015 年艺术类招生简章为准。

省级统考考试中的误区分析与解读

马丁·海德格尔
MARTIN HEIDEGGER

艺术品绝非是对那些在任何给予的时间里显现的个别存在物的再现，相反它是对物的一般本质的再现。

由于信息不流通和观念的闭塞，每年都有很多考生落榜。下面就为考生解读有关省级统考的五大备考误区，并进行细致解读。

误区一：省级统考这样画就能拿高分

很多培训班的老师都会和学生这样说：联考这样画就绝对能拿到高分，不信你试试。前面一句不太可怕，可怕的是后面一句，难道人的命运可以开玩笑的吗？联考没有绝对的标准，也没有绝对的风格，更没有绝对的技法。举个例子：即使是掌管广东省美术联考大方向的华南师范大学美术学院，院方也不会百分百确定一个联考方向，真正的方向只有一个：牢牢掌握基本功！

大部分考生都会陷入这样的误区，以为自己现在掌握了这套技巧就已经掌握了一把"万能钥匙"，只要有这把"万能钥匙"，我就能够打开联考的大门，甚至美院的大门，我在文中提到过联考与校考的区别，一个是一选多，即统一标准；一个是多选一，即多元标准。考生平时在训练时，只要跟着专业课老师的方法去走大致没有太大问题，但千万不要盲目跟风，一会学这个老师这套技法，一会学习那个老师那套技法，到头来什么也没搞懂，真正要学的其实是老师们身上的思考方法而不是复制表面的东西，这样所学的知识是不牢固的。

误区二：联考和校考的表现技法与手段一样

联考与校考的要求不同，尤其是美术学院与艺术学院对选拔学生的要求也不同，前者要求画面效果统一，后者不仅要求画面效果统一，还注重学生表现在考卷上的才气、个性和艺术素养，以及是否有个人独特的表现技法与手段。拿广东省美术联考来说，考生在联考时所学习的这套技法不适合于单考院校的招生要求，因此联考过后如何尽快过渡到单考，这是考生最需要解决的问题，一是作画观念的转换，二是表现技法上的转变，三是认知方式上的变化。

误区三：联考不重要，重要的是单考

联考是美术高考的第一大关，只有过了这一关，过了联考最低资格线，拿到了联考本科合格证，才有机会参加全国艺术类校考的单招考试。有些单考院校不需要看联考成绩，有些则要求考生过该省联考的最低资格线，有的要求高一些，要获得联考的本科合格证才能报考。无论是"联考不重要，重要的是单考"还是"单考不重要，重要的是联考"，这两种思维都是不好的，不管是联考抑或是校考，都是帮助你掌握美术基础能力的一个学习过程，都是为了你往后的学习可以更加顺利，能够成长得更快一些。因此，考生应同时重视联考和单考，但论次序，则联考第一，单考第二，除非一种可能，你联考只要过线就可以了，而把注意力放在三大美院上，这又另当别论！

误区四：注重画面效果，不注重形体结构

很多考生都在追求一种画面"越漂亮越好"的华丽效果，说白了，只要画像了，很真，质感凸出，空间氛围很好，达到了这些要求这幅画就是好的。联考考试果真如此吗？显然该考生已经陷入了致命的误区，捡了芝麻丢了西瓜，联考最重视的是考生的基本功——也就是对形体比例结构体积的精确把握，如果基本的形体特征都不准确，一切都是空谈，就像再漂亮的房子也好，基地不稳的话一定会瞬间坍塌的。考生切记，不要盲目追求"漂亮"的画面效果，而忽视了对象最重要的形体结构。曾经有个考生连续考了三年广州美院，但连续三年专业都没通过，他是一个固执的人，也不太愿意和老师沟通"为什么"，不愿意听取他人的意见，后来他才知道，

不是自己的画面不够精致、美观、漂亮，而是画面最基本的形体比例、结构、体积都没顾及到位。当他认清这点便开始认真又细心地钻研形体结构的基本规律与构造，透过现象看本质如此才能解决问题的根本。

误区五：设计基础对联考没有多大帮助

由于省级统考考试科目没有涉及"设计基础"这块，于是很多考生就忽视了学习设计课程的重要性了。高考的设计基础课程主要解决的是三大构成的问题，即平面构成、色彩构成、立体构成，考生如果能在学习技巧之余将三大构成的基本常识学到家，那么无疑必将对素描、色彩和速写的认知与了解更加深刻。其次，针对"设计基础"的单考院校也有具体的针对性，然而高考设计类考试类型无外乎是创意速写、黑白装饰画、色彩装饰画、立体构成、平面构成、设计素描、设计色彩、单色画创作、图案设计、字体设计等等。美术类各专业考试科目既然都有考到，那就证明各专业之间存有既对立又统一的内在关联性，考生只要去尝试，就能发现之间的规律、共性所在，互通有无，优势互补，取长补短，都是有益于各科学习的，千万不能有太过功利的思想存在，就盲目认为既然考试没考，我又为什么要学呢，这不是浪费时间吗？这就是短视行为，不可取！

省级统考考试中的误区不止以上五点，还有更多细节需要考生注意，建议平时私下可以与专业课老师们多沟通、多询问、多了解，如此才能为你扫除考学路上的雷区、盲点！

心理素质强弱影响高考成绩的发挥

恩斯特·路德维希·凯尔希纳
ERNST LUDWIG KIRCHNER

我们的绘画只是一种比喻，不是模仿。形式和色彩本身并不美，只有通过心灵的意志创造出来的才是美的。

随着考试难度的加大，考学的人数越来越多，其竞争程度也将越来越激烈，这无疑会给考生增加更多的心理负担。因此，学生心理素质如何也越来越成为各大培训机构及带队老师关注的重心，因为考生心理素质的强弱将直接影响到考试的正常发挥与专业成绩的高低，最现实的例子是，有些文化和专业成绩一般般但心理素质过硬的学生反而能考上一所好大学，而那些平时文化和专业成绩不错但临近考试就心慌慌的学生到最后反而考得不好，原因何在？心态是最大关键点。这里头含有多种因素，下面就为即将参加美术高考的考生提供一些这方面的建议，希望能帮助更多的人摆脱心理阴影，以免错失更多机会。

问题分析及解决方案

1. 焦虑

问题分析：焦虑是我们最常见到的学生所会有的一种心理状态，内心焦虑的学生一般表现为做事拖沓、没有计划、缺乏目标，最重要是没有自信心。解决方案：设定目标，制订计划，落地执行，不断调整，优化进度，解决的根本是作息时间及保持适度的运动，做法是每天早上起床后对着镜子默念心中的目标及喊口号"我能行、我能行、我能行……"，晚上睡觉前用15分钟反省一下自己并总结当日的学习情况。

2. 心浮气躁

问题分析：对于急于求进和急于求成的学生，最明显的一种心理状态是凡事都想要有速成的效果，而全然忘记了一分耕耘一分收获，心浮气躁必将导致一事无成，最终是一无所用。怎么办？解决方案：慢，凡事再慢一些，做事要脚踏实地，要有耐心，认真对待每一张画，细心分析存在的每一个问题，你最需要做的就是把目标细化成每个小目标，为每个小目标罗列出一个个小计划，然后按时定量解决问题，如此在你收获每一次进步时就多一分信心，多一分信心，就少一分浮躁的心理，少一分浮躁的心理，你就离心中的那个大目标又前进一步了，如此循环往复一个月，你会发现自己的进步，画面的效果也慢慢一点一点有了变化。

3. 不自信

问题分析：不自信的学生主要来自对自我的认识不够以及"好高骛远"、"自卑"，总觉得技不如人、一无是处，其实自信的人并不一开始就很自信而是通过后天习得的，这需要阅历的磨炼和无畏的勇气。解决方案：你要对自我有个全面的评价，优势在哪、劣势在哪，不足之处是什么，最要命的是什么，当你认真分析了解完自己之后，你会发现原来的那个自己总是在逃避，因逃避而忽视了问题，因问题的存在而没有解决，导致了自身的不自信、自卑感。建议这部分学生若想有个自我突破，首先要承认自己的不足与缺陷，勇于与他人交流，抓住每一个表现自己的机会，这样可以在无形中刺激到自己，从而增强自信的心理，一句话：当你心中无敌，就能无敌于天下。

还有一些小窍门，比如放下心中的"面子"包袱，不和天比不和地比不和人比只和自己比；比如以"平常心"对待美术高考，放手一搏，即使输了也不可惜，来年再来一次还是一条好汉；比如画不下去时别勉强自己，和专业课老师沟通之后可到外面散散心或运动一下，回来心情自然会大不同，人心不是铁打的，劳逸结合最紧要；比如时刻要懂得暗示自己"我能行，我一定能行"，"慢一点，再慢一点，别急，你可以的"，这种乐观、积极、正面的心态绝对要比消极、悲观、总是埋怨的人要好；比如作画时要有定力、要专注而绝对不能分心，要养成一种习惯，什么习惯呢？平时生活上嘻嘻哈哈，一坐下来画画时严肃认真，这种习惯一旦养成必将深刻且长远影响到你的人生。

每个人都应该有一套调整自我心理和自我状态的方法，无论什么方法，只要对你的生活和学习有帮助就好。记住：心理素质的强弱将直接影响到一个人的考试成绩，培养自己的自信心从现在开始！

备战省级美术统考：科学的五个阶段学习方法

保罗·塞尚
PAUL CEZANNE

我要把印象主义改造成一种永恒的艺术，一种博物馆的艺术。

做人要厚道，做事要条理分明，学习要有规划，这里面都讲究的是"效率"，如何才能更有效率呢？掌握科学的方法论将大大缩短成功路上的时间。下面就为考生科学梳理出备战省级统考的五个阶段学习方法，仅供参考。

第一阶段：7月至8月份，基础与摸索期

这个阶段考生需要做的事是：1. 了解省级美术统考、全国校考及美术高考的大体情况（这个时候最好把《你好！美术生》这本书来回通读三遍）；2. 为自己设定一个可供追逐的目标，根据自身情况和整体实力制订可落地执行的学习计划；3. 专业课方面以打基础为主，跟着课程进度走即可；4. 参加培训机构内部开设的文化复习班；这个阶段是时间比较宽裕和较为轻松的一个时期，专业文化两手抓。

第二阶段：9月至10月份，强化与提升期

这个阶段考生需要做的事是：1. 回过头来检查一下上两个月的学习情况，分析并总结；2. 在上个阶段基础上小范围调整自己的学习计划及学习强度；3. 专业课训练上主抓基本功——构图、形体、比例、结构、透视、体积、空间、效果等，在此基础上进行强化、深化和提升对各科基础知识点的梳理与了解；4. 仍要在专业课训练之余加强文化课的学习，直到11月份；这个阶段是考生来回接触素描、色彩、速写各科的时期，每一天都会接触到新的知识点，因此考生要养成做笔记的习惯，每天将新的知识记下，不懂的及时询问任课教师。

第三阶段：11月至12月份，巩固与调整期

这个阶段考生需要做的事是：1. 11月份结束后结束文化课的学习，将时间和精力与注意力全部专注在备战联考这一首要任务上；2. 巩固已学科目的新知识，由于这个时候考生已经接触过了不同

类型的训练形式与内容，比如素描静物、素描头像、色彩静物、站坐蹲单人速写、双人速写、组合与场景速写，形式上则有写生、照片写生、临摹和默写等各类课程相互穿插，考生最应该吃透以上知识点内容；3. 这个阶段也是考生最容易产生疲劳感与疲倦感的时期，厌学情绪也会不时出现，考生应该多注意作息，适时调整自身的状态与心理变化；4. 该阶段培训机构会在夜间开设不同类型的"魔鬼训练班"，建议考生可以在这个阶段对自己狠一点，熬过去了一切都会明朗起来。

第四阶段：1月份，应试与冲刺期

这个阶段基本每天的状态就是：模拟考、模拟考，还是模拟考，因此考生最需要做的只有一个：调整前几个月的作息时间与饮食结构，调养身体为的是养精蓄锐，准备好最好的状态在最后一天上战场；尤其注意心理情绪和人的整个状态要适度调节好。

第五阶段：1月中旬至3月底，单考阶段

这个阶段考生需要做的是：1. 联考过去了也就过去了，不必浪费时间在"猜测分数"到底如何上，在休息了两三天后尽快回到备考的学习状态中来，因为接下来还会有更严峻的考试等待着你们；2. 全面了解全国校考方面的信息资讯，做到知己知彼才能百战不殆；3. 以最短时间尽快适应单考的考试方向、考试内容与考试形式，并从联考思维中跳出来；4. 做好充足准备迎接一轮又一轮的车轮战，校考考验的不仅是考生和家长的耐心、毅力、状态、能力，还包括时间、精力、金钱。

补充一点：

从7月份开始到11月份为止，考生除了学习文化课复习以外，建议选择报读培训机构开设的设计基础培训班的课程，年青时候多学一点，终归是好事来的，所谓"书到用时方恨少"，临近考试时也许你才能更深刻体会到这句话的精粹所在！

广东联考没有什么秘诀，唯一能帮到你的就是你自己，借用韩寒一书的名字，"像少年啦飞驰"，飞到你想去的地方，那里会有你想要的！

省级统考评卷老师向你支招：
技法切忌标新立异

理性只给予我们相对的知识，而我们通过直觉获得的知识却是绝对的。

亨利·柏格森 *HENRI BERGSON*

2014年1月12日的联考结束后，我向参与此次联考阅读的华南师范大学美术学院某老师咨询了关于联考评卷的问题，在谈话中有一句话让我印象深刻，他说联考"切忌标新立异，尤其在所谓的风格技法上，美术高考没有风格，考生要做的其实就是老老实实把平时从老师那里学到的基本功运用上去就可以了"。那联考的素描、色彩、速写这三个考试科目的评分标准及占分比例的第四条上都清楚写有"表现技法"又该作何理解？

"联考中所谓的表现技法更多是开放性的，然而却被市场上的那些培训机构所误解了，但是没有办法，我们看到的就是这些考卷，也只能在这些考卷上评出各个分数段来。"确实在每年联考前广州本地市场都会组织一些广东美术高考模拟联考，从收上来的试卷来看，如今大部分的试卷都是一个样，千篇一律，就像是同一个培训机构同一批老师教出来似的。于是我继续追问下去："那我能否这样认为，您所说的标新立异其实是考生老老实实、扎扎实实地打好美术基本功，而不要过度追求所谓的形式感或者风格？""是的，我再次强调，美术高考没有所谓的风格，学生玩弄技法是死路一条，如果学生在考前在技法上固化了，那大学的老师就很难改变学生的观念了，这很可怕！"

确实，我们大多都在追求"联考是怎样怎样的"，误以为联考存在着某种既定的表现形式和方法论，也宁愿花更多时间在揣摩广东省教育考试院和华南师范大学美术学院的领导们的心头所好和喜欢的风格是什么，而却忘记了，让一个学生掌握最最基础的美术技能以及增进学生的艺术素质才是最为关键最为核心的，"希望现在的培训机构可以明白这一点"。

考试遇到没练过的题目该怎么办？

第一要保持冷静，冷静再冷静，这是最最重要的，让情绪慢下来，给头脑腾出一个理想的思考空间，然后开始构思第一步做什么，第二步做什么，第三步做什么，如此循环往复三次或以上，直到你的思路清晰为止才开始动笔，最佳思考时间最好保持在10分钟左右，所谓思路决定出路讲的就是这个道理，一旦你的思路通了，下面的一切就迎刃而解了，我国古代画家张彦远说过一句话可以点出"为什么考试时遇到没有画过的题材保持冷静最关键"这个问题的核心所在，他说"意存笔先，画尽意在"，只要在动笔之前头脑里胸腔里有了大体画面效果，那么下笔就如有神助般，也不会画到一半时内心就"兵荒马乱"。可见冷静的头脑对于考试是有多么重要。

第二要注意审题，抓住考试要求的重要文字并进行解读，这时千万不要慌张，考题里面的信息就是解开高分试卷的密码所在，而钥匙就是缜密的逻辑思考，思考什么呢？这组考题最想考核学生什么？如果我是考官，我会怎么做？画面的主体部分是什么，次主体部分又是什么，什么是我该着重强调的，什么是我该弱化的，并且还要不断在脑海中强调一句话，告诉自己：形体的造型准确是根本，但如果缺了合适的构图一切都是空谈，画面的局部塑造与大体关系同样重要，表现手法可以在最后处理。你可以将以上的口诀反复在心里念诵，一切都准备就绪之后，深深呼吸三口（闭目养神10秒钟），即可动手。

第三要明确步骤，心中有了清晰的作画步骤，无论遇到什么刁钻的考题，你至少是不会慌乱的，即使当时心里确实有些紧张而导致手抖心不安之类，但只要有严谨的作画步骤在，再怎么样画面最终效果也不会差到哪里，当然如果你想要有超常发挥，那非得有超人的心理素质和强大的自信心不可，当你有了这些时，你的画面就能够达到"锦上添花"的奇妙的理想效果。

第四要强调基础（或主抓核心部分），何谓强调基础，就是除去"表现手段与技法"以外的知识

马克·夏加尔 MARC CHAGALL

我不相信科学的倾向对艺术是有利的。

第一次被表扬

图示语言的第一节课是画一组玻璃瓶写生。

好漂亮的瓶子，还有鱼的图案。

大家要向彭彭学习，画出生命的感觉！

点，如构图、形体比例、结构、体积、黑白灰大效果、局部与整体的对应关系、细节刻画与质感表现等，这些都属于绘画的基础知识。无论是联考还是校考，抑或是高等美院与艺术学院，评卷老师考核的还是学生的基本功如何，记住：掌握了基本功，就掌握了进入大学的门票！

第五要化繁为简，什么是化繁为简，若是遇到复杂的题材，若要使画面在众多考卷中脱颖而出，方法只有一个：做减法，让画面简洁、简洁再简洁一下。做减法是最考究考生的综合绘画能力和整体素养的，没有"废画三千"也许就达不到真正的质变，一旦量到了，质就上来了，质上来了，你就懂得如何简化你的画面，让画面更有说服力，但要做到这点又是最难的。

因此，当你在考试时遇到以前没有画过的题材，你所要做的就是保持冷静、注意审题、明确步骤、强调基础、化繁为简，只要你做到以上三点，你最终的成绩也将会有一个高质量的保障，即使拿不到高分至少也是优秀的试卷！

2015年九大美院招生简章新变化

1.中央美术学院2015年招生简章新变化

中央美术学院有几点新变化是考生需要注意的：第一，实验艺术专业2015年从中央美术学院造型学院独立出来成为实验艺术学院，比去年多招收21人（2014年15人），如此中央美术学院便从原来的六个学院（造型学院、中国画学院、设计学院、建筑学院、人文学院、城市设计学院）变为七个学院，考试科目也从原来的"①素描（工具限黑色铅笔、黑色炭笔、橡皮）、②速写（工具限黑色铅笔、黑色炭笔、橡皮）、③色彩（水粉、水彩、丙烯、油画任选）、④命题创作（不得使用油画颜料）"更改为"①造型能力（工具只能使用黑色铅笔、黑色炭笔、橡皮）、②命题创作（不得使用油画颜料）、③思维活力（工具只能使用黑色钢笔或签字笔）、④美术鉴赏（工具只能使用黑色钢笔或签字笔）"；第二，报考书法学、实验艺术专业的广东考生必须在北京考点现场确认并参加专业考试；第三点变化也是最大的一个就是中央美院设计学院一改往常的专业考试科目"①素描（工具限黑色铅笔、黑色炭笔、橡皮）、②速写（工具限黑色铅笔、黑色炭笔、橡皮）、③色彩（水粉、水彩任选）、④创意设计"，变为"①造型基础（工具只能使用黑色铅笔、黑色炭笔、橡皮）、②设计基础"，直接将色彩科目和速写科目砍去；第四，实验艺术的招考科目分析，造型能力说白了就是素描，命题创作与造型学院的没有本质区别，思维活力可参考该院官网总结的考试内容，而美术鉴赏其实就是考一个人的美术知识（即笔试）；第五，设计学院专业考试科目的改革更为注重一个考生的思维能力，重创意而轻表现，这就是央美设计学院将色彩和速写砍去的核心原因，香蕉大叔预测：中央美术学院是全国美术高考改革风向标，接下来的2015年也将慢慢影响到美术学院、艺术院校乃至省级美术类专业统考的招考模式及考试科目。

2.清华大学美术学院2015年招生简章新变化

清华美术学院有几点新变化是考生需要注意的：第一，清华美术学院2015年计划招生人数与去年一样，都是240人，人数不变的基础上增删了一些专业如去掉了产品设计专业（交通工具造型设计方向），原来的艺术与科技专业一分为二变成艺术与科技(展示设计)专业和艺术与科技(信息设计)专业，将原来工艺美术（纤维、玻璃专业）改为工艺美术（金属艺术、漆艺专业）；第二，从2015年起"艺术设计学(史论)"专业改用"艺术史论"专业名称，同时取消专业校考，艺术史论专业的考试科目原来是要考素描和文艺基础的，2015年不用；第三，艺术史论专业录取按照文化课成绩必须达到所在省本科文史类一批线，再按照文化课相对成绩排序，从高到低顺序录取(文化课相对成绩相同且计划余额不足时，优先录取语文成绩高的考生)；第四，网上报名及网上交费自2015年1月5日开始至2月15日结束，逾期不予报名。

3.中国美术学院2015年招生简章新变化

中国美术学院有几点新变化是考生需要注意的：第一，中国美术学院今年计划招生1520人，比2014年少招115人（去年实际招生1635人），（含：面向浙江省招收"三位一体"综合评价本科生82名；第二，2015年中国美术学院本科招生考试上海张江校区不设考场，考试地点设在杭州象山校区，广东考生如果要报考中国美院上海设计分院，必须到指定考点参加考试；第三，网上报名与交费时间从2015年1月11日开始至1月25日结束，根据中国美院2015年招生简章的"报名注意事项"规定，因报考场地容量限制，广东考点设定了考场容量上限，考点华南师范大学美术学院每日报考人数到达该考点考场容量（人／天）上限时即止，言外之意也就是说如果一个考生即使是在规定时间内进行网上报名只要报名人数超过考场空间容量上限，便不予以报名（想报考国美的广东考生要加紧时间登陆该校招生网址了）；第四，中国美术学院今年在杭州、郑州、北京、成都、广沈阳六个城市设立考点，按其"报名注意事项"可推算出中国美院今年最高报考人数最高将去到91800人，以招生1520人计，录取比率仅为1.66，即1:60（每60人录取1个）；第五，中国美术学院2015年新增书法学专业（书法学与教育方向），艺术学理论（美术与设计理论类）比去年多招收3人（去年50人），美术学类所有专业（造型艺术类）比去年少招收40人，设计学类所有专业（设计艺术类）比去年少招收50人，戏剧与影视学类（图像与媒体艺术类）比去年少招收20人，上海设计学院所有专业比去年少招20人；第六，专业（类）方向更明确，比如去年招生专业工业造型设计、染织与服装设计、城市景观造型艺术、平面设计、数字出版与展示设计、建筑与环境艺术设计、多媒体与网页设计归到设计学类（设计艺术类）一栏中，把原来的美术学（美术与设计理论类）改为艺术学理论（美术与设计理论类）、视觉传达设计（设计艺术类）改为设计学类（设计艺术类）、动画（图像与媒体艺术类）改为戏剧与影视学类（图像与媒体艺术类）、环境设计（建筑学类）改为设计学类（建筑学类/4年），明确办学方向及人才培养目标。

4.广州美术学院2015年招生简章新变化

广州美术学院今年计划招生1335人，比2014年多招收135人（去年实际招生1200人），这两年广州美术学院招收外省学生数量保持不变（都是320名），言外之意今年多招收的那135人，除艺术教育、工业设计、建筑学和风景园林专业以外，招生名额基本上都是留给广东省学生的。广州美术学院有几点新变化是考生需要注意的：第一，新增"漆艺和书法篆刻专业"；第二，按广东美术统考成绩招生的美术教育专业少招收15人（去年90人）；第三，多增加按各省生源美术科统考成绩招生的艺术教育专业25人；第四，工业设计、建筑学、风景园林专业招收普通理科生，且无须参加省级艺术统考；第五，外语单科须达到广美规定的录取最低控制线65分（美术学外语单科在80分以上）。

5.四川美术学院2015年招生简章新变化

四川美术学院有几点新变化是考生需要注意的：第一，2015年招生专业新增"影视动画编导专业"，而去年的广播电视编导专业今年停止招生；第二，除版画与印刷设计、新媒体艺术、综合艺术、视觉传达设计、平面设计、摄影、建筑设计、环境设计、室内外空间设计、综合绘画、装饰艺术、会展艺术设计、公共艺术和出版媒介设计这些专业招生人数有剧烈变动以外，其余专业和去年相比没有太大出入，从招生专业及人数的变动便可看出社会未来3~5年哪些专业毕业生比较吃香，就业前景比较好，发展趋势是什么，考生在报考时尤其是在填报高考志愿时一定要了解清楚，这样才能提高校考命中率；第三，四川美术学院专业考试分为造型类、设计类、书法学三大板块，考生可报考其中一类，也可兼报，兼报须分别参加所报类别的专业考试。

6.西安美术学院2015年招生简章新变化

西安美术学院有几点新变化是考生需要注意的：第一，西安美术学院今年动画专业招生计划比去年多增加30人（2014年动画专业招生计划30人），公共艺术多招收10人，中国画多招收5人，雕塑多招收6人美术学多招收10人，书法学多招收5人，其余专业招生计划人数不变；第二，新增加"文化产业管理专业"，报考西美"艺术史论专业、美术学专业、艺术设计学专业、文化产业管理专业"的考生，无须参加该院专业考试；第三，从招生专业方向及人数便可看出，西美继续强化学校特色优势学科——中国画专业（据了解花鸟和人物专业方向较出名）和美术学专业（史论系），中国仅有三所美院的美术学专业拥有博士培养资格，除中央美术学院和清华美术学院以外，就是西安美院了，可见其王牌专业。

7.湖北美术学院2015年招生简章新变化

湖北美术学院有几点新变化是考生需要注意的：第一，美术学系中艺术管理专业今年将不进行专业测试，而去年则需要进行美术理论类考试。录取则按高考文化成绩录取，不像去年需要考试审核合格才能录取。

第二，绘画设计类招生计划数5%优录名额，文化成绩达到投档资格线并符合录取条件的考生，语文单科成绩今年则规定不低于80分方能优先录取，而去年则无语文单科要求！

8.天津美术学院2015年招生简章新变化

天津美术学院有几点新变化是考生需要注意的：第一，绘画类专业招生人数由去年的320人增长了70人，变成了今年的390人，并新增中国画（传统艺术修复与鉴赏）专业。设计类专业人数由去年的570人减少到了480人。减少了数字媒体艺术专业，新增了动画（动画创作与编剧）、动画（影响艺术）、环境艺术等专业。史论类专业由原来的50人增加到60人，并增加美术学（视觉文化策划与管理）专业，而中英合作办学的数字媒体艺术也由55人增长到60人.第二，报名费用略有增加。由原来的150元/人增长到200元/人（中英合作办学也由原来的90元/人，增加到120元/人）。第三，考试科目略有增加，绘画类新增命题创作记创作说明，设计类新增创意设计及设计分析。数字媒体艺术（中外合作办学）专业也由原来的素描、色彩、速写更变为创意设计及设计分析。

9.鲁迅美术学院2015年招生简章新变化

鲁迅美术学院有几点新变化是考生需要注意的：第一，鲁迅美术学院今年不在广东设立考点，广东考生可根据报考专业不同选择考点，并留意各考点网报时间以及是否接受外省考试报考，以免影响考试。第二，视觉传达设计专业招生人数从原来的460人增加到了470人，动画专业招生人数从原来的275人增加到了280人，工艺美术专业招生人数从原来的100人减低到80人，数字媒体艺术专业招生人数从原来的75人增加到80人。第三，原水性材料工作室现更名为综合绘画系；原工业设计系现更名为工业设计学院。

美术生常见疑难疑问解答汇总

1. 美术高考和文化高考比有何优势？

a）美术生文化成绩要求比普通生低：打个比方，普通专科艺术类院校其文化分一般在260~320分之间（甚至更低）；普通公办的一、二本艺术类院校其文化课录取分数线一般在320~400分之间；而全国重点名牌艺术类高校的文化课录取分数线一般在400~480分之间（而且这已经是最高分数段了），最高不会超过500分；

b）与同类院校在数量上基本相等：全国一般的综合类大学如今基本上都开办了美术类专业，并有所属的二级艺术学院或美术学院，可以这么说，全国现在有多少所大学，就有多少所大学招收美术类考生，包括医学院在内；

c）招收条件范围宽：对于那一部分文化成绩相对薄弱、文理偏科严重（艺术生大部分偏向文科多些）、个性明显，具有某类艺术天赋、在某方面具有特长的学生，报考美术高考是个绝对不错的另类选择，它能激发出你身上最大的潜能；

d）专业选择空间大：专业设置及学科分类精细，仅绘画专业就有十数种类型；而设计专业就更多了，按目前设计学科的细分程度来算已高达三十多种类型，当然还有传媒类专业、文化产业管理专业等，这些都适合不同条件有不同追求的考生报考，按兴趣爱好和特长优势行事，更能成为一个有用的人；

e）就业发展有潜力：新设专业，就业面就非常广，比如多媒体设计、数字媒体艺术、文化产业管理、戏剧影视美术设计、信息交互设计、新媒体与网页设计，等等；这部分艺术、设计人才大多在3~5年后从公司出来自主创业，而现如今社会上大部分的传媒公司、设计公司、广告公司、

徐悲鸿 *XU BEIHONG*

古法之佳者守之，垂绝者继之，不佳者改之，未足者增之，西画之可采者融之。故建立新中国画既非改良，亦非中西合璧，仅直接师法造法而已。

新闻出版单位等企业事业机构却仍在苦闷着招不到这类型的专业人才，可见社会对具有竞争力的专业人才仍未饱满，尤其是跟随时代趋势潮流发展的新兴科技与艺术与商业交叉混合型的美术类专业。

2. 我的文化课成绩不太理想，有机会进一、二本艺术类院校吗？

有，但要比普通文化生更努力才行，因为你所学的考试科目比普通文化生的要杂，也比普通文化生的竞争要激烈，除非你只想进个普普通通的专科学校。如果你想进一、二本的大学，你不仅要在高二暑假期末考试中拿到300分以上，并在来广州接受美术培训的7月到11月份间一边学习专业一边补习文化，才能提高进入一、二本大学的概率，如果你这样做，还有机会冲刺"985"工程、"211"工程等全国重点综合类大学；如果你想考取中国八大美院以及教育部确定的44所独立艺术院校，你除了平时要加强文化课复习以外，还必须加强专业课的学习，使专业水平和文化成绩双向突出才行。艺术类院校一般选拔合格生源的原则采取的是专业成绩总分的百分比加上文化成绩总分的百分比，以文化专业综合成绩的比例多少由高到低择优录取。文化成绩不太理想的考生，如果专业成绩好则同样具有优势；反之，专业成绩不太理想，而文化成绩好的考生，考取一、二本大学同样是具有优势的；当然了，如果你的文化专业两项都很好，那么录取的机会就更大了，无论是八大美院、44所独立艺术院校，还是全国重点大学。

3. 专业课美术培训和艺术类院校费用高吗？

专业课的美术培训费用因机构所在地、办学规模、学习环境、师资力量、教学品质、班别课程、品牌影响力等硬件软件设施设备不同而各有高低，一般美术考生每个月的培训费在2000至8000元之间不等，视其所报班别课程不同而有所区分。艺术类高校的学习费用则严格按照国家物价局有关规定执行，同普通文化生的收费标准相比则略微偏高，每年的学费一般在8000至15000元之间不等（住宿费一般在800至1200元），有些民办本科艺术院校费用则会更高一些，一般在18000至30000元之间，甚至更高。

4. 我的文化课成绩不错，学美术是否更有优势？

有，一旦你选择了美术高考，你的文化课优势会更有针对性和优越性。假设，你没有报考美术类专业，而你的高考文化课成绩是500分，那么，你只能上个普普通通的二本类高校，但假设你参加了美术类高考，且专业课成绩过了清华大学美术学院的录取线，那么你的文化分只要在

420~480分的分值区间即可被录取，若单单以普通文化生去考清华大学，那简直会要你命，高考的文化课分数你至少考到630~660分才有可能考上（然而每年清华的录取线波动也很大），这样一对比，文化课成绩不错的考生若报考美术类高考将会有更大的优势。那为什么国家教育部会将美术类考生的文化课分数线划得比普通文化生（含文科生和理科生）的要低一些？原因很简单，从高二暑假期末考结束后的7月份到次年3月份美术类高考结束，美术类学生基本会花上8个月的时间在外地进行专业培训，而这段时间由于集中精力在专业课上，自然文化课成绩会受到很大很大的影响，那个时候只剩下3个月100天不到的时间留给美术生复习文化课，国家不得不在这方面为美术类高考生考虑。2014年以前，美术类高考文化课录取分数线一般为普通文化生高考文化课录取分数线的65%，2014年"艺考改革新政"后，将美术生的高考文化分数提高到同一批次普通文化生高考文化分数的70%，届时，对于美术生来说，无论是专业课还是文化课都面临着剧烈的竞争，难度系数将比以往增高，而这也是国家教育部为什么在这几年把各省份的美术联考考试日期往前推移，目的是希望考生能注重对文化课的学习，提高学生的整体素质。

5. 我没有一点美术基础，也不知道自己喜不喜欢，但就是为了考大学，这样可以吗？

如果仅仅为了考大学，那是没有什么问题的。近些年来，很多文化课成绩不是太理想的考生，会在高二暑假期末考得知自己的成绩后为了有一条好的出路，投向美术类专业，以期通过美术高考这个"空隙"，考进比较理想的大学。若你抱着这种心态去学美术也是可以的，但如果说想在艺术领域有所建树，这就涉及各种因素了，很难说，一时也说不清。一般实用美术专业（如各类设计专业）招生时的要求并不高，进校以后开设绘画课的时间也不会太长，而在大二时会立刻进入设计课程的专业学习，因此不会有多大的影响。但绘画专业则不一样，它要求学生有一定的美术功底，且具备一定的艺术素养，即人们常说的"艺术细胞"，如果你缺乏这方面的天分和禀赋，也许就会走得比较吃力。无论怎么说，即使一个没有一点美术基础的学生，在刚开始时对美术没有任何感觉也好，我相信任何一个对美有追求与知觉能力的人，都会随着接触时长的增加而越发爱上艺术的，兴趣可以培养，这完全没有问题，关键是遇到好的启蒙老师。

6. 学美术的最佳时期是什么时候？

如果有条件，是越早越好的。小学阶段，学美术可以激发学生对美的感知能力，可以培养其想象力和好奇心，这个时候可以安排一些简单的素描石膏几何体方面的训练；初中阶段，学美术可以提高学生的兴趣和爱好，挖掘学生某方面的特殊才能，这个时候只要在课程安排上提高一点训练难度就可以了，比如可以学习素描静物和素描石膏像以及简单的色彩训练。如此，到了高中阶段，因为从小有学画画的底子，学起来会比一般起步晚的学生占有一定优势，考上名牌大学的机会也会大一些。但是话又说回来，对于绝大部分为了升学而在高中阶段选择学美术的学生，只要从高一开始学，起步也不算晚，高一至高三上学期参加专业考试，两年半左右的时间是绝对来得及的；即使在没有任何美术基础的前提下，只学了半年甚至三四个月的学生，最后顺利考上大学的也大有人在。因此，学美术关键不在于学习时间或长或短，只要方法得当，愿意思考和研究问题，并具有良好的学习态度及充分的考学决心，在付出一番巨大努力之后，必定会有你想要的结果。

7. 美术类考生可以兼报文化类高考院校和专业吗？

可以，美术类考生可以兼报普通类的高考院校和专业；反过来，文化类考生则不可以兼报艺术类的高考院校和专业，这是国家教育部明确规定的。国家教育部确定的31所独立设置的本科艺术院校和13所参照独立设置本科艺术院校招生时高校在高考录取批次上属于提前批次，而"985"工程、"211"工程等全国重点大学属于第一批次，生源所在地的二、三本院校属于第二批次，以此类推。考生切记，在填报志愿时一定要看清楚当年各报考院校的艺术类招生简章里面的录取原则及要求。报考有风险，填写需谨慎。

8. 艺术类考生可以兼报艺术特长生吗？

可以，艺术类考生不仅可以参加省美术联考和全国各院校组织的专业校考，还可以参加由招收艺术特长生的大学专门组织的专业考试，报考时间在每年的12月份以后，目前全国有将近60所高校招收艺术特长生，如清华大学、中山大学、中国人民大学等。但是艺术特长生和艺术类考生不同，进去之后，艺术特长生所学的大学专业仍是文、商、理、医、法等普通类文化生所就读的学科，而不像艺术类考生那样学的是绘画专业和设计专业及其他美术类专业，其次艺术特长生的高考文化课分数线比艺术类考生要高，这部分可以参考《艺术类专业招生与艺术特长生的区别有哪些》一章。

9. 学美术的人就一定要报考绘画专业和设计专业吗？

不一定，现在学美术的出路很多，专业细分也愈来愈杂，你除了可以报考绘画专业和设计专业，还可以报考传媒类专业、文化产业管理类专业、艺术学类专业等等，你甚至可以报考广播电视编导专业、戏剧影视文学专业、服装设计与工程（空乘、模特、表演、化妆造型设计方向）、录音艺术、信息交互设计等新兴的科技感较强的专业，美术类专业的未来出路很广，目前研究生的专业领域也已经设有艺术管理硕士（MFA）专业，可见未来凡是从事创意经济类的人才，其身份是多种多样的，灵活的，可控的，自由的，不再像以往普通类文化生，一旦大学选择了某类专业，一辈子也脱离不开，被限制住了。随着社会的分工越来越细，科技的迅猛发展以及全球经济一体化的推进，未来美术类专业将渗透进各行各业，届时具有"艺术创意思维能力"的人将更具竞争力和创新力，因为未来的社会是需要有想象力和创造力的人才推动的。

10. 美术类学生出国留学有没必要？

分为两个部分讲，一是本科艺术留学，二是硕士艺术留学。未来的社会竞争是跨界的、无国界的、国际性的竞争，本科阶段留学国外，无论学的是绘画专业也好还是设计专业也罢，都将对你的一生产生巨大影响，国内与国外艺术类院校最大的区别就是在培养学生独立的个性、独特的想象力与创造性思维上，在十七八岁时有机会留学国外是一件很不错的事，它能帮助你成为你想要成为的那种人。而硕士艺术留学，一类是本科阶段已经留在国外的会选择继续深造，一类是本科在国内就读的，为了扩大自己的视野和提高自己的综合能力会选择到国外读个硕士，绘画专业硕士学位相比于设计专业硕士学位所报考的人数较少，原因众所周知，"画画是一个人单枪匹马就可以解决的事，而设计是一个讲究团队协作的事"，学习设计专业的学生选择到国外读研究生，不仅可以结识世界各地优秀的设计师、创作人，为未来的国际化合作打下人脉圈子，还能接收全世界最新的科技知识、艺术信息和创作观念，更重要的是思维方式的多元碰撞，生命力、奇妙灵感的迸发将在创意氛围中不断被激发，对比你在国内你将收获更多、知道更多、看得更高更远更透彻，也更能把握未来行业发展趋势前沿所在。

未来几年高考竞争非常激烈，
不学美术考大学有望吗？
（深度解读高考改革方案，美术生不得不看）

关山月 GUAN SHANYUE

不动就没有画。

自去年2014年国家教育部发布《国务院关于深化考试招生制度改革的实施意见》以来，无论是网络媒体还是纸质媒体都在鼓吹有关高考改革的两个概念，这两种声音不绝于耳且引起了全社会的舆论关注热度，报道是这样说的：一种说法是说英语将退出高考，或降低占比分值；另一种说法是说语文是未来高考制胜的法宝。

就这两个观点而言，21世纪教育发展研究院副院长熊丙奇对此评价是"胡说八道"，理由是：他说广东高考的语文数学英语三门科目加起来450分，每科分值仍是150分，因此三门主科地位是一样的；而且英语并没有退出高考，而是将过去的三年一考改为接下来的三年两考，并非把英语占高考的分值比例降低，而是强化了英语在三门主科中的重要性。

未来几年高考竞争非常激烈，不学美术考大学有望吗？在回答这个问题之前，我们先来回顾一下国家教育部在高考改革方案上的指示精神：

1.未来高考取消文理分科，加重文科学生的考试负担

高考改革方案之一是取消高考文理分科，今后文理不分科，文科学生与理科学生高考用的都是同样的数学试卷，这样对于学文科的学生来说数学会变得更难，而对于学理科的学生来说数学会变得更易。众所周知文理科生的语文和英语难度都差不多，唯独数学差别较大，因此学文科的学生将不占优势。美术生99%都是学文科的，考试科目为语数英+文科综合，如此将增加美术生的高考压力和考试负担，再加上改革后的英语强化了在高考中的重要性，因此对美术生未来高考文化课成绩要求更高了。

2.未来学生在上高一时就要做好选专业和选大学的规划

以往的高考制度都是按照一个标准进行招生考试的，比如广东的高考制度是语数英+文科综合/理科综合，未来除了语数英以外，考生要从物理、化学、生物、地理、历史、政治这六门科目中选三个科目（即所谓的"六选三"）计入高考总分，而"六选三"的考试形式又分为合格考试和等级考试，意思也就是说合格考试要求每个学生的六科里面的每一科目都要参加考试并且要合格，而等级考试很可能就会参考其他省份（如上海和浙江）的做法，因此学生在刚升上高一时就要考虑"六选三"的科目组合（组合方式多达20几种），如此变相增加了考生的学习负担，加重学生的考试压力，对于学习美术的高考生来说，虽然一方面提高了美术生的综合学科素质，但无疑也大大扩大了美术生文化课的竞争难度，可以这么说，未来得文化课优势者得美术高考。其次，高考改革方案也将逐步摆脱应试教育，加强素质教育，促进学生个性发展，因此未来学生在上高一时就要做好选专业和选大学的规划，就要做好学业和未来职业规划，这部分责任要落实到中学校长身上，对初三升高一的学生做好充分的生涯规划教育课程。

3.广东高考采用全国卷，扩大教育不公平性

21世界教育发展研究院副院长熊丙奇对此表现道："广东高考用全国卷与促进教育公平没有关系！"为什么呢？未来也许全国各省份高考可能用的都是同一份试卷，但是最终录取还是按照本省学生从高到低的原则进行录取，就广东考生而言其竞争也只是和本省以内的考生竞争，因此是否采用全国卷对广东高考现状没有任何一点改变，更谈不上价值和意义。真要说有什么影响，首先要改变的是广东一本录取率与全国一本平均录取率的差距。据相关数据显示，2014年全国各省高考高校平均录取率为74%，其中一本平均录取率为9%，全国最高是北京为27%，上海其次为21%（据小道信息说上海一本率的实际数据和北京一样也是27%），而作为人口大省之一的广东其平均一本率远远低于全国平均一本率，去年广东一本录取率仅为8.1%，据说还是有"水分"的，因为广东8.1%的一本录取率"相当一部分是从二A院校切来的"。

说到这里，我们就可以来回答刚才那个问题：未来几年高考竞争非常激烈，不学美术考大学有望吗？据2014年艺考改革新政信息所示，美术类学生的高考文化课成绩要达到同一批次文理科生的高考文化课成绩的70%，那么今年2015年的美术生高考文化课分数线真的达到新政所要求的70%了吗？以下有组数据可以说明"国家政策早三年"这种说法，同时也充分证明"美术高考是一条捷径"——

广东2015年普通高校文科类招生录取最低控制分数线一批573分，二批A524分，二批B474分，三批A403分，三批B270分，美术类招生录取最低控制分数线一批345分，二批A335分，二批B325分，美术类招生录取最低控制分数线占比文化类招生录取最低控制分数线分别是：一批占比60%，二批A占比64%，二批B占比69%。从这组数据可知，尽管国家对待高考制度的态度不断改变，让未来几年高考竞争越来越激烈，但是"美术高考依然是考大学的一条捷径"这个既定事实是无论如何也改变不了的局面，哪怕强化了英语在高考中的重要性，哪怕广东卷采用全国卷，哪怕要求六科中的每一科目都要考试合同，学美术考大学毕竟是文化课综合水平一般般的考生考上国本高校的唯一途径，即使是被挂上了恶名也好，被说太功利也罢，如今这世道能考上大学才是硬道理，我想也符合当下中国社会的国情需要。

中国的高考制度及改革措施向来被老百姓所诟病，现在的高考改革确实还存在有很多漏洞和不足的地方，但我以为与其抱怨不如摆正好自己的心态积极去应对，毕竟在当下中国社会成长起来的每一个学生都离不开周边环境的影响，每个人都是国家制度下的依附品，最好的做法就是学习制度里面稍微有价值的地方，活学活用，懂得变通，戴着镣铐跳舞也能跳出一段优美的舞蹈出来，这也算是一种本事！

省级美术统考高分诀窍

联考与校考最大的不同之处即"标准性"，只要你达到联考的评分标准里所划定的各项要求，拿个85分以上是没有什么疑问的，但校考不同，校考在上了80分区间的考卷，阅卷老师的主观因素的喜好会大于客观因素的标准。那么，省级美术统考如何获得高分，它的诀窍在哪？

首先你要学会审题，在考前也要了解清楚当年每一科目的评分标准及占分比例，你了解得越深，对你越有帮助。拿2014年的广东联考来说，素描科目的构图占15%，造型与比例占30%，细节深入与局部刻画占30%，而表现手段与技法占25%；色彩科目的构图占15%，色彩关系占35%，色彩造型能力占25%，色彩表现技法占25%；速写科目的构图占25%，人物动态表现占30%，造型与比例占30%，表现技法占15%。从这组数据我们可以得出两个宝贵的信息：一是按部就班，只要考生能够按以上评分标准及占分比例作画，一步紧接着下一步，将逐个细节问题攻破并达到以上要求，就能得高分；二是速写的构图是考生容易忽视的，反过来也是最容易拿分的——占100分的25%比例，细节决定成败，勿以事小而不为。还有一点值得考生注意的，也许你在平时训练时没有练到考题所涉及的题材，但请记住，联考最重基本功，考查的也是学生的基础能力，因此你只要在下笔前认真想好如何构图、谨慎观察、细心分析和思考，以沉着冷静的心态去对待即可，塞尚有句名言对遇到没有见过的题材时该怎么画颇为有用，他说："自然中的万物都可以用圆柱体、锥体和球体来表现，那就是根据透视法则，使物体块面的前后左右都集中在中心的焦点上。"意思也就是即使出的是一把雨伞或一双拖鞋，你只要用几何眼光去分析、观察，表现出来应该就没有多大问题。

其次千万不要标新立异、追求炫目的画面效果，简单点说就是炫技，为技巧而技巧，这是评卷老师最不待见的。考试是考试，画画是画画，这是两个不同的概念，也是不同的两套玩法，既是考试，就要按照他们的脾气、口味和要求去走，千万不要追求过于华丽的技法或所谓的风格，对于眼光

胡一川 HU YICHUAN

一个伟大的艺术家，他的感情是属于时代的。

犀利的高校评卷老师来说，或许你的"笨拙"、你的"朴素"、你的"真诚"体现在画面上就是你的情感、你的情绪、你的个性，这些反而能引起他们的喜欢和关注。有多年阅卷经历的老师其实一眼就能看出，你的画面出现在哪里，是"模子化"出来的，还是一步一个脚印走出来的。画面人物形象是否生动、有生命力，能否画出当时模特的状态这才是考试的关键所在。当然这些都是建立在形体准确基础上才另加评判的。

第三就是要有出众的自信心和轻松活泼的心态，考试最考验人的是心态问题，从一幅画面中就能够看出该考生是否有良好的心理素质，以及他或她的美术基础能力去到哪个程度，其实这些从你排的线是否流畅、上的色是否一气呵成就可以看得出，毕加索说，艺术是揭示真理的谎言，真理是揭示谎言的艺术，就已经道明了一切。

当一个人有了真本事，手头功夫扎实，且具有良好的艺术修养与综合的文化素质，再加上出众的自信心和轻松活泼的心态，考试想不得高分都难。

考试小贴士：

考场上遇到光线不明、角度不佳、感觉不好等情况，考生要保持心态平和。考试时感觉自己画不好时，不要着急，在不违反考场纪律的情况下，停下来换换水，或远距离地欣赏画作，寻找灵感。

美术生快问快答（精选版本）

本章节的文字内容大部分来自于 2013 年 12 月份讲座现场的"你问我答"环节，现将其摘抄如下，并定名为"美术生快问快答"，望对你有帮助！

1. 老师你好，广美招收理科生吗？

广美除工业设计、建筑学、风景园林专业招收理科生，其他各专业文理兼招；刚才所说的三个专业，考生不需参加专业考试，根据考生所属省份的普通理科类本科分数线，按文化成绩择优录取，具体录取批次以各省招生专业目录为准。

2. 老师你好，我想报考广美的美术教育系，它有什么要求吗？

广美的美术教育专业，考生参加广东省美术统考，专业成绩和文化成绩达广东省艺术类第一批本科院校录取分数线，在投档考生中按综合分择优录取，综合分计算公式：专业成绩 ×70%+ 文化成绩 ×30%。

3. 老师你好，我的文化课成绩不错，如果单考我的专业成绩同时过了江南大学、清华大学美术学院和广州美院，你有什么建议吗？

如果你的专业成绩同时过了这三所大学，证明你很优秀。至于如何抉择，如果是我，我会毫无疑问选择清华大学美术学院，原因你懂的，呵呵！

4. 老师你好，你今年多大？毕业哪里的？

呵呵，今年 28 岁，毕业于汕头大学长江艺术与设计学院……

5. 哈哈，我哥哥今年也在汕大！

是吗？那你也要加油哦……

杨之光 YANG ZHIGUANG

发掘生活的美是我最大的乐趣。

6. 老师你好，联考今年会考什么？

联考今年会考基本功。

7. 老师，你知道哪所学校比较好考吗？

除了难考的高校以外其他都好考，不知你问的是哪一间？

8. 老师，哪些学校有外语和语文单科要求？

现在竞争越来越激烈，报考的人数也愈来愈多，高校为了刷下一批人，招到一批好苗子，自然会提高文化总分的录取控制线，并设有外语和语文单科的最低要求，如中国八大美院及教育部确定的 44 所独立艺术院校都有这方面的要求，一般院校的设计专业会比绘画专业在对待外语和语文要求上要高，清华大学美术学院的设计专业就比绘画专业高出 5~10 分。

9. 老师你好，广东联考今年的考题你觉得会是什么？

这个问题恐怕只有考官知道，据我推测，今年的美术生总人数近 4.6 万人次，而广东的高校所提供的位置又远远没有那么多，在艺考改革呐喊声下，很可能会提高考试的难度，比如很可能会和美院一样难，素描考手啊、色彩考花啊等等，因为这些联考过去十年都是没有涉及的题材，你们可以练一练，但练无妨嘛！（后来竟然和我说的一模一样，但不知他们有没有听取我的建议！）

10. 老师你好，我们学校老师让我们考完联考就回去学文化，这可怎么好？

这个我实在帮不了你，学校有学校的顾虑所在，但学生更清楚明白自己要的是什么。我觉得这件事上你可以尝试和学校的美术老师沟通，实在不行可以让家长出

面，但前提条件是你的文化课不能太糟，不然就没有必要了！

11. 老师你好，问你个小问题：考试要用新工具吗？

大可不必，人的心理都会有"迷信"成分，考试所用的

毕业后去看望老师，没想到他又重新当学生了！

去他家坐坐，家里完全是个画室的样子。整屋子的画和石膏像，连厨房都没有。

聊到他现在生活，就是从早到晚画画，累了就泡杯茶喝一喝。

其实六年前他教我时，工资在老家来说，就不算低了，加上工作经验，日子过得没问题。但他愿意选择清苦的生活，一心一意投入到绘画的深造中，这是最让我钦佩的一点。

你这次没带你的作品过来？

已经很久没画了……

跟江老师打电话或者和他见面的第一句话都是："你最近画了什么作品，带来给我看看。"我觉得很汗颜，老师还这么努力，我这个学生却越来越懒惰。

所以我一定要加油，争取下次能有作品带给老师看。

工具最好是你平时训练时最常用的，因为你对它的性能等各方面都了解了，这就像衣服一样，刚买的肯定不太舒服，即使再贵也好，总没有旧的贴心！

12. 老师，广东联考现在有多少所艺术类院校？

这个问题问得好！我们省内目前有艺术类院校共44所，其中31所涵盖了一、二、三本（即本B）层次级别的大学，3所专科层次级别的大学。从2014年起，广东一本院校新纳入了四所原本属于二本高校的广东工业大学、广州医科大学、深圳大学和广州大学，其中广东工业大学所有专业招生以一本线录取，其余三所大学部分专业招

生以一本线录取；而北京师范大学珠海分校将从原来的三本（即本B）院校全面升为二本A级院校。也就是说广东省共有13所一本类高校。

13. 老师你好，零基础可以报考美术高考吗？

可以，按目前广州美术培训机构通过近几年所研发出来的这个套路，即使是零基础、完全没有学过美术的学生也有机会进大学，一般情况下，培训个3~5个月即可。就短期而言效果是明显的，就是上大学，但对于长远发展来说，也许不利于往后的人生发展。基础不牢固，吃亏的终究是考生自己。因此，一定要考虑清楚！

14. 老师你好，联考的评卷准则是什么？

拿2014年的广东联考来说，素描科目的构图占15%，造型与比例占30%，细节深入与局部刻画占30%，而表现手段与技法占25%；色彩科目的构图占15%，色彩关系占35%，色彩造型能力占25%，色彩表现技法占25%；速写科目的构图占25%，人物动态表现占30%，造型与比例占30%，表现技法占15%。从这组数据中我们可以分析出，一是构图的重要性，二是考核考生的基本功。

15. 联考结束后，回去学文化还是留下来参加单考？

除文化特别差的考生以外，其余我的建议是尽可能留下来参加校考，人生的梦想不能止于联考，它只是一个起点，一个跳板，一个门槛，不代表什么！校考的优越性在于它充分提供了一种可能性给所有人，让所有人在自由的、公平的平台上为自己争取本该属于你的东西！

广东省艺术类院校名单

学校名称	招生人数	学校种类	文化课提档线	学历层次	人气
广州美术学院	1000~2000	专业类院校	350~450	二本 艺术类一本	101935
华南师范大学	100~200	综合类院校	400~500	一本 艺术类一本	29950
华南理工大学	100~200	综合类院校	450~500	一本 艺术类一本	24571
暨南大学	0~100	综合类院校	450~500	一本 艺术类一本	17363
深圳大学	500~1000	综合类院校	400~500	二本 艺术类二本	31185
广州大学	200~300	综合类院校	350~450	二本 艺术类二本	28676
汕头大学	100~200	综合类院校	400~500	一本 艺术类一本	7490
广东外语外贸大学	100~200	综合类院校	400~500	一本 艺术类一本	9472
广东工业大学	500~1000	综合类院校	350~450	二本 艺术类二本	13789
广东海洋大学	500~1000	综合类院校	300~400	二本 艺术类二本	23827
华南农业大学	500~1000	综合类院校	400~500	一本 艺术类一本	15420
湛江师范学院		综合类院校	300~400	二本 艺术类二本	15528
韩山师范学院	0~100	综合类院校	300~400	二本 艺术类二本	7043
韶关学院		综合类院校	300~400	二本 艺术类二本	7495
肇庆学院	500~1000	综合类院校	300~400	二本 艺术类二本	9148
惠州学院	300~500	综合类院校	300~400	二本 艺术类二本	8694
嘉应学院	200~300	综合类院校	300~400	二本 艺术类二本	5184
北京师范大学珠海分校	500~1000	综合类院校	250~350	二本 艺术类二本	12518
广东工业大学华立学院		综合类院校	200~300	三本 艺术类三本	2730
东莞理工学院城市学院		综合类院校	200~300	三本 艺术类三本	3440
广东亚视演艺职业学院	1000~2000	专业类院校	200~300	专科 艺术类专科	4081
电子科技大学中山学院		综合类院校	200~300	三本 艺术类三本	2486
北京理工大学珠海学院		综合类院校	300~400	二本 艺术类二本	4088
华南师范大学增城学院		综合类院校	300~400	三本 艺术类三本	2463
吉林大学珠海学院		综合类院校		二本 艺术类二本	3944
五邑大学		综合类院校	300~400	二本 艺术类二本	4998
广东石油化工学院	0~100	综合类院校	300~400	二本 艺术类二本	3142
星海音乐学院	0~100	专业类院校	200~300	二本 艺术类一本	21322
广东财经大学	300~500	综合类院校	300~400	二本 艺术类二本	20023
广州体育学院	0~100	专业类院校	300~400	二本 艺术类二本	6694
广东技术师范学院		综合类院校	300~400	二本 艺术类二本	7896
广东轻工职业技术学院	300~500	综合类院校	300~400	专科 艺术类专科	329
广东海洋大学寸金学院	0~100	综合类院校	300~400	三本 艺术类三本	195
广东文艺职业学院	100~200	专业类院校	200~300	专科 艺术类专科	113

*广东省内共有31所（三本/本B）本科层次艺术院校，3所专科层次艺术院校

美术生高考秘籍及该注意的考试事项

1. 平时无论画得再怎么好也罢，最关键是考试要画好，这才是最重要的，若考试画不好，一切为之付出的所有努力都是令人无法回首的回忆。要保证在考场发挥好，就需要以一颗"平常心"对待，把平常训练时的每一张画都当作考试一样来画，这样考试时才不会乱了手脚，失了方寸；反之，理应把考试当作是课程习作来完成，这样反而能收到良好的效果。

2. 无论心情如何，无论放假与否，每天都要练一练手，看一看国内外名家名师范画习作，多点思考"我如何才能画得更好"，多点和专业老师沟通心里的想法，有什么问题不明白多问专业老师。总之，要学会四个多，即"多看"、"多问"、"多想"和"多画"，再加上平时多注意一下自己的情绪变化，尽可能保持平常心。

3. 临近考试前一个月，多看看各大艺术类院校的高分试卷，认真分析、钻研、归纳、总结高分试卷到底好在哪里，正所谓"缺什么补什么"，最好是动手临摹，吃透里面的重要知识点及表现技法与手段，细节是如何处理的，体积是如何呈现的，线条是如何穿插的……

4. 考试前三天把所有工具准备好，排好秩序，分好类，建议最好准备多一套工具，以备不时之需。而色彩颜料在前一天晚上就要整理好，不用喷太多水，和平时的黏稠度一样就可以了。另外，多准备一块干的吸水布，以及多带一瓶超大的矿泉水（供洗笔用）。当然了，还要记得多带一支黑色签字笔，并准备一块手表，可以随时把握时间进度。

5. 考试现场，人多且密，应尽早到达考场，熟悉周围的环境，抽好签后安静坐好，保持平静的心态，不慌不忙，把工具取出、放好，静静地等待考试。请记住：千万不要与人发生争执从而影响考试心情，即使座位不好又或者是被别人干扰了一下，也要客气和对方说"谢谢你"、"没关系"，保持

郑爽 *ZHENG SHUANG*

我发现生活的美，愿和人分享。

微笑，让心情愉悦、放松、平静、从容以待！

6. 在考官宣布完考题以后的 10 分钟内尽量不要动手作画，即使碰到再熟悉的考试题材也好，都不要匆匆下笔，先酝酿一下情绪，思考一下整个作画步骤与画面布局该如何取舍，如何表现才能将主体物凸显出来，尤其在画面布局上，思考时就要构思画面构图、物体的主次关系、背景与桌面的分布、竖构图好还是横构图好、素描关系该怎么设计、色彩关系该如何把控、物体的质感到底如何、画面应该传达出一种什么样的情绪、我该用何种表现手法去完成这幅画、画面的强弱明暗对比如何、空间的层次错落关系如何……当你把这些都思考一遍之后，相信整幅画面已经若隐若现浮出在你脑海里了，这样你画起画来就容易得多了。这种方法平时可以多练，到了考试就可以派上用场了。

7. 影响考试成绩的正常发挥有诸多客观因素存在，比如环境比较拥挤嘈杂，比如光线比较暗或比较散，比如角度不太好，比如监考老师态度不好等等，这就需要你临时发挥和快速适应了，千万不要抱怨、不要东张西望，总之不要受到周围环境的影响，你的任务只有一个：把眼前那张画完成好。

8. 千万不要提前交卷，在考场上没有人认识你，也不知道你是谁，没必要还在那个时候摆谱、炫耀。若你在两个小时之内完成了，请不要急于交卷走人，也不要对画面做大幅度修改，而是时刻围绕在画面的主体物以及整体大效果上，把主体物刻画精致一些，同时弱化次要部分，如背景、远处的物体等。有个细节值得注意：在交卷时千万注意画面的整洁性和完整度，有些考生笨手笨脚的，就在撕胶纸的一刹那把纸张撕裂了一条缝隙，画面美因而被破坏了；若是素描，考试允许的话喷一些定画液，色彩的话在不干的前提下别管监考人员怎么说，等吹干了再拿过去，切记，切记！

9. 画到一半时可以借机上厕所，一是可以退远来看自己的画面是否存在什么问题，二是做个短暂休息，整顿下思维，让脑子更清醒一些，但千万不要看周围的人画得怎样，若画得比你好，你会心慌，画得比你差，你会志得意满。还有另一种情况，如果你确实画得不好，或不知道怎么画，可以借此上厕所的机会，看看周围比你画得好的人，借鉴、参考一下也不为过，但千万不要"越界"。

10. 说到"越界"，确实有些自认为画得不错又快的考生，会扮演起"救世主"的角色来帮周围的同学改画或指点问题所在，这样做其实是很不明智的，一旦被监考人员发现，无论是谁，都会被立即取消考试资格，严重者将取消其高考资格。因此千万不要以身犯险，这很不值得！

2015年美术生网上报名全攻略（考生细读）

2014年，全国部分艺术类院校开始实行网上报名、网上缴费、现场确认的报名方式。广东省今年有三所高校开始试行此政策，即广州美术学院、华南理工大学、广东工业大学。由于很多考生和家长对于网上报名和网上缴费还比较陌生，存在很多盲点与误区，导致网上报名费时费力，现整理出一份关于美术生网上报名全攻略，希望对广大考生和家长有所助益。

1. 个人信息电子表格一份

把个人信息用word文档的形式建立一个电子表格，将身份证号、家庭住址、联系方式等关键信息记录下来后，把电子表格保存在个人常用的QQ邮箱和拷贝到U盘里，保证安全并方便随时随地取出来用，这样在网上报名时就可以直接复制粘贴上去，省时省力并且可以保证个人信息的准确性。

2. 个人电子照片一份

报名前，提前制作好一份个人的电子照片（第二代身份证常用标准照片类型），照片要求如下：（1）a. 与标准证件照片规格相同；b. 近期彩色正面免冠照片；c. 头部占照片尺寸的2/3；d、无边框、人像清晰、层次丰富、神态自然。（2）技术规格：JPG/JPEG格式，180×120像素，长短比例为3：2。（3）电子照片建议保存两种模式：a. 一寸照片（蓝底+白底各一张）；b. 二寸照片（蓝底+白底各一张）。备注：建议照片大小在45kb~100kb之间（绝大部分院校需要上传电子照片，并且对电子照片大小有规定）。

3. 开通网上银行，并提前装好网银证书

考生尽量在高中所在地开通网上银行，且务必选像工商、建设等比较常用的银行网银。网银中要存入充足的金额，其中网银的U盾（类似于U盘的那个东西）必须随时携带在身上。在网上报名前，在所用电脑上提前装好网银证书。

梁明诚
LIANG MINGCHENG

离开了人民，艺术就没有了土壤。

4. 务必细读所报考院校当年艺术类招生简章及网上报名须知

部分艺术类招生简章和网上报名须知上一般会提到，比如：会要求考生使用"IE浏览器"访问该报名系统，或者会告诉你对于一些"弹出窗口"该如何设置等。

5. 务必使用该院校规定的品牌浏览器

不同品牌的浏览器之间是有差别的，尤其是部分艺术类院校的报名系统可能会出现浏览器的兼容性问题。因此，考生务必使用该院校规定的品牌浏览器。

6. 熟记注册信息用户名及密码（务必统一使用）

由于需要网报的艺术类院校很多，可以统一使用注册信息的用户名和密码。为防止忘记，将注册信息的用户名和密码记在笔记本并以电子版格式存档于U盘中。

7. 备好考试用U盘一个，方便随时打印准考证

在考试前备好考试用U盘一个，将重要信息保存在里面，方便随时随地进行网上报名。同时，很多艺术类院校是直接打印报名表或者准考证的，考生可将准考证扫描成电子版格式并保存起来，一来防止丢失，二来可随时随地打印。

8. 报名前后须及时关注网报信息，防止错过网报时间及补报机会

网上报名已成为很多艺术类院校报名考试的一个必要环节，一旦错过就无法弥补。因此考生在报名前后须及时关注有关网报的重点信息，比如部分院校有限制考点的名额，以及各考点的考试时间也有所区别，部分艺术类院校会安排第二次的补报机会给错过第一次网报时间的考生。

美术高考状元是怎样炼成的

古人讲成就大事者必离不开三个因素，即"天时"、"地利"、"人和"，我将这三个因素逐一比喻为"运气"、"环境"、"我"，只有考生掌握了这三点，才有可能成为美术高考状元，你若问：状元是怎样炼成的？除了"环境"和"我"的因素影响以外，还有一个关键的客观因素就是"运气"，这是宇宙中最神秘的部分，也是人为力量所到达不了的。下面就来说说我对这三点的看法：

1."运气"——"天时"（占10%）

美术高考有"运气"的成分存在，这体现在：美术高考和普通高考最大的不同是其没有绝对的统一标准和客观标准，人为的、主观的因素占主要部分，因此大部分考生的专业课分数大多不明就里，这指的是中间层次的考生，高分卷和低分卷数量少，不会有太大争议性；其次，美术高考评卷方式戏剧性居多，此话怎讲？此刻你的脑海里浮现出一个画面，画面中有一个空旷的场地，地上摆满考生的考卷，评卷老师来回走动在窄又小的由试卷夹出的小道上，手里拿着根细木棍左挑右挑，这个时候问题就出现了：低头弯腰多了，难道不累？试卷看多了，难道不会眼花？看到不堪入目的画面多了，难道不会心烦？省美术联考和校考不同，无论是报考的人数和试卷的数量都是惊人的，在尚未改革时只能以这种大浪淘沙式的阅卷方式进行评卷，如此便会出现"漏洞"，有些"运气"不好的考生的试卷也许就这样被错过了，一旦错过了也就难以再"复查"了。

2."环境"——"地利"（占20%）

高手都是被逼出来的，被什么所逼呢？——环境，即氛围。你在什么样的环境里学习，有没有全国知名的教学名师，周围有没有一群优秀的伙伴，这些都将影响你、塑造你，你能不能达到美术高考状元那个级别，全赖这几项条件是否齐全。著名美术史论家迟轲先生曾经说过一句话，他说所谓名牌大学，首先是由著名的教授组成的，所以说"好的教授就是好的大学"。同样一间好的培训机构也和名牌大学一样，讲究的是有没有好的老师，有好的老师就会有好的教学方法，有好的

潘鹤 PAN HE

人生短，艺术长。

教学方法就能培养好的人才，有好的人才就可以增添一个地方的魅力，当一个地方有魅力了，自然就会有好的"环境"，好的环境能锻炼人、磨炼人，鼓舞人、激励人，因此在这样一个"环境"里学习，也将有更大机会成为下一个美术高考状元。

3."我"——"人和"（占70%）

下面要说的是成为美术高考状元最重要的因素（没有之一）：我，分为自己的那个"我"以及我和周围人的关系，可以理解为孔夫子所说的"三人行必有我师"。先说"我"吧，要想成为美术高考状元懂得自我教育、自我学习非常重要，所谓自我教育一言以概之就是"吾日三省吾身"，每天临睡前抽出15分钟反省自己，分析和总结当天的学习，是否完成当天所要完成的学习量，原先所定的计划是否严格按照进度进行着，不足之处在哪，哪些需要提高的，如何提高等等这些都要有个自我反省和自我认识，如此才能清楚知道自己第二天起来要做什么，下一周要做什么，下个月要做什么。自我教育对于一个有梦想的人来说是很重要的，而自我学习则能从身边的各种渠道各个地方获得自己所需的知识与养分。对于考生而言，自我学习有三个关键点：1.知道自己的目标是什么，也明白自我的学习标杆在哪，那个领域的高度是什么，比如一个善于自我教育和自我学习的人，非常善于从国内外名家名师的范画作品中学到他想要的东西，也非常懂得从历届美术高考状元的高分试卷中分析出值得学习的12345点，他明白只要朝着这个方向走，只要达到那个高度，就有可能取得"桂冠"；2.思维清晰、目标坚定、自律性强，可以按照自己所规划的学习计划严格执行，懂得劳逸结合，且在实践过程中会不断回头对原先制订的计划进行优化、修改、调整、提高，也懂得一张好的优秀的高考试卷需要有什么样的表现形式和内容，他知道从阅卷老师的角度思考问题并反观自己，更懂得高考中的素描、色彩、速写的考试要求与心中理想的那个样子是有区别的，且知道区别在哪，还懂得所谓的高度除了要有"漂亮"的外表，还要有丰富的内涵，要有感情的投入，当他懂得了这些之后自然就懂得了作画工具与不同材料本身具有的美感和重要性，但最根本的——他早已明白，人要成功，除了多画多看多想多问，就是多画多看多想多问，除此之外别无其他；3.我和周围的关系，就是我能否从身边的老师、同学身上学到我所没有的东西，"要善于学习他人身上的优点"，且要有一种开放的、平常的、积极的、乐观的、愉悦的、平静又活泼的自由心态，因为他明白"高手都是一些心理素质过硬的人"。

你如果是我上述所说的这类人，那么，恭喜你，下一个美术高考状元可能就是你！

美术生单考报考定位表

蔡克振
CAI KEZHEN

2014年艺考新政改革规定：艺术类高考学生文化课分数线要达到普通文理科生文化课分数线70%以上（根据2014年实际数据统计，美术生文化分仅达到普通生文化分的62%），根据广东省2014年普通高考招生录取最低控制分数线：

以广东省为例，其他省份考生亦可参考。

广东2014年普通高校招生录取最低控制分数线					
科类/批次	一批	二批A	二批B	三批A	三批B
文科类	579分	534分	483分	425分	290分
理科类	560分	504分	465分	400分	280分
体育类	文化407分 体育240分	328分 200分	315分 198分	290分 183分	270分 178分
美术类	文化350分 美术236分	340分 226分	330分 215分	290分 200分	260分 175分
音乐类	文化350分 音乐231分	335分 208分	320分 203分	290分 183分	260分 160分

可知，美术类高考学生各层次院校的文化课分数线（提档线），现归纳整理如下（仅供参考，具体请以所需报考单考院校招生办官网最终公布信息为准）：

院校属性	学校种类	文化课提档线	学历层次	特别说明
三大美院	专业类院校	450-500	提前批/艺术类一本	该层次院校为国家重点建设艺术类高校而特别设立；对考生专业课和文化课成绩以及各方面综合素质要求较高。
六大美院	专业类院校	400-450	提前批/艺术类一本	该层次院校为国家重点建设艺术类高校而特别设立；对考生专业课和文化课成绩以及各方面综合素质要求较高。
31所独立设置本科艺术院校	专业类院校	400-450	提前批/艺术类一本	该层次院校基本上都有招收美术生。沈阳音乐学院校本部虽然没有招收美术生，但是沈阳音乐学院艺术学院的戏剧影视美术设计专业有招收美术生，同样享受教育部赋予的权利。

世界上没有比能从事自己喜爱的专业更令人快乐的事了。

院校属性	学校种类	文化课提档线	学历层次	特别说明
13所参展独立设置的本科艺术院校	综合类院校	400-450	本科/艺术类一本	北京印刷学院、苏州大学、浙江理工大学这三所院校只有艺术设计本科专业享受教育部赋予的权利，其他美术专业不享受；复旦大学上海视觉艺术学院（2014年正式定名上海视觉艺术学院）是独立学院（即三本/二B院校）。
985工程大学	综合类院校	450-500	一本/艺术类一本	该层次院校为国家重点建设世界一流大学而特别设立；对考生文化课成绩及各方面综合素质要求较高。
211工程大学	综合类院校	400-450	一本/艺术类一本	该层次院校为国家重点建设国内一流大学而特别设立；对考生文化课成绩及各方面综合素质要求较高。
省属重点大学	综合类院校	400-450	一本/艺术类一本	该层次院校为省市重点建设一流大学而特别设立；在师资力量、软硬件条件上较其他公办/民办本科院校有优势。
公办本科院校	综合类院校	350-400	二本/艺术类二本	该层次院校为省市公办本科院校，为本地培养人才而特别设立
民办本科院校	综合类院校	300-350	三本/艺术类三本	该层次院校主要为本地社会培养艺术人才而服务，由于是民办性质，费用自然较高
艺术类专科院校	专业类院校	250~300	专科/艺术类专科	该层次院校为省市特别设立的艺术类专科院校，为本地培养艺术类人才而特别设立
公办专业院校	综合类院校	250~300	专科/艺术类专科	该层次院校为省市公办专科院校，为本地培养人才而特别设立
民办专业院校	综合类院校	250~300	专科/艺术类专科	该层次院校为省市民办专科院校，为本地培养人才而特别设立
高职技术院校	综合类院校	200~250	专科/艺术类专科	所设专业偏向于实用型和技术性较多，属技术技能型人才培养模式

考生在选择单考院校时最好罗列一张表，将所要报考的单考院校分高、中、低三个层次形成一个由高到低的报考梯度，这是最有保障、最科学的一种选择方法，每个梯度各选2~3间，共6~9间最为合理，比如高层次院校选2~3间，中层次院校选2~3间，低层次院校选2~3间。但这种划分方法也是因人而异的，我建议如果你的专业水平和文化成绩较高，则可以将梯度提升一个档次，比如说，高层次院校则可以将目光瞄准在顶尖美院及著名艺术学院，数量上可以定在3~4间，中层次院校则可以将标准定在"985工程"和"211工程"这些重点大学身上，数量可以定在2~3间，低层次院校选1~2间即可，如此便可以设计出一份"4-3-2"或"3-2-1"的报考模式。如果你的专业水平和文化成绩一般般，则应当将报考目标降低一个梯度，比如说高层次院校则理应把目光集中全国部分重点大学身上，数量可以定在1~2间，中层次院校则可以将标准定在普通公办

二本院校身上，数量上可以定在3~4间，低层次院校则选2~3间即可，为普通公办三本院校和独立学院居多为好，如此便可以设计出一份"1-3-2"或"2-4-3"的报考模式看，以上建议仅供参考，最终还以考生具体情况具体分析。

考生类别	实际情况	报考模式	44艺术类专业院校	985/211/省重点大学	公办/民办本科院校
A类考生	专业和文化优秀	4+3+2	4所	3所	2所
B类考生	专业和文化较好	3+4+2	3所	4所	2所
C类考生	专业一般但文化好	2+4+3	2所	4所	3所
D类考生	专业好但文化一般	4+3+2	4所	3所	2所
E类考生	专业和文化都一般	1+3+2	1所	3所	2所
F类考生	专业很好但文化很差	2+1+3	2所	1所	3所
G类考生	文化很好但专业很差	1+2+3	1所	2所	3所
H类考生	专业和文化都很差	建立该类考生只报考2家公办本科院校，2家民办本科院校，2家艺术类专科院校。			
I类考生	不想念大学	建立该类考生联考完后直接辍学，出来社会参加工作。			
J类考生	艺术类留学	建议家庭条件好的考生可优先考虑，并根据自身学业的具体情况再做选择。			

2015年省级美术联考五大注意事项

尹国良
YIN GUOLIANG

年纪大点的人，身后都会有一条自己留下的轨迹，或者就叫作人生之路吧，可以说这条路人人都不同，大概这就是世界多奇妙之一端了。

一、详细解读考试大纲

这是最常被考生所忽视的一个关键部分。众所周知，在艺术世界里，没有所谓的标准，但考试不同，它有它的刚性标准与要求，阅卷老师在评卷时，会严格按照考试大纲的标准来评分（虽然不能排除主观因素的存在）。因此，考生及专业课老师和学校带队老师一定要对当年的省联考考试大纲进行深度且细致的解读，最好条分缕析，对每一条信息里的每个字都进行来回思考，每科的评分标准占分比例如何，将考试大纲了解透彻绝对对考生的考试有所帮助。

二、基本功是第一生产力

省级美术统考考核的其实是一个人最最基础的能力而并非什么高深的技巧。考生在备考阶段尤其要注重基本功的训练，不要把过多精力花在所谓的风格和技法上，而要多钻研基本功涉及的几个知识点——构图能力、形体比例、结构、体积，然后才是素描的黑白灰关系、局部与整体关系、画面大体效果与质感表现，最后才讲求个人的表现技法与手段，其实这恰恰是联考最不看重的地方，但很多考生却误以为是。

三、综合能力与整体素质

省级美术统考测试的是考生的综合能力与整体素质，即观察、感受以及表现事物的能力，培训班所希望考生掌握的其实就是该能力，无论是素描、色彩还是速写，在教学中都会反复训练与强调。随着联考的难度增加，考生在备考阶段除了训练该能力以外，还要多看国内外名家名作、多了解艺术方面的基础常识，提高艺术素质，增进文化修养，这些都将体现在你的画面中。平时还要多观察身边生活的一切，养成做视觉日记的习惯，把有趣的，或头脑里的灵感记录下来，这些都对你的构图审美有帮助，也会让你的画面更有"个性"和独特表现力。

四、三科均衡胜于一科优秀

以广东省美术高考为例。

据统计，2014年广东省美术联考每一科有一万多名考生成绩在60分以下，甚至有很多考生只考了40多分、50多分。联考本科合格线最低是210分，要想达到210分，也就是三科平均分至少在70分以上，且最好是三科取得均衡。70分对于大部分考生而言，是一个只要花上7分力气就能拿到的分数，从60分到65分，从65分到70分并不是一个很难的过程，从70分到80分难度系数又增加了，而80分以上又是一个槛，越往上提，难度系数就越大，考生所要付出的努力就越多，这是成正比的。很多考生都会有偏科的现象，对于美术高考来说，三科均衡远比一科优秀绝对要有优势，比如A考生素描90分，色彩和速写各70分，总分是230分；B考生素描色彩速写三科都在80分以上，则总分必定超过240分，那么结果自然是B考生进一本重点大学，A考生只能进二本大学，二者之间的差距就体现在这里。

五、速写是联考最易拿分的科目

有一句话是这么说着，素描或色彩考好了，等于成功了三分之一，而速写考好了，等于成功了一半。速写是联考必考三个科目之中最重要的一个科目，也是三个科目之中的基础中的基础。平时除了课堂训练以外，私下里还要多画些生活速写、创意速写、设计速写，不仅要多画，还要多看多临摹，时间长了，达到了一定的数量后，质量也会跟着上来。速写是联考乃至单考最易拿分的一个科目，值得考生多加注意！

央视吹起艺考改革东风：美术高考何去何从？

谭畅
TAN CHANG

我们身在穷山沟，眼光却注视世界美术潮流，预想未来。

2014年国家教育部公布艺考改革新政，2015年央视记者对浙江杭州的中国美术学院"三位一体"专业考试（仅针对浙江省考生）进行了全程跟踪报道，从这两条信息可知：中国的美术高考要发生改变了！

艺考新规对考生有何影响，高一高二高三的考生该如何应对，2015年以后的美术高考将有哪些变动，其改革的方向及趋势又是怎样，在回答这些问题之前，我们先来看看艺考改革新政和中国美术学院"三位一体"专业考试具体内容。2014年国家教育部公布的艺考新政改革主要集中在三个方面：1.校考数量减少，统考范围扩大；2.文化课分数线提高；3.艺术类专业考试形式转变。而2015年中国美术学院"三位一体"专业考试基本上和往年相较没有多大改变，除了国画专业的考试形式换成室外写生，素描考题和色彩考题和这两年（2013年与2014年）一样都是考素描半身像和色彩头像写生，唯一不同的是这次考试国美采取了现场发放颜料盒（18色调色盒），要求考生必须使用限定材料对不同颜色组合搭配以及增加了面试环节。

政策解读

1. 以广东省美术高考为例，2012年省外高校来粤设置美术类专业校考考点的数量多达200多家，2013年将至120多家，2014年变为70多家，到2015年即刚刚开始的校考考试，经过广东省教育考试院正规途径到广东省组织美术类专业单招考试的院校仅有50多家（其中还包括传媒类专业）。国家有意减少各省高校校考数量，目的一是扩大统考（即联考）范围，二是保障生源质量，按照新规所示但凡没有美术类硕士培养资格的院校是不允许组织美术类专业校考的。

2.按照新规规定，美术生的文化课分数线不得低于同批次普通生的70%，2014年广东省美术高考学生的文化课实际分数线仅为同批次普通生的62%，国家政策一般有早三年的说法，如此便能推算得出2015年美术生的文化课分数线应该在同批次普通生的65%左右，2016年约为68%，至2017年将完成该项政策性指标。

3.美术类专业考试形式发生转变，作为美术高考第一大考的省美术统考，再怎么改变其招考本质也不会发生太大的变化，顶多实在考题内容上发生一些小的变动。从2014年和2015年广东省美术联考的出题方式上即可看出两大趋势：第一越来越注重考察一个考生的基本造型能力；第二越来越注重考察一个考生的绘画性，即画面是否有自己的东西存在；第三，省统考的出题方向越来越生活化和美院化。

4.作为"捷径"的美术高考之路向来被广大人民群众所诟病：应试教育、模式化、标准化、机械化、千篇一律、千人一面、短期速成、填鸭式教育等声音不绝于耳，那么中国的艺术类院校及普通高等院校艺术类专业在招考形式上应该如何调整才能招到理想中的目标考生，这个问题值得每一所高校深思，毕竟教育关乎国家和民族的未来。据观察和分析，未来中国的美术高考将会随着普通高考的变革而变革，也许会一分为二（美术类专业分为设计类和绘画类），也许会根据学生的高中学业综合水平综合成绩（将大学部分课程内容纳入高中课程评测中）。

5.以我熟悉的广东省美术高考，可作如下大胆预测：第一，广州美术学院将取缔广东省内八个分考点，而集中在校本部（或分校区）统一考试；第二，走央美、国美、鲁美和川美方向，把考试分为设计类考试和绘画类考试；第三，招生计划不分省份，面向全国招生，提高单科文化课分数线（如语文和英语）

目前中国整个的高等教育及中等教育不断发生改变，无论是高校招生政策改革还是中等学校培养模式的变化，都会影响到中国整个教育的系统结构，牵一发而动全身，即使要改，动作也不会那么迅猛，而会有个合理的过渡期，考生们不必惊慌，只要跟着自己学校的步伐去走，并做好自己的本分就可以了。

艺术类高考志愿报考建议

王维
WANG WEI

诗中有画，画中有诗。

美术高考生 7 月 - 8 月填报志愿。报考艺术类的考生经过几个月的艰苦奋战，校考和统考均尘埃落定，成绩也已知晓。看着手中获得的五六张甚至十几张专业合格证书，有的考生信心满满，有的考生忧心忡忡。如何选择学校、降低报考风险、被最满意的学校录取是考生和家长很关心的问题。在填报志愿前，考生和家长要先弄清以下几个问题：

分清录取批次

除了填报艺术类专业外，艺术类考生还可兼报普通类院校。考生要清楚艺术类专业和普通类专业的录取批次问题。艺术类录取批次在提前批，即先于其他批次的院校录取。如果在提前批次被录取，那么填报的后续院校志愿不再参与录取。因此，考生要先明确大类别选择，即是选择艺术类还是普通文理科。当然，如果考生报考艺术类未被录取，还可依次在后面的普通院校中参加录取。

了解院校录取方式

目前，艺术类考生和普通类考生有所不同。招生时，艺术类专业会先对考生进行专业方面的考核。在文化课高考前半年，艺术类考生要先参加省内美术统考和各个学校组织的校考。有的艺术类院校要求考生统考合格且校考合格，主要参照校考成绩录取；有的院校直接按照统考成绩录取。所以，统考合格又取得若干校考合格证的考生，可选择学校的范围会广一些，选择的余地也大一些。

明确专业录取原则

艺术类录取原则目前大致分三类：一是专业上线按照文化成绩录取；二是专业和文化各占一定比例按照综合成绩录取；三是文化成绩达到最低要求，按照专业成绩录取。考生要清楚自己报考的专业采用哪类录取原则，然后分析、测算往年分数线，选择有把握的院校报考。

虽然对三维绘画一窍不通，也没什么兴趣，但我还是买了很多书，打算认真钻研。

公司的环境就像一间暗室，一直关着窗子也不开灯，只能借电脑屏幕的光看书。

三维动画的制作是一个复杂的工程，需要很强的空间想象力和逻辑思维的能力。可我一点兴趣也没有，因此学得非常吃力也很慢。

选好志愿顺序

各省份艺术类志愿可以填报两个顺序志愿。部分生源报考数量充足的院校，往往第一志愿就录取额满，不再预留二志愿计划，即使预留一部分计划录取，往往分数会更高。考生可将录取分数高、报考人数多的学校排在前面，同时把握好前后梯度。例如，某考生取得了清华美院和中央美院的专业合格证。从以往录取情况看，两所学校一志愿生源都相对充足，不录取二志愿。如果考生把任何一所学校放在第二志愿，就等于浪费了一个志愿。因此，在选择学校之前，考生要充分了解学校近年录取情况、分数等，做到心中有数。

当然，除以上方面外，考生如能综合考虑个人未来职业规划、专业兴趣及学校特色、培养特点、就业前景等因素，选择会更加准确、到位。

真实的实习生活跟以前在电视里看到的完全不一样。

咖啡呢？？

以后的实习生活就是这样？

没有人叫我端茶、倒水、打扫卫生，也不需要帮忙。

美术联考色彩高分技巧揭秘

莫把丹青等闲看，无声诗里颂千秋。

徐渭 *XU WEI*

一、构图：新颖的、独特的、形式感强的、能体现艺术修养的且具有美学规律的

构图决定成败，构图的好与不好将影响你下一步的作画步骤，自然也会影响到一幅画的最终效果，以及是否可以拿高分。高分卷的第一标准就是要有完美的构图，若你平时有留意美术高考的高分卷，你会发现，无一例外它们的构图都是达到考试要求甚至超过考试标准的。可见，构图在美术高考中的重要性。我们暂且将目光定位在美术高考中的构图这一关上，我们会发现，从一个人对画面的布局与物体在空间里的位置设计以及背景与台面的画面分割，即可以看出考生的艺术修养及审美的高低。我们常常讲"构图要完整"、"构图要饱满"、"构图要适中"、"构图要合理"，这些其实都只是评判一张试卷最基本的要求，如果要引起阅卷老师的注意，非得有新颖的、独特的、形式感强的、能体现艺术修养的且具有美学规律的构图不可，非此不足以打动到考官的心灵。因此，考生在平时一定要大量地观看国内外美术名家名师的优秀作品，除了要多看以外，还要多思考、多分析、多对比、多动手积累有用的素材，并进行大胆的尝试和联系，如此才能在考试中运用自如、脱颖而出，如此才有机会成为高分卷。

二、画面要响亮、要跳得出来、要能抓住人的眼睛

要想成为高分卷，要过的第一关就是让你的画面吸引考官的注意，并从众多的试卷中跳出来，只有跳出来了才有机会成为高分卷。那么如何才能够跳出来呢？色彩响亮是试卷能够跳出来的关键所在，也是一张试卷的核心要素。假如你的画面效果整体、对比强烈、颜色明快而跳跃，那么你的试卷就会从灰蒙蒙的试卷海洋里脱颖而出。因此，如果你想你的试卷成为高分卷，除了要有好的构图，同时还要让画面响亮起来，那么如何才能让画面响亮起来呢？注意色彩的纯度对比，如处理好画面鲜与灰的关系，画面纯颜色太多则太火，纯颜色太少则太灰，如何把控则需要对色彩比例的控制，也就是我们常常说的度。如果画面色彩的纯度对比不够，则容易显得"灰"、"脏"、"暗"。此外，在加强色彩的纯度对比、明度对比和冷暖对比时，这样才能做到主次分明，对比强烈，画面才能够响亮得起来，才能愉悦考官的眼睛。

三、色调要统一、色彩关系要协调、色彩倾向性要明确

一幅好的色彩考卷，除了要具备理想的构图、画面要响亮要突出以外，最重要的是画面的色调要统一、色彩关系要协调、色彩倾向性要明确，其实这就涉及你对联考色彩试卷的定位问题。什么问题呢？打个比方，你在一开始就没有为你的色彩定一个总体方向，究竟这幅画的主色调是冷色调还是暖色调、是偏向黄色调子多点还是偏向绿色调子多点，当画面的主色调确定以后，心里自然会想着其余颜色该如何处理且都要统一在主色调里，依附于你所定的那个色彩调性去走。如此才不会出现"花"和"乱"，画面才不会出现各自为政的混乱效果，显不出主次之别。此外，一幅画的色调统一最关键是体现在对衬布、桌面、背景、空间氛围的处理上，若对衬布、桌面、背景、空间氛围控制得当，将对画面起着决定性作用，因为它们在画面中所占的色彩比例最多。当你处理画面整体色彩关系以后，下一步就要开始处理物体的固有色与环境色的关系，这时要注意的是：在丰富画面的前提下求色调的统一，在色调统一的前提下求细节的微妙变化，两者兼而有之，才能使整个画面色彩关系更加协调。

四、形色结合，重视色调的同时强调形体的塑造

很多考生在重视色彩关系的时候却忽视了对形体塑造，重视形体塑造的时候却忽视了色彩关系，诚然这二者都不足取。美术高考中的色彩科目最重形色结合，即重视色调的同时也强调对形体的塑造，说白了就是既要有素描关系，又要有色彩关系，同时还需要有速写的一气呵成。那么联考色彩高分卷是怎样炼成的？第一要有好的构图，第二要有生动的造型，第三要有统一的色调，第四要有响亮的画面，最后还需要有精彩的局部塑造和质感表现，当然在达到了这些要求之后，画面若有独特个性的表现技法与手段则更能获得考官们的一致认可。

须知一张能够拿高分的考卷不仅要有漂亮的外形和漂亮的色彩，还要有本事用色彩塑造出物体的质感、光感和量感，同时画面还要有虚实体现和空间表达，而在塑造时更要用笔果断，绝不拖泥带水。原则上，主要物体及前面的物体表现得要精彩一些，次要物体及后面的物体则可以简单概括处理掉，这样才能使画面变得主次分明，主题鲜明，重点突出。塑造时一定要表现出物体的结构和细节，该有结构的地方一定要有结构，该有细节的地方一定要有细节，这样才能看出考生对要表现的对象是否理解透彻和整体的把握能力如何。

2015年中国三大顶尖美院核心招生政策解读

方薰 *FANG XUN*

一、中央美术学院

中央美术学院（简称"央美"）是中国最好的三所著名艺术院校之一，是国家教育部直属的唯一一所高等美术学校，是国内美术与设计教育以及精英艺术人才培养的重镇，也是最新美术思潮的策源地、前言文艺理论观念的发源地。由于央美在我国美术教育界具有举足轻重的地位，同时作为我国现实主义写实绘画的主要阵营，如今已成为美术考生心中无与伦比的艺术殿堂。每一年都有数以万计的考生奔着央美而去，有些考生为了能考上央美，即使复读个5年、7年甚至10年都在所不惜，可见它在广大美术考生群体中的影响力。2015年报考央美的考生人数为1.8万人，是年该校计划录取821人（比2014年多出21人），录取比例4.6%，是国内报、录比率差额第二大的美院。考生除了文化课和专业课必须达到该校录取控制分数线以外，考前培训期间还要花多时间了解该校是年度核心的招生政策，而央美招考改革方向等信息这些都可以从当年校方公布的招生简章中获取，考生务必多加留意，并关注各专业方向录取办法、报考要求与考试须知等重要细节，多一些了解就多一些保障。

那么，2015年央美招生政策与2014年相比又有哪些不同？

1. 艺术设计专业校考考试科目发生变更，从四科变两科

2015年央美艺术设计专业校考考试科目不再考素描、速写、色彩、创意设计，而改考造型基础和设计基础，改革动作之大、力度之强、变化之快，着实让外界为之一振；央美向来是全国艺考改革风向标，这次考试变革务必对中国美术高考体制产生深远影响——回归艺术教育本质的时代终于要来了！

2. 增设实验艺术专业，成立实验艺术学院

2015年央美从原有专业方向（如绘画、中国画、书法学、雕塑、美术学、设计学类、建筑类、摄影、动画等）基础上增设实验艺术专业并成立实验艺术学院，与原先已有的六个专业学院（造型学院、中国画学院、设计学院、建筑学院、人文学院、城市设计学院）共同组成七个专业学院；报考实验艺术专业的考生和报考书法学专业的考生一样，一律在北京考点现场确认并参加专业考试；实验艺术专业统一报名、考试、评卷、录取，入学后一、二年级统一进行专业基础课程学习，二年级学年末学生选报导师主题（专业）工作室。

3. 城市设计学院影像设计专业考试考试科目略有不同

报考2014年城市设计学院影像设计（戏剧与影视学类）专业的考生可参加造型艺术、艺术设计任一专业考试，2015年该专业的考试科目则多增加实验艺术和建筑学（理）两项，并对考生性质有所要求；2014年报考该专业且选择参加艺术设计专业考试的考生无任何文理科要求，2015年则要求务必都是文科生，考生谨记！

4. 考点变更，取消武汉考场，改为长沙考场

2015年央美在全国考点分布上和2014年相比基本没有太大变化，差别只是将武汉考场改为长沙考场，其余仍在北京（学院本部和燕郊校区）、郑州、南京、广州、沈阳、成都六个考点；北京考点只允许北京、天津、河北、山西、内蒙五省市考生在京进行现场确认并考试，其它省份考生可在郑州、长沙、南京、广州、沈阳、成都六个考点中就近任选其一进行现场确认并考试（书法、实验艺术专业除外）；按照江苏省、河南省、广东

省、湖南省规定，凡报考当地招生考试院的该省籍考生只可在南京、郑州、广州、长沙考点进行现场确认并考试；新疆少数民族（民考民、民考汉、双语班）考生只可在成都考点进行现场确认并参加专业考试；香港、澳门、台湾及华侨考生只可在北京或广州考点进行现场确认并参加专业考试。

5. 录取规则发生重大改变：同一艺术类专业采取同一种录取办法

按照教育部2015年1月15日下达的《关于做好2015年高校部分特殊类型招生工作的通知》（教学司〔2015〕1号）中的文件规定，"同一高校同一艺术类专业应采用同一种录取办法"，央美响应国家政策号召，其中2015年造型艺术专业、中国画专业、书法学专业和艺术设计专业在录取办法上统一调整为"文化课成绩达到我院规定的要求，依据专业成绩排名录取"；实验艺术专业录取原则按文化课成绩达到我院规定的要求，依据专业成绩排名录取；建筑学专业录取原则除增加文、理科考生名额和取消"文化课成绩达到我院规定的要求，依据专业课成绩排名（文、理科混合排名）录取30名（含北京市7名）"这项以外，其余没太大变化；美术学录取原则保持不变；影像设计、信息设计、产品设计、空间设计、家居产品设计专业录取办法和2014年一样。

特别提示：

1. 自2016年始，中央美术学院不再设兼报志愿，城市设计学院将独立进行专业报名、考试、录取。

2. 自2016年始，中央美术学院造型艺术专业"色彩"科

目考试禁止使用"油画"材料。

3. 由于央美各专业录取标准不同，所以要求考生在参加国家高考时填报的专业志愿必须与在该校参加专业考试时填报的志愿一致。央美录取时，均以考生在该校参加专业考试时填报的志愿为准，自行更改志愿影响录取者后果自负，切记！

二、清华大学美术学院

清华大学美术学院（简称"清美"），前身是创建于1956年的中央工艺美术学院，1999年并入清华大学，后与中国八大美院并称为"九大美院"，是目前中国最好最顶尖的设计高校，已连续两次被美国《商业周刊》评为全球60所最佳设计院校之一；清华美院历史悠久，学科结构完整，教学、科研、工艺实验条件完备，在国内外享有极高的声誉。可以说清华美院是九大美院中最难考、格调最高的一间美院，每年招生人数只有少得可怜的240名（这和15年国美的1520名与央美的821名对比起来简直小巫见大巫，但招生气度却并不比这两间美院小，尤其在专业课和文化课以及英语和语文单科要求上），2015年报考清美的考生人数为1.67万人，是年该校计划录取240名，录取比例1.43%（比2014年还低0.07%），号称"中国最难考美院"，其竞争之激烈，所选拔的考生基本可说是"精英中的精英"。考生在备战清华美院时平时除了要了解其考试方式、考试内容与考试方向，还要对其招生政策及录取规则有所了解，如此才能做到知己知彼，提高考学命中率。

那么，2015年清美招生政策与2014年相比又有哪些

不同？

1. 设计学类专业录取办法发生变动

语文、外语单科成绩达到该校规定的最低分数线要求，按照综合成绩从高到低顺序录取（文理科统一划线。综合成绩相同且计划余额不足时，优先录取专业成绩高的考生）。对于设计学类"专业课成绩保留一年"的考生，第二年报考我院时，按照上述录取办法执行（注：当年9月，考生本人向清美招生办提出书面申请，审核通过后办理相关手续即可）。

2. 取消艺术设计学（史论）校考专业考试

从2015年起"艺术设计学（史论）"专业改用"艺术史论"专业名称，报考清美艺术史论专业的考生无需获得校考合格证，符合2015年高考报名条件的文科类考生均可报考（是否参加省美术专业统考按照所在省教育考试院有关规定执行，清美不做特别要求，注意高考报名时需兼报艺术类，志愿填报请选择清华大学艺术类提前批。），拿广东考生举例来说，广东考生报考清美艺术史论专业无需参加广东省美术专业统考，按照广东省教育考试院规定，凡省美术统考所涉及专业含两科或两科以上的单招校考，考生务必参加省美术专业统考且联考成绩达到是年度要求的最低分数线（2015年美术类最低分数180分）。需要2015-16届考生注意的是，按照清美招生政策规定，艺术史论专业录取考生进校后需和校方签订相关协议。

3. 不再寄发《专业课考试合格证》，增设"成绩复议"流程环节

从2015年起清美不再寄发《专业课考试合格证》，专业考试合格的考生，可自行网上打印；对于专业成绩有异议的考生，可在成绩公布后两周内提出成绩复议申请，填写《成绩复议申请表》，学院将按照相关程序进行成绩复查。

4. 2015年招生专业与2014年相比略有变动

2015年清美计划招收学生人数和2014年一样都是240人，然而在招生专业上和去年相比却略有不同，改动之处为：按招生专业大类来分，设计学类取消产品设计（交通工具造型设计）专业方向，增加艺术与科技（展示设计）专业方向；工艺美术（纤维）和工艺美术（玻璃）专业方向调整为工艺美术（金属艺术）和工艺美术（漆艺）专业方向。美术学类招生专业方向没有太大改变，其中绘画（版画）专业方向调整为绘画（壁画）专业方向。

5. 除北京考点意外，国内其他七大考点仍保持不变

为解决北京、天津考点容量有限问题，2015年清美专业考试北京考点分设三个考场：清华大学美术学院考场、北京服装学院考场、中央工艺美院附中考场；现场确认地点仍统一设在清华大学美术学院考点。值得2015-16届考生注意的一点是：第一，对于江苏、河南、湖南、广东四省考生，根据省教育考试院规定，须在省内考点参加考试，至于2014年招生简章所注明的"在其他省份考点参加考试，成绩无效"，为安全起见，具体还要考生自行电话咨询该校招生办。第二，其他省份考生可就近选择考点参加考试。

特别提示：清华美院无论是专业课还是文化课其竞争难

度都高于同类美院，有望冲刺清华美院的美术高考生最好做好两手准备，一手文化，一手专业，两手抓两手都要硬。记住：吃得苦中苦，方为人上人！

三、中国美术学院

中国美术学院（简称"国美"）属于中国八大美院，是中国最顶尖的三所美院之一，前身为国立艺术院，创建于1928年。国美是国家文化部和浙江省政府共建的一所学科、专业齐全的综合性重点美术学院，是全国唯一一所获得联合国教科文组织承认学历的中国美术类大学。国美以其独特的专业影响力与优质的品牌吸引力每年都吸引着大量全国各地的美术生报考。据统计，2015年按国美计划全国招生1520人（含：面向浙江省招收"三位一体"综合评价本科生82名），报考人数5.85万人次，虽比2014年少2万多人（却仍超过国内任何一所艺术院校的报名人数），录取比例为2.6%（比2014年高0.5%）；2014年全国招生1635人，报名人数7.8万人次，比2013的8.5万人次下降了7000人，虽然这两年报考国美的人数有所下滑，但依然成为全国近60万美术生心中第二难考的美院。随着国美招生政策的不断变更（生源培养、出题方向、高考成绩、录取规则、评卷机制），和考试方式与考试内容的推陈出新（色彩头像、室外写生），未来考生报考国美会越来越难。

那么，2015年国美招生政策与2014年相比又有哪些不同？

1. 撤销上海考点，规定各考点单日单场最高容量

2015年国美全国考点除撤销上海考点以外，与2014

年基本没有太大变化；受报考场地空间容量限制原因，2015年国美全国各考点均设定了考场容量上限，各考点每日报考人数达到该考点考场容量上限时即止，2015-16届考生须注意，报考期间务必密切关注国美招生官网，合理安排考试日程，免得错过报名考试时间。

特别提醒：

2015年本科招生考试上海张江校区不设考场，考试地点设在杭州象山校区，报考上海张江校区各专业（类）的考生，必须在杭州考点参加现场确认和专业考试，如已在郑州、北京、成都、广州、沈阳考点参加了现场确认的考生，持专业准考证可直接参加专业考试。

2. 受相关政策影响，专业（类）方向招生计划略有变动

按照教育部2015年1月15日下达的《关于做好2015年高校部分特殊类型招生工作的通知》（教学司〔2015〕1号）中的文件规定，普通高等学校艺术类本科招生方向不得增设专业方向。2015年国美专业（类）方向招生计划改动内容包括：书法学专业增设书法学与教育方向。

3. 学科设置及专业（类）方向划分与2014年相比大有不同

2015年国美在学科设置及专业（类）方向划分上进行了小范围的改动，改动内容包括：把原先的美术学（美术与设计理论类）调整为艺术学理论类（美术与设计理论类）；把绘画（造型艺术类）调整为美术学类（造型艺术类）；把视觉传达设计（设计艺术类）调整为设计学类（设计艺术类）；把动画（图像与媒体艺术类）调整为戏剧与影视学类（图像与媒体艺术类）；把建筑学

（建筑学类5年制）调整为建筑类（建筑学类5年制）；把环境设计（建筑学类4年制）调整为设计学类（建筑学类4年制）；其余专业名称及属性划分不变。

4. 特别划定建筑学类（5年制/4年制）专业录取细则

建筑学类5年制、建筑学类4年制专业：①专业排名在专业计数30%以内（含30%，小数点四舍五入取整数）的考生，文化课总分达到我院划定的建筑学类专业最低控制线，并且单科成绩满足最低分数线要求，即予录取。②其余考生，专业合格，并且单科成绩满足最低分数线要求，按文化课成绩总分排名从高分到低分顺序录取。

5. 国美录取的特殊规定（2015—2016届考生务必细读）

专业考试成绩在各专业（类）名列前茅者（即：招生总计划数少于等于15人的，专业考试成绩排名第一者；招生计划数超过15人的，以每增加15人按专业考试成绩排名递增一个名额，以此类推），文化课单科语文或英语的其中一门分数线可降低10分，文化总分线可降低10分。

特别提醒：

考生平时除了专业课训练以外，还要多点研究中国美院的考试形式、考试内容与考试方向动态，以及与考试相关的报考细则和招生政策等，考生在考前一定要做好这方面的准备工作，然后再结合起自身的兴趣与专业优势，如此才能不受外界客观因素过多的干扰与影响，切记！

2015年广州美院核心招生政策解读

广州美术学院（简称"广美"）是华南地区唯一一所高等美术学府，属于中国八大美院之一，创建于1953年，前身是由广东华南文艺学院、湖北中南文艺学院和广西艺术专科学校三校合并而成立的中南美术专科学校。广美的设计教育与清美不相伯仲，一个为商，一个为学，所处领域不同、文化底蕴不同、发展方向不同、教育理念不同。广美最为人称颂的是其独特的"教、产、学、研"相结合办学格局，历经62年发展，广美为广东区域乃至全国的经济、文化、艺术事业发展做出了巨大的贡献。2015年报考广美的考生人数3.8万人次，创历史之新高，是年计划面向全国招收1335人（比2014年多135人），录取比例3.5%（难考系数位居九大美院第三位），可见报考广美的竞争激烈程度一点也不亚于央美、清美和国美。2015—2016届考生在考前培训期间，除了常规训练科目要紧贴广美的考试方向、考试形式和考试内容以外，还要学习设计基础，一边提高自己手头功夫，一边提升自身的综合素质和艺术修养，当然还包括文化课水平，毕竟广美还有英语单科最低分数线60分的要求限制。

那么，2015年广美招生政策与2014年相比又有哪些不同？

1. 受相关政策影响，美术学专业（类）方向的招生计划有所变动

根据教育部2015年1月15日下达的"关于做好2015年高校部分特殊类型招生工作的通知"（教学司［2015］1号）中"同一高校同一艺术类专业应采用同一种录取办法"的要求，广美取消2015年普通本科招生美术学（美术史，文科类）、美术学（艺术管理与策划，文科类）专业方向在广东省普通文科类第二批本科的招生计划，招生计划数并入相对应的美术学（美术史）、美术学（艺术管理与策划）艺术类专业方向，面向全国招生。

张彦远
ZHANG YANYUAN

意存笔先，画尽意在。

2. 2015年整体招生专业与2014年相比略有变动

第一，取消美术学中的美术史（文科类）和艺术管理与策划（文科类）招生专业；增加了绘画（漆艺）专业；中国画专业从绘画中分离出来，分为中国画、中国画（壁画）和中国画（书法篆刻）专业方向；环境设计专业中的装饰艺术设计专业方向单单只是装饰艺术设计专业方向而非装饰艺术设计（陈设）专业方向；增设按各生源省美术术科统考成绩招收的艺术教育专业（仅招广东、湖南、江西省考生）。第二，报考广美中国画（书法篆刻）专业方向的考生，在网上预报名并缴费成功后，凭网上报名号按规定时间到广美北京、南京、郑州、长沙、桂林及广州考点现场确认并参加专业考试。考生只能选择一个考点报考，不得多选。

3. 广美校考考点省外省内分布变化不大，仅减少一个考点

2015年广美在广东省外设有11个考点，比2014年少了一个，撤销淄博考点考场，广美校考考试时间一般安排在年前和年后，广东省外考生只能选择一个广东省外考点报考，不得多选。2015年广美在广东省内设有8个考点，比2014年多了一个，增加惠州考点考场，需要提醒考生的是：广东省内考点仅接受广东省考生报考，考生按照所属地区选择考点报考。

4. 广美在广东省内省外采取的特殊录取原则与2014年相比大体不变

报考广美除美术学（美术教育）、艺术教育、美术学（美术史，文科类）、美术学（艺术管理与策划，文科类）、工业设计、建筑学、风景园林以外各专业，均需参加广美组织的普通本科招生专业考试。报考艺术教育专业，考生参加各生源省美术术科统考，专业成绩达各生源省美术类本科（二本）录取分数线，文化成绩达到广美规定的录取最低控制线后，根据考生文化成绩，按专业志择优录取。

1）省外

第一，广美工业设计、建筑学、风景园林专业除广东省外，仅在江苏、浙江、湖南、湖北、江西五个省市招收普通类理科生，其它各专业文理兼招。第二，报考艺术教育专业，考生参加各生源省美术术科统考（仅招广东、湖南、江西省考生），专业成绩达各生源省美术类本科（二本）录取分数线，文化成绩达到广美规定的录取最低控制线后，根据考生文化成绩，按专业志择优录取。

2）省内

第一、报考广美美术学（美术教育）专业方向的广东考生只需参加广东省美术术科统考，文化课和专业课成绩达到广东省一本线按综合分数择优录取，综合分计算公式：专业成绩×70%+文化成绩×30%。第二，报考艺术教育专业，考生参加广东省美术术科统考，专业成绩达广东省美术类第二批本科院校录取分数线，文化成绩达到广美规定的录取最低控制线后，根据考生文化成绩，按专业志愿择优录取。

5. 专业课成绩特别优异的考生其录取原则与办法

校考专业成绩在260（含260）分以上，文化成绩和外语成绩达到我校规定的录取最低控制线，不计算综合分，优先录取。若同一专业符合优录条件人数超过该专业招生计划，则按综合分由高到低择优录取，综合分相同，按专业成绩择优录取。

特别提示：

广美有英语单科成绩要求，除美术学（美术史）和美术学（艺术管理与策划）专业英语单科要求达到80分以外，广美其他专业外语录取最低分数60分（专业分在260分以上，英语单科分数可将至50分）。考生切记，往年就有很多人综合成绩过了广美录取最低控制线，但最终却死在英语上，如果不想与梦想擦肩而过，建议培训期间同时进行相应程度的文化课培训，两手准备更有保障。

美术生选择艺术类文科方向好
还是艺术类理科方向好？

乔舒亚·雷诺兹爵士
SIR JOSHUA REYNOLDS

战斗场面和绘画，都要在远处观看。

从兴趣和特长出发

术业有专攻。有些人长于理科，在报考文化高考时以艺术类理科生的身份报考几率会高一些；有些人长于文科，则在报考文化高考时理应以艺术类文科生的身份报考概率会高一些。判断的准则是：兴趣和特长，这是美术生选择艺术文还是艺术理最坚挺的理由。为什么呢？虽然现在大部分艺术类院校（尤其是美院）在招收美术类高考生时文科类专业占比仍高于理科类专业，但未来比较热门的专业，部分院校甚至更偏向于理科生，如：广州美院的工业设计、建筑学、风景园林专业只招收理科生，且考生不需参加专业考试，根据广东省普通理科类第二批本科分数线，按文化成绩择优录取即可；而中央美院的建筑学和家具产品设计专业实行文理科招收原则，同样的中国美院的建筑学专业也实行文理科招收原则。因为这部分美术类专业要求考生能有严谨的逻辑思维能力和长于理科思维。从兴趣出发来考量呢？则需根据自己将来就业方向及所擅长的领域，如果你对工业设计、产品设计、建筑设计感兴趣，那么，我的建议自然是选择艺术理，原因是：设计专业与绘画专业虽有共同之处即讲求想象力、创造力，然而区别也是明显的，前者重逻辑思维，后者重形象思维。考学不同于其他，学会扬长避短很重要。

从专业和学科出发

2011年以前，教育部对美术类专业学生的毕业文凭尚未进行调整时，无论是绘画专业的学生还是设计专业的学生则一律被授予"文学学士学位"。如今，除了建筑学、环境设计、产品设计、风景园林专业毕业时授予的是工科学士学位以外，以美术类进大学的学生毕业后拿的一律都是"艺术学学士学位"证书。因为在2011年之后教育部才真真正正将艺术学划归为一门独立的学科对待，而在教育部《专业目录》指导下，艺术类院校部分专业也做了小范围的调整和更改，这一点从上一章《2014年中国三大顶尖美院核心招生政策解读》中即可获知一二。

别走啊！！
我还没画完呢！

一开始，刚画完
一个头就换人了……

后来，老师教我找人物的动态线。

最开始要找
这几根线，

然后再一步步地丰满（初学者步骤）。

从高校招生计划出发

首先如果你不是想学建筑设计、工业设计、产品设计和风景园林设计这些需要严谨的逻辑和理性思维的专业，那么在文化高考方向选择上还是以艺术类文科为主，这样在你进入大学之后，高中所学的知识在本专业中的利用率也较高。其次，每年艺术类高校所招收的美术高考生大部分是文科生居多，无论省内还是省外，大部分艺术类高校的专业也大多以招收文科生为主，在招生计划数量上，文科生也远大于理科生，但弊端也明显：文科生相对拥挤，竞争也较理科生激烈。

有一天，家里有事没去画室。

这个……家里有点事！

你咋天没来画室？

第二天……

从综合方面考虑出发

最最困扰美术高考生的难题就是文化课，每年都有很多这样的例子：专业课成绩考得非常好，但最后输在了文化课分数上。相对比理科来说，文科还是比较容易拿分的，因为大部分文科是可以速成的，只要你愿意花更多的时间和精力去死记硬背，在文化高考时也能拿个好的分数，主观因素占的比例比较多。它也不像理科那样，如果你的文化底子本身就不好，在理科思维上没有经过严谨的系统训练，那么这个时候不妨尽早改学文科，这样考学的概率就会更大一些。最后，还想补充一句：无论是学艺术文还是艺术理，最重要是找到适合自己学习的，因为对于考学来说，考上大学才是最实际的问题，在这方面美术高考生一定要从综合方面来考虑，而不能盲目跟风，只有思路正确了，才有好的出路，才能正确地抉择！

省级美术统考是如何评卷的?

乔舒亚·雷诺兹爵士

SIR JOSHUA REYNOLDS

屋中有画,等于悬挂了一个思想。

省美术统考与艺术类校考不同,尤其在评卷方式上。以广东省美术联考为例,其评卷流程大致可分为三个阶段:第一阶段,其行为有点像"大浪淘沙"般,将好的留下,将不好的堆在一边,这一阶段的任务主要是过一遍;第二阶段,犹如"精耕细作"般,遵循严格的评卷模式,即分类、分档、打分,这是最烦琐的一个阶段,也是最重要的一个阶段,它的细节做得好与不好关乎每一个考生的前途;第三阶段,叫作"查漏补缺",意思是把被误判的考卷提到它原来的那个位置,并对高分卷进行严谨把关,平等对待每一张考卷。下面我们来看看这每一阶段的评卷工作到底如何:

第一步:大浪淘沙

所谓大浪淘沙,即是说将收回来的考卷分批集中在室内体育馆地板上,按"60分以上"和"60分以下"的评判原则先把全部考卷大致分为两大类。这个时候你可以想想:在偌大的体育馆内,数以万计的考卷如井田般被工作人员平铺在地板上,由纵横考卷区隔出来的小道仅仅能容纳得下一个人位置大小,评卷老师每人手里拿着一根细木棍子,将"60分以下"的考卷先挑出来,由旁边的考务人员负责收起来后统归在一个区域,剩下的"60分以上"的考卷则安排在另一个区域,这是评卷工作中最重要也是最容易出错的一个阶段——关乎考生的命运,如果你的试卷画面不够跳跃,视觉冲击力不够强,那么是很难入到评卷老师的法眼的,一旦你的考卷被丢进"60分以下"的那堆画里,按照常理来看,是很难再有翻身机会了。那么,这时你就会问:评卷老师在这一过程中是如何评判的呢?画面整体效果是也,而非所谓的"第一感觉",虽说美术高考不像普通高考那样有绝对的标准答案,像1+1=2那样简单,但是省统考的评卷方法在经过那么多年的发展之后已经总结出了一套普适性的评判标准来。这就是为什么美术高考生在考前接受培训时会经常听到专业课老师说一句话:要注意整体大效果!就是这个原因。但也存在一定的运气成分,比如说:同样有两张考卷,考卷 A 和考卷 B 放在一起评判时,若考卷 A 比考卷 B 画得好,也许它就可能被评为 90 分;考卷 B 画面效果稍微比 A 弱一些但也有值得肯定的地方,但很可能就被评为 85

悲剧的透明胶带

学画画的人有一个很奇怪的心理，

给！

借我50块！

大多数情况下很大方。

但如果借的是画材就会很心痛。

2元一大盒

我们互相之间常借的是透明胶带。

分。同理，考卷 B 和考卷 C 放在一起评判时，若考卷 C 的画面效果又比考卷 B 略差一些，那么考卷 B 分数保持不变，考卷 C 就可能被评为 80 分。为什么会这样呢？这就和联考的评卷方式有关了，但无论你的考卷是在哪个分数档次里，一般来说每个分数档次都会评出该分数档次内的最高分和最低分，也就是说若考卷 A 最后被定为高分卷 93 分，那么考卷 B 就有可能变为 90 分了。以此类推，其他分数档次的考卷在打分时也是按照此评卷原则执行。

第二步：精耕细作

联考的评分模式分为 8 大类别和 14 个档次分数段，何谓 8 个类别和 14 个档次分数段？所谓的 8 个类别即 30 分为一类别、40 分为一类别、50 分为类别、60 分为一类别……以此类推直到 90 分以上为一类别。所谓的 14 个档次即每一类别再细分出 2 个档次，每个档次的分数区隔为 5 分，如：30 分类别的分为 30~34 分和 35~39 分两个档次；40 分类别的分为 40~44 分和 45~49 分两个档次；50 分类别的分为 50~54 分和 55~59 分两个档次；以此类推即可得出其他不同类别的档次分数段。另，90 分（含 90 分）以上的考卷则按一分一分计，如：91 分、92 分、93 分（联考最高分一般为 93 分，但无满分制）……30 分以下的考卷概不列入此项档次分数段中。当评卷组老师将数以万计的考卷分好类、排好档次分数段后，接下来阅卷组核心成员（一般是德高望重的教授）会共同确定出高、中、低三级的评分标准，然后评出并公示各档次分数段的样卷（作为该年度联考判卷标准），其他每一个评卷老师就会依据所公示的各档次分数段的样卷，对每一张考卷进行分组评定，直至该阶段的评卷工作结束。

第三步：查漏补缺

第二阶段的工作主要是对每一张考卷负责，经评卷老师仔细分析和对比后，所有考卷都会归入相应的档次分数段。而评卷过程中产生争议性的考卷，如：70 分段的某张考卷，评卷老师 A 认为可以调到 80 分段中，而评卷老师 B 却认为只

画画之前要用透明胶带把画纸固定在画板上。因此透明胶带的需求量是很大的。

借一下透明胶带呗!

能留在 70 分段,若遇到此类难以决断的问题,最后的裁判准则是先通报各组长,然后再由各组长通知评卷老师们来共同商议,最后再做决定。而过早被划入低分段的考卷,联考考务组还安排有重评程序,和上述问题的处理方法类似,由阅卷老师们共同商议,最后才做决定。在评卷过程中,联考考务组专门安排有由老教授们组成的质检组,目的是对评卷工作进行全程监督、检查和复核,以确保评卷工作的公平、公正、公开。

这种分类分档打分的办法,即是教育部统一规定,而非某一省份所独有的美术专业评卷方式。

曾经有一位参与过联考评卷工作的阅卷老师和我说,广东联考这套考评制度毕竟还不是最完美的,但它还有进一步完善的空间。目前由于人员少、时间紧,阅卷过程也非常疲劳,在分档后的评定阶段就可能会出现打分不够精准的现象,但联考评卷毕竟不同于普通文化课打分,多少会因个人观点不同而产生误判,这也是很有可能的。举个例子说明,某考生画面形体塑造都不错,但整体效果不佳,如明暗对比不强或黑白灰关系没有拉开,这样就很难从众多考卷中脱颖而出,也就没机会上 80 分段,更别提拿高分了。

众所周知,联考只有一次机会,平时画得再好,若考试时状态不好而导致水平发挥不出来,那考试成绩一定会受影响,这也是很正常的。说到底,联考考的不仅是实力,更有运气成分存在,而你唯一能够做的,就是保持平常心和积极心态,只有这样才有可能降低考试失误率。

谁规定文化课不好就去学美术？

Φ 这是最大误区 Φ

曾经在中国美术教育界流传着这么一个故事，话说著名画家、书法家、文学家范曾先生有一位老友，他的儿子想学画画于是就领着孩子到范曾家做客，想拜范曾为师。范曾便问道：缘何想起要让你家的小孩学画画呢？范曾这位朋友也是个坦率之人，开口就说："我家小孩文化不好，想着画画考大学容易些……"范曾听后直言："难道没有文化的人可以学习画画吗？"

这句话言外之意就是说，如果一个人没有文化，即便短时期内可以通过美术这条捷径顺利上到大学，毕业以后也不会有太大的作为，因为一个人的文化内涵将决定其走多远。我没有见过有哪一个没有文化的人可以在设计、在艺术这条路上走得很好，也从没见过一个成功的设计师或艺术家是没有文化的，无论是设计师还是艺术家，他们所创造的东西背后都有其自身的文化烙印或者审美趣味存在，是有美学价值的。如今学画的人越来越多，无外乎是想通过这条捷径进大学，然后拿一份本科文凭，好毕业后找工作容易些，但其实这是对艺术、对美术、对设计本身的极大侮辱，也是对自身的不尊重。试问：一个没有文化修养的人，他所创造出来的东西会有文化吗？一件没有文化价值的物品，它又能有多大的价值，你会购买吗？

话又说回来，无论你是以考学为目的还是发自内心热爱艺术，喜欢画画，无论你的文化课成绩怎样，上到大学之后就要认清自己的软肋与不足的地方，然后尽可能在大学四年里增进自身的文化知识，提高内在的艺术素养，提升自己的审美眼光，这样你所做的东西才会有美感，才会有美的价值存在！

做个有文化内涵的美术生吧，千万不要让普通高考生说三道四和指手画脚，也许普通生不是文盲但却是个美盲，若你有意识在自身的文化修养上下一番功夫，你不仅不是一个文盲，更重要的是你能发现常人发现不到的美，这就是美术生与普通生最大的不同之处！

最接近雕刻的绘画最完美。

亨利·沃兹沃斯·朗费罗

HENRY WADSWORTH LONGFELLOW

国内艺术类专业比较强劲的专科院校有哪些?

Φ 含本科院校(公办/民办/独立/中外合作办学)专科
专业(系)层次学生定向培养计划Φ

文学家是以抽象化了的,即以观念来表现自己;但是画家以素描和色彩把自己感觉和知觉到的具体化。

保罗·塞尚
PAUL CÉZANNE

每年学画画考大学的学生人数在50~60万之间,因为各种各样原因而错过艺术类本科院校的考生不在少数,拿我比较熟悉的广东美术高考来说,2015年参加广东省美术术科统一考试的考生有42435人,本科率(含本B)大约为40%左右。考不上本科的那些学生,若不想那么早出来社会工作,又不想复读的话(当然家庭条件允许情况下可以考虑出过留学),可以选择一些专业性比较强的艺术类专科院校或艺术类本科院校中的专科专业(系)择优就读。全国有近千所专科院校开有艺术类专业,通过从多方渠道了解(主要是媒体报道)与横向比较(办学特色、办学规模、办学历史、社会影响力、杰出校友等方面),香蕉美术高考研究中心(微信公众号:香蕉美术)为有需要的全国考生罗列一些较有特色和针对性较强的艺术类专科院校和开有专科专业的艺术类本科院校名单,谨供参考。

一、专业型艺术类专科院校每个省市区都有,而比较知名、办学口碑较好的有:

上海工艺美术职业学院(国家示范性高职院校)、广东亚视演艺职业学院、珠海艺术职业学院、北海艺术设计职业学院、天津艺术职业学院、河北省艺术职业学院、山西艺术职业学院、大连艺术职业学院、黑龙江艺术职业学院、南京视觉艺术职业学院、江南影视艺术职业学院、浙江艺术职业学院、安徽艺术职业学院、福建艺术职业学院、、江西艺术职业学院、河南艺术职业学院、江汉艺术职业学院、湖北艺术职业学院、湖南艺术职业学院、四川艺术职业学院、苏州工艺美术职业技术学院、湖南工艺美术职业学院、天津工艺美术职业学院、江西陶瓷工艺美术职业技术学院、辽宁美术职业学院、上海电影艺术职业学院、成都艺术职业学院、昆明艺术职业学院、云南文化艺术职业学院、浙江横店影视职业学院等。

二、如果你考不上心目中想去的那个大学,如九大美院、六大艺术学院、44所独立设置本科艺术院校或者211、985工程类大学,又实在很想去这些学校读书,感受那个学校独特的学习氛围的

话，不妨可以选择它们的艺术类专科专业，如此便可如愿以偿成为它们万千学子中的一分子。这部分美术类专科专业实力比较强劲的高等学校名单包括：

中央美术学院、中国美术学院、西安美术学院、四川美术学院、山东工艺美术学院、景德镇陶瓷学院、山东艺术学院、吉林艺术学院、广西艺术学院、云南艺术学院、新疆艺术学院、中央戏剧学院、北京电影学院、中国传媒大学、四川音乐学院、浙江传媒学院、北京印刷学院（其艺术类专科专业只招北京考生）、天津工业大学、大连工业大学、吉林大学（其艺术类专科专业只对吉林招生）、上海大学等。

三、如果你的文化和专业不是太高，担心考不上专业型艺术类专科院校或者美术类专科专业实力比较强劲的本科院校。这部分院校名单包括：

河北大学、北京化工大学、郑州大学、天津师范大学、山西传媒学院、大连艺术学院、南昌大学、江西科技师范大学、河北美术学院、成都理工大学、桂林电子科技大学、贵州民族大学、湖南工业大学、四川传媒学院、广州大学（其艺术类专科专业只招收广东省考生）等。

四、如果你的文化和专业实在不是太好，但又想去有开办艺术类专科专业的本科院校，这部分本科院校大多为民办性质且大多集中在发达城市，这部分院校名单包括：

中国劳动关系学院、北京城市学院（在《2014中国民办大学排行榜100强》中全国排名第二）、北京联合大学（其艺术类专科专业只招北京考生）、北京吉利学院等。

特别提示：

1. 很多艺术类本科院校或普通本科大学都会有专科层次学生定向培养计划，拥有这类性质及招生资格的院校很多，如八大美院部分除了招收本科生源以外还会有专科层次的招生计划，有这方面需要的考生可以在高考结束后多点留意一下，在此就不为大家一一罗列了。

2. 专科院校或本科院校中的专科层次培养方向，一般情况下这类院校都不会公布历年的录取分数线，具体的需要考生自行打电话到该校招生办咨询，考生在填报志愿时应实事求是，结合自身实际情况，填报较有把握的学校，避免再次落马。

2015年艺术类专业在录取原则上有英语或语文单科要求的院校有哪些？

里尔夫 *RILY*

在油画的后面，跳动着画家的脉搏；在塑像之中，呼吸着雕刻家的灵魂。

教育部确定的31所独立设置的本科艺术院校和13所参照独立设置本科艺术院校招生的高校，以及"985"工程与"211"工程大学一般都会有英语或语文甚至数学单科最低分数限制的要求规定。

以下为即将参加2016年美术高考的学生罗列部分2015年艺术类专业在录取原则上需要有英语或语文单科要求的院校名单，需要提醒考生的是：最终信息请以高校正式公开发布的信息为准。

北京市

清华大学美术学院、中央美术学院、中央戏剧学院、中国戏曲学院、北京服装学院、北京印刷学院、中央财经大学、北京师范大学、北京科技大学、北京理工大学、北京工商大学、北京化工大学、北京交通大学、北京林业大学、北京语言大学、北京联合大学

天津市

天津美术学院、南开大学、天津工业大学、天津大学、天津师范大学、天津师范大学津沽学院、天津科技大学、天津职业技术师范大学

上海市

上海大学、上海交通大学、上海理工大学、东华大学、上海视觉艺术学院、上海戏剧学院、华东理工大学、上海应用技术学院、上海工程技术大学、上海衫达学院

第一堂色彩课

你打算用什么颜色画这个苹果？

怎么又沦落到画苹果了……

当然是绿色了。

绿苹果

山东省

山东艺术学院、山东工艺美术学院、济南大学

河南省

河南大学、郑州师范学院

河北省

石家庄铁道大学、唐山师范学院

江苏省

苏州大学、苏州科技学院

江西省

景德镇陶瓷学院

黑龙江省

哈尔滨工业大学

吉林省

吉林艺术学院、东北师范大学

陕西省

西北大学、西安交通大学、咸阳师范学院

四川省

四川音乐学院、四川大学、成都理工大学

重庆市

四川美术学院、西南大学、重庆工商大学

甘肃省

兰州大学、兰州交通大学、西北师范大学

浙江省

中国美术学院、浙江传媒学院、浙江大学、宁波大学、浙江理工大学、浙江师范大学、浙江科技学院、浙江工业大学、温州大学、浙江农林大学、湖州师范学院

广东省

广州美术学院、暨南大学、汕头大学

辽宁省

鲁迅美术学院、大连艺术学院、大连交通大学、渤海大学、辽宁师范大学、大连外国语学院、辽宁工业大学、大连理工大学、沈阳大学、沈阳航空航天大学、鞍山师范学院、大连工业大学艺术与信息工程学院、大连海洋大学、沈阳工业大学

湖北省

湖北美术学院、武汉纺织大学、武汉理工大学、华中师范大学、武汉科技大学、湖北经济学院、中南财经政法大学、华中农林大学、湖北工业大学、湖北大学、中南民族大学

文化高考结束后美术生最该注意什么？

照搬自然景色是绝对画不出传世之作的。

乔舒亚·雷诺兹爵士 *SIR JOSHUA REYNOLDS*

12年寒窗苦读为的是有朝一日可以考上理想的大学或不错的大学，可以说这是所有高考生在18岁前最大的梦想，作为942万个高考生中的一个特殊群体——美术高考生，在经历了美术类联考和艺术类校考以及文化类高考后，接下来最该注意些什么？各省份高考放榜时间一般在文化类高考结束后的第15个工作日，以2015年为例，广东省高考放榜时间是6月25日（5日内可复查成绩），填报志愿时间从7月6日-8月22日。其实，文化类高考结束后并不代表"彻底解放"了，还有最后一道关值得考生们注意的，就是填报志愿及等待录取。那么，美术生这段时间除了好好放松之外，还该注意些什么呢？

第一，根据心仪专业来选大学

通过各种渠道、各种方式去了解你最感兴趣的专业，主要了解这些专业的教学目的、培养目标与主要课程，并向专业课老师或已经考上大学的师兄师姐了解该专业就业方向等，当你了解完所有这些专业以后，根据你最喜欢的专业以及你最想去的城市，找一些相应较好的艺术类院校，然后按高、中、低三个层次找出不同级别的大学名单供你在填报志愿时参考，一般采取A志愿"冲一冲"，B志愿"稳一稳"，C志愿"保一保"，填报原则。这样你在填报志愿时就会更有把握，出错的概率更小也更为科学一些。

第二，要看当年的招生简章

当你为自己罗列出高、中、低三个层次的报考院校名单之后，尽可能上该学校的官方网站下载当年的艺术类招生简章，该学校当年的招生计划及录取原则和综合分折算方式、有无英语或语文单科文化成绩等细节要求都会在招生简章里面详细注明，部分名牌学校还会在"录取原则"中特别注明该学校的特殊政策开放，如：清华大学美术学院会有关于"专业课成绩保留一年"的规定，考生一定要多加留心这方面的信息！

第三，综合考量后再选择

文化类高考成绩放榜，考生在第一时间内得知自己考了多少分后，应马上对自己的综合成绩进行评估和量化，结合自己的文化成绩、专业成绩（联考成绩和校考成绩），上网查找计划报考学校近三年录取分数线（该学校的投档线、录取最高分、录取最低分）或打电话到该学校招生办公室咨询，在全方位、多面性对精确信息进行筛选后，再选择较有把握的学校。这个时候千万不要太高估自己，也不要太低估了自己，关键是做到"正确"对待自己的综合成绩，有条件的同学甚至可以向高考美术教育专家进行报考方面的信息咨询，了解当年艺术类高考大的宏观变化及录取趋势等，这样做就能更加万无一失。

第四，填报志愿须冷处理

前期做了那么多准备工作，都是为了填报志愿时更精确，更有保障。艺术类高校和文化类高校不同，如：中国八大美院、31所独立设置本科艺术院校及13所参照独立设置的本科艺术院校招生的高校大部分都属于提前批次录取的特殊高校，即使不是，一般艺术类高校都会要求考生在填报志愿时他所填写的第一志愿是他们的学校，若不是就不予录取，即使你的高考成绩达到了他们的录取控制线，除非是该学校第一志愿生源不足时，按教育部规定，招生学校不得拒录符合本校录取要求的非第一志愿考生；其次，要是你所填报的第二志愿若是较热门或非冷门院校，被录取的概率将会更低，因为大部分美术类高校只承认第一志愿而非第二志愿，越大牌的大学其要求越多，这点值得考生注意。

考生切记

不同批次第一志愿填报的第一所学校，一定要报你最有把握的而不是你最想去的学校（你可能会因为最想去的学校当年的报考人数过多而被挤下来，导致错过了被好大学录取的机会）。因此，考生在填报最终志愿时，一定要做到：保持冷静，客观对待！

考不好要不要复读？

阿尔伯特·爱因斯坦
ALBERT EINSTEIN

想象力比知识更重要。因为知识是有限的，而想象力却概括着世上的一切，并推动着进步，是知识的源泉。

每年考不好的美术生有很多，考不好而选择复读的美术生不在少数，这就说明了一个问题：上没上过大学的人是有区别的，不然，为什么每年会有那么多考生选择复读而不直接出来社会参加工作或者将就着读，又或者出国留学。

考不好而选择不复读的可以分为三种情况：

1. 继承家族生意，像李嘉诚一样从学徒工慢慢做起，相信实干才会成功。

2. 家庭环境条件好，选择出国留学而放弃国内院校。

3. 将就着读，上了大学以后发誓洗心革面、奋发向上，弥补之前犯下的错误。

考不好而选择复读的也可以分为三种情况：

1. 不愿高不成低不就，选择复读给自己多个机会，多条选择，相信来年可以考得更好。

2. 一心奔着中国三大美院去，以壮士断臂般的决心追赶而上，无论花上多大代价也要考。

3. 周围环境影响，觉得专科文凭始终没有本科好，本科文凭始终没有重点好。

考不好要不要复读，我认为：要！这是绝对的、绝对的必要，一夜暴富和单枪匹马闯荡江湖混出人样的时代已一去不复返，现时代是个现实的时代，是一个以学历认实力的社会，也是一个

有了突破，
又觉得世界
如此美好。

要记住，遇到瓶颈期时，需要去获得
新的经验，而不是一味地温习旧知识。

以学历论职称的社会。在这样一个时代、社会里谋生，不仅要具备一身本领，还要有一张可以过关斩将的文凭。如今读大学不再像以往那样每个人如同天之骄子般受人欢迎，而要看你是不是"985"工程、"211"工程院校毕业的学生。这个社会就是这么残酷，这个社会就是这般现实，也许你会说：即使我没读大学，我也能成功，这句话是没错，但这个社会有多少人可以是韩寒、有多少人可以是罗永浩呢？他们也是高中辍学，然而如今却在社会中获得了他人眼中的成功。要知道，这些人也只是千千万万中的小概率而已，属凤毛麟角，劝你还是不要冒这个险。再说，复读也不是什么见不得人的事情，你如果以平常心去看待，复读只是提供给自己一个更具优势的机会而已，是要在应届生中抢"船票"的，那么也许你就不会再价日沉浸在"悲壮"的情绪中而不能自拔，做人要向前看，一直向前，永不放弃，这才是你应该要做的，可以输机会，但绝不能输志气，志气一旦输了，连人也一并失去，这多不值啊，还是咬咬牙关继续奋斗吧！

伏尔泰的微笑

这个老婆婆笑得好诡异。

这个不是
老婆婆？？？

你们不要把
伏尔泰画得跟
个老婆婆一样！

竟然
不是
老婆婆……

我也以为
是个老婆婆。

美术生应该具备的五种能力

在艺术教育里，艺术只是一种达到目标的方法，而不是一个目标；艺术教育的目标是使人在创造的过程中，变得更富有创造力，而不管这种创造力将施于何处。假如孩子长大了，而由他的美感经验获得较高的创造力，并将之应用于生活和职业中，那么艺术教育的一项重要目标就已达成。

阿尔伯特·爱因斯坦
ALBERT EINSTEIN

如果说真有什么能力是美术生必须要掌握的话，我会罗列出以下关键五点，只要你做到了，相信你往后也会走得更顺畅一些，道路也会更宽阔一些。

1. 思考能力

思考能力是我最看重的一个能力，没有思考，一切都是白搭。拥有良好思考能力的人比缺乏思考能力的人，其优势在于：解决问题的效率上。有思考能力的人遇到问题会这样问：我如果这样做，你觉得怎样？而缺乏思考能力的人遇到问题却会这样问：你觉得我应该怎样做？思考能力最重要的一个特征是独立性，能独立地思考，就能独立地解决眼前的问题，就能获得持久的进步，离目标就越近。有良好的思考能力能帮助你发现问题、分析问题、解决问题、检查问题、总结问题与经验，并且将极大地提高你的学习效率和动手能力。

2. 分析能力

给你一张优秀高分试卷，你能否条分缕析般罗列出它的优点是什么、缺点是什么，它的作画步骤是怎样的，又是如何表现出来，技法何在？当你能做到以上所说的话，就证明你有良好的分析能力，它能帮助你看清问题的本质，也能时刻提醒自己：我还缺什么，应该如何去提高？

3. 钻研能力

人生中最好的老师除了良师益友，其实就是书籍。如果你拥有良好的钻研能力，你就能够在独立工作之下，通过钻研的学习精神，将自己所学的运用到实际训练中，通过实战训练，反过来又能带着问题去书中寻找你要的答案，这不仅可以大大节约学习时间，进步的速度也将比不会钻研的人要快。

4. 审美能力

美术生和文化生的不同之处就在于"眼高手低"上，对于美术生来说，眼高手低是很有必要的，眼界高的人能够带动手部的运动，能够做到"胸中有丘壑落笔自成峰"，因此美术生在平时训练时一定要多看多训练自己的眼睛，如此才能提高自身的审美能力，才能锻炼出敏锐的观察力，这些都非要有审美能力功底不可，非如此便不能做到。

5. 表现能力

当你拥有了思考能力、分析能力、钻研能力和审美能力，集四力于一身时你自自然然就会有非凡的表现能力，只要你头脑中想得到的画面，你就可以通过双手表现出来，也将使画面"蓬荜生辉"，让画面自己说话，有吸引力且有魅力。

高考艺术类录取仍设3大批8小批

齐白石 *QI BAISHI*

欲立艺者，先立人。

2015年全国各省级招办（招生考试机构）普通高校艺术类专业招生细则：

1. 艺术类专业按专业考试方式的不同，今年将继续设置传统院校志愿、平行院校志愿和征求院校志愿三种，录取批次设置为3大批8小批（详细信息请登录省级招办官方网站）。

2. 艺术提前公办本科、艺术提前民办及独立学院本科、艺术高职（专科）3大批次录取结束后，各设立一个征求院校志愿，考生只能在传统院校志愿或平行院校志愿中选择其一填报。

3. 教育部确定的31所独立设置的本科艺术院校及清华大学等13所参照独立设置本科艺术院校招生的高校，可自行划定本校艺术类本科的文化录取控制分数线。其他省内外校考的高校，省高校招生委员会将根据各批次招生计划数和考生的考试成绩，综合考虑确定省录取最低文化控制分数线。

4. 艺术提前公办本科、艺术提前民办及独立学院本科批次的省录取最低控制分数线和填报志愿资格线，将于考生填报高考志愿前向社会公布。艺术类高职（专科）批次的省录取控制分数线，将于第二阶段考生志愿填报后向社会公布。

考生切记：参加全省专业统考且成绩合格的考生，可以填报使用省统考成绩录取的省内外高校；参加专业校考且成绩合格的考生，只能填报取得校考合格的高校的志愿，未获得省级统考合格证的考生不得填报以省级统考成绩作为录取依据的艺术院校（专业）志愿，其专业考试成绩只适用所考学校。

2015年美术高考趋势预测与分析

未来国家的竞争是人才的竞争，高校同样如此。随着教育部对艺术高考改革新政策的不断推进，未来的艺术类高校将在选拔人才这一关上设置更多的关卡与限制，美术高考越来越难已不是新鲜的事情。以下就是我对 2015 年及其后的趋势发展所作的判断和分析（谨代表本人观点）：

1. 高考制度的改革。国家教育部将针对旧有的高考制度进行改革，相信很快就会有新的方案措施出台。那么新的高考制是怎样的呢？可能会一分为二，即分为两类人才、两种高考模式：第一种模式是技术技能型人才的高考，技能加文化知识，在高中阶段，16 岁就可以选择你未来发展的模式。当然不管你选择的是什么模式，你都可以实现你的人生目标。第二种高考就是现在的高考，专业学术型人才的高考，技能型人才的高考和学术型人才的高考要分开。高考制度的变革涉及顶层设计与底层跟随，顶层设计就是国家将把 1998 年高校扩招之后由专科升本科的 600 多所院校全面转为现代职业教育，而底层跟随就是市场上的培训机构，将根据高考制度的变更而在教学模式和办学理念上发生根本性变化，美术高考的学生也将往两个方向走：一类往专业学术型的高端创意人才道路走，一类往技术技能型中断实用人才道路走。这是宏观层面上的变动。中观层面上的变动就是"提高文化分数，缩减校考数量（没有美术类专业硕士培养资格的大学），增加单科限制"。

2. 增加美考的难度。艺考改革新政规定，一是提高文化分数，二是缩减校考数量，三是增加单科限制，这些都将提升美术高考的难度。无论是选择艺术文还是艺术理的考生，除高考综合分数要达到高校的录取控制最低分数线以外，在录取原则上还要求考生英语或语文单科分数线的最低限制，而缩减校考数量（没有美术类专业硕士培养资格的大学）不仅拔高了省联考的重要性，还将那一部分不上不下的考生赶往现代职业教育类院校。因此，现在的美术生不能再像以往那样仅仅只将目光集中在专业课训练上，同时还要学习文化课，这样才有可能突围而出，为自己创造更多进好大学的机会。

齐白石 QI BAISHI

似者媚俗，不似者欺世，妙在似与不似之间。

3. 考试形式与内容的变更。 清华大学美术学院将造型专业与设计专业的考试模式分开，设计专业的考试形式与内容也从以往的装饰图案设计基础变为设计素描、设计色彩和设计速写；同样，中国美院从 2013 年开始在造型专业考试中小范围试水色彩头像（设计专业则不再考苹果葡萄和瓶瓶罐罐而改考雨伞、雨靴和毛巾，打破常规考试内容），到 2014 年六大类专业考试全部采用色彩头像，速写科目也破天荒地将临摹大师作品作为选拔学生的标准；回到我们广东省美术联考，在刚刚结束的 2014 年的考试中，素描考头带手（加帽子），色彩则考花卉，基本和广州美院的考试难度无异。为什么？打击模式化的应试教育现状，还美术高考一个新的天地，是否能做到尚且不知道，但在某种程度上确实可以起到规范培训市场，改变学生以往根深蒂固的备考意识，让更多学生关注美术基础的重要性和关注应试以外的东西。

4. 新的考法将在未来美术高考中不断出现。 什么是新的考法？比如说素描，联考要不画静物，要不画头像，2014年的素描头带手告诉我们，未来是否会考素描石膏像呢？又或者是命题默写，素描半身像呢？这些都有可能出现，因为在过去十年里，都未曾出现过，但却清清楚楚写在联考考试大纲里。那色彩呢？以往所出的题材基本都涉及生活的方方面面，今天考花卉，那接下来会不会是命题默写、将黑白照片画成色彩的，或者是提供照片画风景？色彩头像在 3~5 年内基本是不可能的，因为难度太大了。那速写呢？又可以考些什么呢？创意速写，速写风景、动植物速写，又或者是色彩速写、设计速写？这些都是有可能出的，因为联考针对的其实就是高校所要招收的那部分学设计的学生，说白了，往大了说广东需要的不是艺术人才而是设计人才，高校要的不是艺术家，而是实用美术设计师，若你看懂了这点，也就明白为什么联考那么强调基本功，因为这和设计有关。考试五花八门，考题也具有不可预测性，若要考试考得好，关键是练好基本功，只有这样才能灵活应对各个学校的招考模式。

5. 弱化应试教育，强调考生艺术素质。 近些年来，不少美术院校纷纷开设新的专业如戏剧影视美术设计、信息交互设计、数字媒体艺术、影视摄影与制作、文化产业管理等，这些新近开设的专业相对于过往较为成熟的专业而言，都比较年轻，对于学生的培养方向以及日常教学也相对模糊，因而在早期的招生工作中或许会放低对某些考试内容的要求，或者干脆不考。然而，随着专业教学理念与思路的逐步完备，这些新兴专业也会根据专业需要调整考试内容，而调整的最终结果就将体现在广大美术院校的招生工作与考生的考试内容上。因而，面对美术专业考试，结合今后的兴趣和目标，考生（尤其是刚上到高一学习美术的学生）应当放远目光，而不是将精力一味放在单一的应试上。

高考录取过程中考生最该注意什么？

各省份每年的高考录取时间一般安排在7月上旬，高考录取开始后考生最该注意两点："预录取"和"征集志愿（即补录）"。

一、预录取

预录取有三种可能性：1. 你的档案已经被你所填报的那所学校取走，言外之意就是说你已经被该校录取了；2. 你的高考综合成绩（专业加文化百分比）及单科成绩均达到该校录取分数线，目前正处在审核的过程中，不必太过担心；3. 你的档案符合该校录取规则，一般被录取的概率比较大，只需耐心等待即可。

二、征集志愿（即补录）

在高考录取过程中，各个批次高校都有录不满额的时候，等第一轮录取工作结束后，各省级招办会及时对外公布各个批次录不满额的高校招生缺额计划（时间一般安排在7月中旬到8月中旬），这个时候考生再根据各个批次录不满额的高校填报第二轮的征集志愿。按历年情况来看，广东省各个批次高校的招生缺额计划一般较多，这也许和广东考生往外流的人数较多有关系。

【举例说明】

某考生在填报志愿时，由于没有正确评估好自己的高考成绩（事前也疏于在上网查找所报高校近三年来术科、文化录取控制分数线（报档线）），第一志愿所填报的一本院校最后却没有达到该校的录取要求，但该考生的高考分已经达到一本线以上，按理说自然是不愿去上二本院校的，于是在焦急等待中。高考第一轮录取工作结束后没多久，各个批次录不满额的高校招生缺额计划相关信息就在网上公布了，该考生于是根据各个批次录不满额的高校填报第二轮的征集志愿（即补录），后来则顺利考上了一所普通一本院校，而二本和三本院校及专科院校的征集志愿方式和上述所说一样，考生只需要在高考录取过程中及时关注相关信息即可。

齐白石 QI BAISHI

我绝不画我没见过的东西。

校考结束后美术生最该注意什么？

齐白石
QI BAISHI

应知天道酬勤，不叫一日闲过。

每年都有很大一部分美术生，专业成绩本身考得挺不错，但最后却因为文化成绩问题而落下了复读的结果，究其原因，只因其校考结束后仍深深陶醉在专业课的"辉煌"战果中而疏忽了文化课的复习。又有一些美术生，本身文化课就不怎么样，在校考结束后还整天停留在"我的专业考得怎样"的焦虑空想中，结局自然也不怎么样，这多可惜啊！奉劝所有美术生一句忠告：在校考结束后，无论你的专业课考得怎样，都要全心全意将短暂又宝贵的时间与精力花在高考文化课复习上，这是百利而无一害的，切记！

1. 一般校考结束后，美术生只剩下3个月100天不到的时间来复习高考文化课，因此你是没有理由或借口说"休息"的，你应该像一个骁勇善战的斗士般厉兵秣马，时刻准备着上战场杀敌。而你这时最先要做的事是把所报考过的艺术类高校当年的招生简章再看一遍，主要是看有没有英语或语文单科分数限制，如果有，就要根据自己的实际情况制定出一份高效的复习计划；如果没有，就要看看这些高校的录取规则是不是按照综合分数（专业加文化百分比）由高到低择优录取，做到心里有数。

2. 要懂得扬长避短，集中全部精力在优势科目上。由于时间极为有限，考生不可能将所有时间平均分配给各个学科，有些科目本来就比较弱，在精力分配上理应弱化，强化什么呢？基础好的且比较有把握通过努力可以获得较好成绩的科目，有些美术生文科比较好，有些美术生理科比较好，视个人情况而定，没有统一标准。有个小诀窍：凡是只需通过记忆来学习的科目，比如英语、语文及综合等，拼的其实就是人的毅力和韧劲与谁愿意花更多时间而已，努力不努力还看自己如何看待上大学这件事了。

3. 制订一份科学、合理、高效、完整的文化课高考复习计划，合理安排好剩余时间，建议把时间长度定为100天，尽量细化到每个月每一周每一天每一小时具体应该做什么事上，然后以一种永不放弃和舍我其谁的精神去执行，记住：不能落地的计划，一切都是纸上谈兵。高考是一场耐力赛，拼的不只是实力，还有体力、精力、毅力，为保证每天有好的战斗力，必须保证晚上有充足的睡眠时间，即使剩下的时间再少也好，也不要开夜车，这是最不明智的做法。还有一点，每年3月至6月份是最容易犯困的季节，这时好的休息就更有必要了。若你想争取更多时间复习，例如可以在晚上12点前准时入睡，早上5点15分起床，运动一下然后就开始早读（中午再休息个15~30分钟即可），这只是其中的一个方法，还有更多好的法子，还需要根据个人的具体情况而定！

在此文末，遥祝各位年轻的艺术学子在2015年美术高考中旗开得胜、金榜题名！最后，我想送给大家一句我很喜欢的座右铭：为一桩事业呕心沥血，为一种梦想至死不渝！

从2015央美国美湖美北影考试变化看未来美术高考改革大势

所谓"观史知今",想知道未来美术高考改革大势,就要知道昨天发生了什么。在开始这篇文章以前,我们先来回顾一下,2015年中国美术高考界的那些事儿。现在,且将我们的视野拉回到校考战场上来,看看2015年那些让人"心碎"又"心醉"的奇葩考题:

中央美术学院2015年艺术设计专业本科招生考试科目不再沿用多年的考核四科内容:《设计素描》、《速写》、《设计色彩》、《创意设计》,而改为考核两科内容《造型基础》、《设计基础》,并且两科考题都以"棒棒糖"为考题。今年新成立的实验艺术学院实行独立招生,其考察方式也有了较大的突破,考试科目第一次出现了美术鉴赏的考核方式。

中国美术学院(杭州考点)2015年图像与媒体艺术类专业速写考题要求考生依据考场所给的试题图片完成场景速写,看似简单实则暗藏"玄机",图片里面里三层外三层堆满了不少于五十个人,有站的,有坐的,有低头看手机的,有举起双手拍照的,总的来说一个"乱"字,换做任何一个只会"背题"和"套题"的考生,都会被眼前这幅景象给吓住。而建筑专业的素描考题要求写生两张报纸、一张课桌、两张塑料凳子以及一辆山地车,一组大空间大场景静物组合,需要考生合理安排在一张四开大小的素描纸内。

湖北美术学院(武汉考点)2015年本科专业招考试题同样"新奇怪",色彩考题画黄色的摩托车头盔和蓝色的某品牌鸡尾酒,素描考题画米开朗基罗著名大理石雕像《摩西像》,要求考生须对着照片进行素描临摹。

北京电影学院2015年导演系、文学系、摄影系专业的部分初试真题也相当搞怪,奇葩得很,比如西红柿炒鸡蛋是先放蛋还是先放西红柿? 锤子手机的创始人是谁? 北电(即北京电影学院)十景之一的蓟门烟树是什么树？第一架飞机用的是什么发动机？佛教三毒是哪三毒？《我待祖国如暖男》是谁写的？……OMG，万万没想到，连搞懂"做番茄炒蛋应该是先放蛋还是先放西红柿"这类知识都关系到能日后不能成为一个合格的优秀摄影师。

这就是当前艺考界的真实状况：一切都在变变变！拨开繁杂高考乱象，其变化背后其实隐藏着一个众所周知的事实，而这个事实给渴望招收到好生源的艺术类高等学校造成了长期困扰，对此中央美术学院设计学院宋协伟副院长说道：

"面对美术高考竞争的激烈，社会上数以千计的考前培训班为了升学率、赢得市场，绞尽脑汁、千方百计寻摸应试的路数，美术院校一成不变的考试模式甚至出题模式，已经让一些聪明的考前画班摸索出了一套相对成型的成熟"套路"，而且每年都会有一定程度的"凑效"。为了让考生短期速成，以背题、套用或临摹考题等的方法，反复训练考生，并没有本着提升考生真实美术能力与对事物的敏锐观察力来培养，学校在招生时很难从试卷中对学生的综合能力与素质做出准确的判断，难以从这种模式化的考试中选拔到优秀艺术人才。这种模式化的应试，也让升入美院的学生很长时间内带有应试的痕迹，很难"脱模"，所以对于艺术人才的培养带来了极大的弊端。"

为了打破"人才培养的极大弊端"这个僵局，并跟上国家教育部对高考教育改革的步伐，作为中国最重要艺术院校之一的中央美术学院、中国美术学院、北京电影学院在专业考试方向上进行了新的调整，也在这场艺考改革战中起到了带头和引领性的作用，目的就是为了打破考前画班急功近利的机械辅导方式和千篇一律的模式化培训体系，招收真正有艺术潜质的学生。无论是央美的"棒棒糖"，国美的"大阵容场景速写"，还是湖美的临摹石膏像，或者是北电的"西红柿"考题，无不表明高校招考改革态度不仅强硬果敢，而且在考试方式和出题方向将越来越"国际范"、也越来越注重选拔符合未来现代设计产业要求所具备综合潜质的人才的需求，并最终回归艺术教育最初的本质，让考试不再"规范"，让"套路"、"背题"、"临摹考题"、"猜题"式的考前班模式化培训转化到以本着提升考生真实美术能力与对事物的敏锐观察力来培养，让应试化的考前速成培训模式不再把学生带入一个歧途，让学生过早的行成对艺术的误解或者误判，学到一些急功近利的东西，耽误他们这个黄金成长年龄段应该学到的东西。

未来中国高等美术院校需要招收的不仅是具有扎实的基础造型表现能力，还要求考生拥有在日常生活中对事物的观察能力、感知能力、思考能力，更要考核一个学生综合能力和文化素养和文艺基础知识方方面面。好的艺术院校更强调考生的创意想象力和生活感悟力，需要的是能灵活应变、有独特视角和自己想法的学生。因此考生比拼到最后的不是专业技巧，而是技巧背后无形的个人素质，这并非能够在短期内学到的，要在高一一考试接触美术这个专业时就应该有这个准备，这是学艺术跟其他专业的区别。

所以奉劝想走美术这条道路的所有考生：忘记死记硬背、忘记标准答案吧，从长远来看这无济于你艺术生命的成长；忘记投机心理、忘记急功近利吧，这阻碍你成为一个真正有情怀、有信念、有态度的优秀艺术家或设计师，因为说到底艺术关乎人的心灵、也关乎人的灵魂，连自己那颗的初心都不懂得呵护并守望的人，对社会又谈何什么贡献呢？

2015年艺考新政改革分析及应对

关键词： 艺考新政、文化、专业、素质教育

内文提要： 在艺考新政改革呼声的策动下，地区高中该作何反应，让学生文化和专业两不误；专业培训机构又该如何制定新的措施来呼应改革新动向，帮助学生更好地完成大学梦；作为学生家长又该以何种理性而又温和的态度看待自己孩子的发展规划；学生自己在得知艺考这条路愈来愈难的情况下，又该以何种姿态来应对当前复杂的高考形势？美术高考咨询专家罗霁将为你全面解读，系统分析，为你解疑答惑，少走弯路。

受访者： 罗霁

采访者：《中国美术教育报》（以下简称"美术报"）

美术报：罗老师你好，很感谢你能接受我们《中国美术教育报》的独家专访！

罗霁：不客气，其实我还蛮喜欢交流的，记得一位前辈说过这么一句话，他说大家在一起交流一个思想，各自获得两个思想；交换一个商机，可能产生若干个商机。

美术报：你对艺考新政有什么看法？

罗霁：2015年，对于美术高考培训业来说是不平凡的一年，民间有很多新动向出现，比方说画室之间的交流越来越多，高校对画室的关注度也比以前提高，家长对美术高考的认识也越趋理性，更重要的是学生整体的水平上来了，从他们的作品可以看出，当然这是好事，但也是坏事。为什么呢？这和国家教育部对待艺术高考的态度有关，也就是我们现在说的艺考新政策的改革。谈到改革，无论从国家层面还是教育层面，改革都是必须的，但最为关键一点是：顶层设计，这是作为普通人的我们所无法左右的，真要做，只能从民间从身边做起。对于艺考新政改革，我的看法是：只闻脚步声，不见人下来。这脚步声可以说就是坊间的传闻，其实具体怎样还是要到相关政策落实下来，等我们见到那一纸红头文件自然就很清楚了。

美术报：艺考新政的变化如何？

罗霖：去年讲座中我也针对艺考新政的改革发表了自己的观点和应对方法。艺考新政在具体改革上主要集中在三个方面：一是美术生文化课成绩，简单点说就是美术生高考的文化成绩要达到普通文化生文化成绩的 70%，比方说普通文化生本科分数线是 500 分，那么美术生的文化分数线就是 350 分，我算了一下也就是比往年多增加了 20 分到 25 分，增幅不大。二是取消没有美术类硕士点培养资格的院校举行校考，这也就意味着全国艺术类校考将从 800 多所减少到 200 多所，少了将近 600 家有开设美术类专业的院校。那么国家为什么要这样做呢？据我的分析与推测，其实是为了顺应国家发展的需要，什么需要呢，国家发展必然离不开不同层次、不同类型的人才，这就像金字塔一样，位处顶尖的是精英高端人才（金领），中间部分是未来庞大的中产阶级（白领），以及处于社会底层的技术技能型人才（蓝领），这部分人是中国能够持续发展的关键所在，从国家教育部对中国高校进行战略转型这一措施中即可看出，3 月 22 日，在 2014 年中国发展高层论坛上，教育部副部长鲁昕在演讲中谈到中国教育结构调整和现代职业教育时透露，中国高等教育将发生革命性调整：调整的重点是 1999 年大学扩招后 600 多所近十年来"专升本"的地方本科院校将逐步转型，转做现代职业教育，重点培养工程师、高级技工、高素质劳动者等，国务院常务会议已就此做出决定，而相关政策性文件也即将出台。第三就是加强艺术高考的监督管理体制，如增加考生现场指纹采集等，主要是为了防止作弊行为的发生，就拿广东来说，广东省设置的校考考点较去年减少 3 个，以此来减轻考生赶考负担，降低盲目报考，而来提高考试效率。

美术报：如何应对？改革后的优劣势是什么？

罗霖：分三个层面谈，先说说宏观层面的变化，超过一半以上的本科院校转做现代职业教育，比重从现有的 55% 提高到 70%~80%，这一调整主要集中在高中和高等教育阶段。那么对培训机构有什么影响呢？一是今后将充分发挥市场的作用，用市场的力量来办学，这个时候民办教育的春天即将来临。二是高考制度的改革，培养两类人才、两种模式高考，即技术技能人才的高考，和现在的高考（学术型人才的高考）。中观层面，就是高中教育模式、教育机制和人才培养模式的改革是否能跟得上改革的步伐。微观层面就是考生如何应对新的艺考新政的改革，画室须在这方面做足功课，以便应付。

美术报：那么作为参加高考的美术，又该如何去应对？

罗霖：无论是走技术型人才道路，还是走学术型人才道路，归根结底就是你要把自己塑造成怎样一个人，你的核心竞争力是什么？美术生考上大学后，大致不离两种人生选择：绘画和设计，当然还有搞史论的、艺术管理的、策展的、做老师的等等，无论走哪种职业道路，未来所需要的人才都必须具备几种核心技能：手头功夫和文化知识，还有就是你的眼界，你的品位。在高中阶段尤其是备考阶段，考生不仅要把精力投注在专业训练上，还要将目光集中在文化课上，有条件的同学最好是选择一家专业的培训机构，因为画室的老师们可以在你暂时离开高中后，帮你拓展你的视野，启迪你的思维能力、创意能力，等等。一句话概括：决定一个人到底能走多远，在乎这个人的文化修养有多深，站的位置有多高。

美术报：也就是说现在的考生不仅仅要重视专业和文化，还要提高内在修养，这是否就是所谓的素质教育？

罗霁：我曾经和很多画室校长聊过"教育"和"培训"之间的区别这个话题，最终都指向素质教育这一环节上。我有一个形象的比喻来阐述"教育"和"培训"的不同之处，培训要解决的是一个学生的手头功夫，而教育要解决的是教会一个学生如何看待问题，眼睛是心灵的窗户，当一个学生懂得如何去看之后，他的心灵会感到满足，有沉甸甸的感觉，也会改变头脑中的某种固有的观念，而人的观念能够改变这个世界。在这里我推荐美术生在考前可以看约翰·伯格写的一本书，叫《观看之道》，有助于提高你的眼界和思维能力。

美术报：我也带过班，教过学生，我觉得其实不是学生笨，而是画室没有抓住学生最本质的东西，那就是教会他怎么去理解一样事物，教会他思考问题的方法，而不是一味地灌输技法。

罗霁：我们都是过来人，既然是过来人就有过来人的经验，什么经验呢？一句话：思路决定出路，态度决定一切，视野决定高度！眼高手低的人会比手高眼低的人走得稳，走得好，走得远！

美术报：确实你总结得很好，今天的时间也差不多了，期待我们下一次的会谈，谢谢你，罗老师！

罗霁：不客气，应该的！

《中国美术教育报》专访

受访者：罗霁

采访者：《中国美术教育报》

《中国美术教育报》以下简称"美术报"

美术报：罗老师，能否先简单介绍一下自己？

罗霁：（呵呵，我一直都不太习惯身边人叫我罗老师，我和所有人都是亦师亦友的关系，我是这么看待的。）大家好！我姓罗，叫罗霁，目前从事美术高考教育行业相关工作，所谓十年磨一剑，到今年为止刚好是第十个年头。

美术报：听说你的身份很多，策展人、出版人、策划人、培训师、品牌形象战略专家……

罗霁：其实我做的都是同一件事：美术教育产业，我对自己的一个定位是——文化创意产业策划达人，美术教育是中国教育产业一个分支，教育作为服务业之一种，生产的不是产品而是知识、技能、经验与人生经历，是人头脑里迸发出来的东西，因此美术教育属于文化产业里面的一个范畴，大家都知道，国家目前正在大力发展文化产业这块。

美术报：你还没回答我的问题，为什么你的角色变化如此之快？

罗霁：我做策划，是因为策划是一种特别能折磨人、锻炼人的工作，策划的本质是创意思维，我对创意有兴趣，所以就去做了。从事出版行业和我的经历有关，2008年我在北京一个由著名装帧设计师陆智昌老师和著名艺术家、文化人赵广超老师主持的设计与文化工作室工作，当时正好工作室和三联书店合作共同策划出版一本书叫《北京跑步——十八个区域路上观察》，我本身对编辑图书有兴趣，从小也有作家梦，自然迷恋一切方块字，做出版也许是为了圆自己的出版梦吧？！做培训是很偶然中的必然，我大学就读汕头大学长江艺术与设计学院，那是自由而美好的地方，我在那个环境熏陶下，培养出了一种表达欲望，大学期间我做了很多方面的事情，主持人、辩论者、撰稿者……到毕业后，再加上从事过广告工作的经历，需要有向客户提案的机会，逐渐便有意识往这方面发展，哦，王受之老师（美国洛杉矶帕萨迪纳艺术中心设计学院终身教授、著名设计史论家）对我一生的影响很大，他的口才很好，演讲现场极具个人魅力，呵呵！

美术报：哦，原来是这样，听说去年你做了个展览（指广州基础教育美术作品展览），然后在12月份又到各个画室开讲座，你能说说这方面的工作经历吗？

罗霁：可以！目前广州有两个协会，一个叫广州市美术培训行业协会，一个是我创建的广州画室协会，两个协会的功能不同，简单点说前一个主要专注在教育改革与行业探索，我那个聚焦点集中在行业区域品牌和产业发展的思考与推动上。回到你的问题，展览是画室协会和我工作室的产物，它的目的很单纯：为来广州学画画的学生提供一个学习平台，什么平台呢？我把广州所有大中小型画室都集中在一块，然后把各家画室最好的作品拿出来展览，我觉得这对于学生来说是一件好事，所以我就做了。

美术报：那讲座呢？听说你去年去了十几二十家画室开讲座，反应很热烈！

罗霁：是的，不过也没有那么多，前后加起来共15家，那个时候的基本状态是每两天到一家画室开讲座，一个月下来整个嗓子都沙哑了，但值得，有意义！首先，现在的画室信息源很封闭，我们作为内容服务商，有条件为更多学生带来更多有价值的艺考信息，为学生指明方向，同时也真正帮助到画室，为他们解决问题，可以说是一石三鸟。这段时间各大画室反馈给我的信息是：谢谢你，罗老师，你的考前辅导很有鼓舞作用，今年我们想继续和你合作，为学生做多点事情！

美术报：我听过你的现场演讲，很有魅力，在情在理，音容并茂。这方面你是如何做到的？

罗霁：角色的扮演很重要。未来无论是艺术家、设计师还是其他从事创意经济的人，都需要有一种能力，什么能力呢？那就是沟通力、演说力、思维力、执行力、策划力、表达力，你有一个好的想法、好的创意构想，单单只靠产品和服务还不够，还需具备以上能力，才能为你赢得市场，站稳脚跟，站在学生角度，你的核心竞争力是什么，你和千千万万的全国美术生的区别是什么？为什么北京和杭州的学生考取中央美院、清华美院和中国美院的概率比较高？这些都是需要思考的，我鼓励学生要做一个全面发展的人，而不是单向度的人。画室校长也很赞同我的观点，我们的沟通自然融洽、和谐！

美术报：谈到美术高考、美术生和培训机构，你能说说你的看法吗？

罗霁：这个话题有点大而宽泛，我们把核心集中在广东地区，但视野可以集中在全国范围内，这样对比我们心中就会有一个大的轮廓，也会比较清晰。首先美术高考发展到现在将近二十年时间，1998年国家大力推进高等教育的改革步伐，一是高校合并，二是高校扩张，说白了，套用一句邓公的话就是让一部分人成为精英之余，要让更多的人接受高等教育，为中华民族的伟大复兴做好准备。在此之后，全国各地的培训机构、画室、培训班如雨后春笋般花开遍地，一发不可收拾。从经济学角度看，我是个坚定的市场经济自由主义者，坚信只有市场经济的持续开放才能强壮中国，迈向大国行业，当中国要迈向大国行业，就必须有更多创意经济类人才出现，于是作为一种时代和社会产物的"画室"就开始承担起培训这方面人才的市场机构而存在，目的是为高等艺术院校输送未来艺术家、设计师、文化艺术方面管理人才。国家发展需要个过程，同样美术高考的成长成熟也需要时间，办画班的人一定要耐得住寂寞，守得住谷德，只要时间一到，一定可以看到成果，这是我常对画室朋友说的一句话！说到画室，我就说说我对现在培训机构的看法，时代在变革，社会在进步，民办企业的春天已经到来，将来培训机构必将出现真正的行业领导品牌和领军人物，画室不再如从前般，为了做画室而做画室，做什么样的画室，才是创始人需要思考的，比方说从前的学生思想单纯，但现在的学生在互联网思潮冲击下，已经开始懂得独立思考，知道自己要什么不要什么，这时他对画室的要求就更高了，为了迎接市场风气的改变，画室必须拿出适合自己的改革措施，进行改变，一句话：帮助学生考上大学还不够，让学生以什么样的状态考进大学才是画室的竞争力，这个话题咱们就不多谈，我现在帮某机构做品牌形象规划指导工作，就是将理论与实践结合在一起做。

美术报：听了罗老师对美术高考和培训机构的一番阐述，我对美术教育产业的发展更有了一番新的看法，那对于美术生你有什么看法呢？你能给点什么建议给他们？

罗霁：套用狄更斯《双城记》开头的一段话："那是最美好的时代，那是最糟糕的时代；那是智慧的年头，那是愚昧的年头；那是信仰的时期，那是怀疑的时期；那是光明的季节，那是黑暗的季节；那是希望的春天，那是失望的冬天；我们全都在直奔天堂，我们全都在直奔相反的方向。简而言之，那时跟现在非常相像，某些最喧嚣的权威坚持要用形容词的最高级来形容它。"确实，把狄更斯这段话放到现时代也毫不为过。美术生生于这样一个时代是非常幸运和幸福的一件事，因为中国的未来将为他们提供无数可能性和机会，现在的中国就像19世纪末20世纪初的美国，人人都有一个"美国梦"，现在我们国家也在大力推行自己的"中国梦"，其实这个"中国梦"在我看来就是艺术梦、文化梦，因为中国的文艺复兴时代将在接下来的二三十年内来临，那个时候的美术生已经成为中国社会的中流砥柱、创意精英、企业掌权者和社会管理者。如果现在的美术生想要有一个美好而广阔又辉煌的人生，实现自身的生命价值，那么就要从现在做起，从细节做起，建立好的习惯和行为，然后等着机会到来，到来之后做什么呢？改变命运，而当前你需要做的就是——考大学，考上一所不错的大学，这就是你当前的任务，怎么做，有机会的话今年我会继续到各大画室开讲座，到时和同学们做个面对面交流。

美术报：谢谢罗老师接受《中国美术教育报》的专访，最后能否送一句话给今年参加美术高考的同学们？

罗霁：同样谢谢！……（思考片刻）那就：生命不息，奋斗不止！

跋 / 在人生的某一阶段，
对生命负责的态度就是玩命!

若你是一个有坚定信念和顽强意志力的人，那么，你必定可以实现你的梦想，即使高一高二你贪玩，不成熟，错过了宽裕的学习时间，但如果你在高三暑假开始直到次年2月份的八个月时间里，可以把所有的时间与精力和心思都花在专业课与文化课的学习上，通过这一段时间的埋头苦干和刻苦学习来弥补过往的失误，如此你仍旧可以奋力一搏考进一所好大学，改变周围人对你的看法，如果你愿意，什么事都可能发生，这个世界没有"不——可——能"。但是，若你连最后这段最宝贵的时间都失去了，把握不好，对自己控制不够或轻易放弃了，那你就是一个对自己生命不负责的人，一个对自己生命都不负责的人，又拿什么来换回世界对你的尊重呢? 比尔·盖茨说得好，任何人，在你没有成功以前，是没有任何尊严可谈论的。

若你想赢得这个世界的尊重，很简单，努力吧，毕竟在人生的某一阶段，对生命负责的态度就是玩命!

后记

终于到了写"后记"的时候了。当我在写"后记"时，我该写些什么？

从2014年2月14日晚开始动笔写到现在，前后加起来将近三个多月时间，共有100天。在过去100天的日日夜夜里，为了能够专心写这本工具书，我把自己关在办公室里，每天从早到晚伏案工作长达12个小时以上，白日除去正常的工作以外，余下的时间基本上遵循着严格的"三点一线"，所谓的"三点"即吃饭、睡觉、工作，"一线"就是晚上八点之后环绕广州大学城生物岛跑步一圈，时间花上1个多小时，然后回来洗完澡后继续动手写，直至凌晨三四点钟才上床休息。

再难熬的岁月始终都会一点点消逝，再苦闷的时光始终都会一去不复还。现在这本书终于写完可以付梓出版了，沉甸甸的心总算可以稍微喘口气，不至于把自己逼得那么紧，但也算是给了自己一个满意的交代：对读者负责。通过自己的努力，以某种方式在最短时间内帮助最多人考上理想大学。

我从没想过自己写的第一本书竟然是工具书。我高中时候，和大多数美术生一样因为喜欢画画而走上了美术这条路，到了大学前两年学的是设计专业，后两年主修文化创意产业策划与管理，毕业后兜兜转转最后又回到了"艺术教育"这个行业里。在写作的过程中，我发现，我是如此热爱我现在所做的工作：看书、买书、编书、卖书、写书、教书、说书、藏书，几乎样样都与书有关系；我更发现我对"艺术教育"的热情超过了所有想做的事情。可以说，我走在实现梦想的道路上，对信念不偏不倚，对梦想不离不弃。我很庆幸自己能够生在这个自由时代，也很庆幸自己当初的决定：在高中阶段毅然决然地从一个标准的体育生转为一个臭美的美术生，毫不夸张地说是画画改变了我的命运，我坚信，艺考这条路是能够让更多年青人找到属于自己的梦想，也希望有更多人在看了本书后走上美术这条路，从而通过画画改变自身的命运。也许当梦想照进现实的一刹那间，你会为自己曾经所走过的那段路，为实现梦想所付出的耐力与毅力感到满心的快乐，而这也许就是梦想带给你的神奇力量！

祝福你们，正奔跑在艺术这条路上的青年人，你们是幸福的！

罗霁

2014年5月25日

写于从北京到广州的客机上

第三届《你好！美术生》
暨 2015 年联考单考实战公开课

《你好！美术生》暨联考单考实战公开课举办至今刚好第三届，凭借干货多多的课程内容与不错的口碑效应，它在美术生群体中已经成为一个响当当的品牌，极具公信力和影响力，在业界享有很高的信誉度。我们专注美术类高考政策及各院校文化专业录取投档线的分析与研究，每年 7 月至次年 3 月的备考阶段向各地区培训机构及高中学校提供实战性强的讲座课程，我们不仅将与美术高考密切相关的重要信息带给迷茫中的考生，还将从人生规划、目标定位、备考计划、学习内容、院校介绍、专业分析、考试策略、应试技巧、报考指导、志愿填报以及心理状态等方面为考生提供全面而又实用的一揽子高考解决方案。本着"以最短时间帮助最多人考上大学"的教育理念，期待与更多美术基础教育工作者同行，并助培训机构与高中学校一臂之力，为高校输送符合未来社会需要的精英美术人才！

讲座主题

启蒙之课 /2015 年 9 月

《勇于有梦：攀登高考这座大山，考生考前必须了解的十样东西！》

突破之课 /2015 年 11 月

《敢于追梦：美术生如何才能在竞争激烈的美术高考中提高胜算？》

实战之课 /2016 年 1 月

《勤于圆梦：中国有近千所单招院校，美术生怎样报考才更稳妥？》

讲座目的

启蒙之课讲座目的

1. 拨开美术高考迷雾，扫除艺考路上的思想障碍

2. 指点迷津，缕清考学思路，坚定未来出路信心

3. 省级美术统考及全国校考 2015-2016 年度现状分析与趋势预判

4. 通过该课程让考生初步了解美术高考这件事，激发考生考学兴趣热情

突破之课讲座目的

1. 循循善导，激荡心灵，获取前进的勇气与动力

2. 启发思维，认清自我方向，定位考学目标院校

3. 详细阐释和解读中国近千所艺术类院校的属性、特征、区别与档位层次

4. 通过该课程让考生继续加深对美术高考的再认识，激发考生树立远大梦想色和学校特点

实战之讲座目的

1. 廓清单招院校考学误区及混乱思维，激发考生的考学信心

2. 单考报考攻略指导，帮助考生设计出科学而又合理的计划表

3. 逐步分析和讲透中国各层次艺术类院校的不同办学特色和学科优势，以及往年招生政策及专业文化录取情况

4. 通过该课程让考生明白各艺术类院校的招考政策及考试特点，帮助考生提升校考命中率

讲座内容大纲：

根据培训机构及高中学校教学需要，讲座内容可进行个性化量身订造，授课场次分为两场，具体时间由双方共同来协定。

启蒙之课讲座大纲：

1. 学美术将来能赚钱吗？

2. 造型专业、设计专业及其他美术类专业全解析

3. 从中国社会发展大趋势看，未来哪个专业就业前景较好？

4. 考前美术教育四大科目与艺术院校专业学科之间的关联性是什么？

5. 省级美术统考2015-2016年度现状分析与趋势预判

突破之课讲座大纲：

1. 中国各层次艺术类院校（含九大美院）办学特色及优势学科介绍

2. 全国单招院校 2015-2016 年度现状分析与趋势预判

3. 联考与单考之间的区别与联系

4. 中国三大美院是检验才华的唯一标准

5. 实现目标的 6 个关键步骤

实战之课讲座大纲：

1. 中国各层次艺术类院校往年招生政策及专业文化录取情况

2. 中国各层次艺术类院校之间的区别是什么、美术生如何选择？

3. 中国九大美院 2015-2016 年度招生政策分析与解读

4. 美术生必须知道的 2015-2016 年度美术高考招考政策考试信息

5. 如何选择适合自己的单考院校？关于个性化成功的定义

图书在版编目（CIP）数据

你好！美术生 / 罗霁编著. -- 重庆：重庆出版社，
2014.11
ISBN 978-7-229-08997-9

Ⅰ.①你… Ⅱ.①罗… Ⅲ.①美术－高等学校－入学
考试－自学参考资料 Ⅳ.①J

中国版本图书馆CIP数据核字(2014)第280419号

你好！美术生
NIHAO MEISHUSHENG
罗霁 编著

策　划：郭　宜
责任编辑：杨　帆　夏　添
责任校对：李小君
书籍设计：胡靳一　卢　丹　ADC AMAZED DESIGN CENTER

重庆出版集团 出版
重庆出版社

重庆至乐文化传播有限公司 出品
重庆市南岸区南滨路162号1幢　邮政编码：400061 http://www.cqph.com
重庆市金雅迪彩色印刷有限公司印制
重庆出版集团图书发行有限公司发行
E-MAIL:fxchu@cqph.com 邮购电话：023-61520646

重庆出版社天猫旗舰店
cqcbs.tmall.com
全国新华书店经销

开本：787mm×1092mm　1/16　印张：19
2015年9月第1版　2015年9月第1次印刷
ISBN 978-7-229-08997-9
定价：52.00元

如有印装质量问题，请向本集团图书发行有限公司调换：023-61520678